U0369030

一本书读懂智能低碳汽车

主　编　陈　力
副主编　汪　港　孔德洋
参　编　黄维韬　龙浩东　黄偲蕊　刘佳欣

机械工业出版社
CHINA MACHINE PRESS

本书紧跟汽车发展的整体趋势，围绕智能和低碳两个方向，以公众对于智能低碳汽车关注度较高的 50 个内容为基础，重点介绍了有关智能低碳汽车的知识，具体包括：传统汽车节能技术、新能源汽车技术、智能汽车的发展历程、智能汽车的基本原理、自动驾驶和车联网两个关键领域的技术与应用等。同时，本书使用通俗易懂的文字和直观清晰的配图对相关内容进行详尽介绍，以增强读者对智能低碳汽车的理解。希望读者通过阅读本书，能够激发对于智能低碳汽车的兴趣，并快速了解智能低碳汽车的发展现状和未来趋势，对智能低碳汽车的相关知识有一个较为清晰的脉络和轮廓。

图书在版编目（CIP）数据

　　一本书读懂智能低碳汽车 / 陈力主编. — 北京：机械工业出版社，2024.3
　　ISBN 978-7-111-75237-0

　　Ⅰ. ①一… 　Ⅱ. ①陈… 　Ⅲ. ①智能控制–汽车–节能–技术 　Ⅳ. ①U471.23

　　中国国家版本馆CIP数据核字（2024）第048179号

机械工业出版社（北京市百万庄大街22号　邮政编码100037）
策划编辑：张　萍　　　　　　　责任编辑：张　萍　徐　霆
责任校对：杜丹丹　张亚楠　　　　封面设计：马精明
责任印制：刘　媛
北京中科印刷有限公司印刷
2024年5月第1版第1次印刷
184mm×260mm · 15.25印张 · 303千字
标准书号：ISBN 978-7-111-75237-0
定价：88.00元

电话服务　　　　　　　　　　网络服务
客服电话：010–88361066　　机 工 官 网：www.cmpbook.com
　　　　　010–88379833　　机 工 官 博：weibo.com/cmp1952
　　　　　010–68326294　　金 书 网：www.golden-book.com
封底无防伪标均为盗版　　机工教育服务网：www.cmpedu.com

恰逢中国汽车工业蓬勃发展之际，收到了这本聚焦传统汽车低碳节能技术、新能源汽车技术、自动驾驶技术和智能网联技术的汽车科普书籍，系统且全面地介绍了智能低碳汽车的过往历程、技术原理发展现状、行业趋势和应用前景等方面的专业知识。

本书的科普性非常突出，一是作者巧妙地将专业知识与生活实例相结合，让读者的阅读过程更加轻松；二是作者通过深入浅出的方式让读者能够更好地理解智能低碳汽车的各个方面；三是书中还插入了许多图片和视频，强化了读者的阅读体验；四是它不仅涵盖了各种先进的技术，还解释了其如何影响我们每一个消费者的生活。

我国汽车产业正处于向碳达峰、碳中和转型发展的关键历史时期，智能低碳汽车的科普书籍对支撑新时代我国汽车绿色智能化创新发展极为重要，我相信，本书的出版对智能低碳汽车的普及将会起到积极的推动作用，它既是一本适合普通消费者了解智能低碳汽车的科普读物，也是一本可供专业人士参考的学术著作。我愿意推荐这本书给所有关心智能低碳汽车发展的人士，相信它能帮助您更好地认识和了解智能低碳汽车。

——中国汽车工程学会名誉理事长、中国工程院院士、清华大学教授 李骏

汽车产业正经历着前所未有的革命，智能低碳汽车无疑将成为未来交通的重要组成部分，《一本书读懂智能低碳汽车》正是这一变革的缩影。

这本书作为上海市"一区一特"重大科普项目的成果之一，详细介绍了传统汽车低碳节能技术，让我们明白了如何在现有的技术条件下实现汽车的低碳节能；书中内容深入探讨了新能源汽车技术，包括纯电动汽车、插电式混合动力汽车和氢燃料电池汽车等，为我们展示了未来汽车的发展方向；书中丰富的实例，让我们看到了自动驾驶技术如何让驾驶更安全、更便捷，智能网联技术如何让汽车与座舱内外实现更好的信息交流和共享。

传统汽车低碳节能技术、新能源汽车技术、自动驾驶技术和智能网联技术是这本书的重点，专业性强、覆盖面广、内容权威、浅显易懂、旁征博引是这本书的看点，专业知识和生活实例相结合的方式是这本书的特点，文字、照片、视频等多种形式相结合是这本书的亮点，愿每一位对汽车行业感兴趣的圈内圈外人士都能跟随这本书了解并熟悉智能低碳汽车。

这是一本兼具权威性和普及性的佳作，如果你想了解当下的汽车行业，那不妨一起跟随这本书，迈向智能低碳汽车新时代。

——上海市人民政府参事、上海智能新能源汽车科创功能平台有限公司董事长兼总经理 束从珍

作为国民经济的重要支柱，汽车产业已经逐步成为我国建设世界重要人才中心和创新高地的承载领域，汽车行业的后备人才培养也变得尤为重要，而这需要我们共同努力，加强汽车知识的科普宣传和教育工作，提高公众尤其是有意愿进入汽车行业的跨界人士对于汽车行业的认知和了解，唯有如此才能培养并集聚更多的汽车人才。

我仔细翻看了这本《一本书读懂智能低碳汽车》，深感其对于普及智能低碳汽车知识、提升公众认知水平、推动行业发展具有重要的意义。它针对传统汽车低碳节能技术、新能源汽车技术、自动驾驶技术和智能网联技术进行了深入浅出的阐述，为读者提供了丰富且通俗易懂的科普知识和技术解读。

同时，这本书也为汽车行业的人才培养提供了重要的参考和指导。通过这本书，读者可以了解到各种先进汽车技术的基本原理和应用，深入理解汽车行业的技术和市场动态，从而为自己的职业发展打下坚实的基础。我相信，这本书的出版，将为汽车行业的人才梯队建设、人才活力激发等方面提供有力的支持，成为汽车行业人才培养的重要工具和资源，我期待这本书能在汽车行业内引起更广泛的关注。

——中国人才研究会汽车人才专业委员会理事长 朱明荣

前　言

　　汽车是人类社会发展的重要标志之一，它不仅改变了我们的生活方式，也对环境和能源资源产生了巨大的影响。如今，随着科技的进步和人们环保意识的提高，智能低碳汽车成为未来发展的方向。

　　汽车作为多学科交叉复合的现代工业产品，其包含的科学知识非常丰富。以汽车为主体进行科普，能够在激起公众兴趣的同时在多方面进行科学知识普及。而以智能低碳汽车作为媒介，更能够将前沿知识具象化，从而向公众传播科学理念，弘扬汽车文化。

　　本书依托于上海市科委"一区一特"重大科普项目——嘉定智能低碳汽车科普生态建设项目（项目编号：20DZ2306500）的支持开展编撰工作。上海市科委"一区一特"重大科普项目旨在"十四五"时期对上海市各区已有科普资源进行整合提高，打造具有区域特色的科普集群，发挥规模效应，实现科普工作的高品质化和可持续化。嘉定区以"汽车嘉定"特色名片和优势资源，以新能源及智能网联汽车为突破口，在技术研发、智能制造、汽车服务、示范应用等方面加速推进，通过技术创新引领产业发展，各方面均居于全国领先地位，但面向公众的汽车科普资源相互之间关联性不大，涉及内容较为分散，且科普性有待提高。"嘉定智能低碳汽车科普生态建设项目"一方面立足和整合嘉定区及上海市汽车科普资源，实现科普资源存量上的优化和提升，打造汽车科普场馆集群，建设完善高效的汽车科普生态体系；另一方面，梳理和编排汽车科普知识框架，构建体系化的汽车知识科普网络，将汽车科普知识和汽车科普场馆相链接，形成科普研学线路。在这样的背景下，本书作为项目的重要成果之一应运而生。

　　本书旨在通过科普的方式，帮助读者全面了解智能低碳汽车的概念、分类、关键技术和发展趋势等方面的内容。首先，我们将回顾百年来汽车行业的发展历程，并探讨汽车设计语言中蕴含的情感与意象；接下来，我们将深入介绍传统汽车和新能源汽车的构造原理和技术特点。然后，我们将聚焦于新能源汽车，包括混动与纯电动汽车以及燃料电池汽车，通过对这些新兴技术的介绍，我们将揭示它们在减少污染排放、提高能效以及推动可持续发展方面所起到的作用；最后，我们将探讨智能网联汽车对出行方式和交通系统带来的革命性变化，自动驾驶技术、智能决策和车联网等方面的内容将帮助读者了解未来汽车行业的发展趋势。

本书力求以通俗易懂的语言，结合丰富的实例和图表，让读者对智能低碳汽车有一个全面而深入的了解。无论是对汽车行业感兴趣的专业人士，还是关注环保和可持续发展的普通读者，都能从本书中获得有价值的知识。

在项目执行过程中，同济大学汽车学院的部分本科生和研究生参与了科普短文资料搜集、整理和少量创作工作，主要有黄维韬、龙浩东、黄偲蕊、刘佳欣等，在此一并致谢。在本书的编写过程中，我们还得到了许多人的帮助，借此机会特别感谢余卓平教授对本书的大力支持，感谢新能源汽车科普作家汪港在大纲设计、素材收集、章节创作、内容修订等方面所做的工作，感谢孔德洋副教授、熊璐教授、张存满教授、余海燕教授、杨代军副教授对本书的支持和帮助。另外，本书还有少量内容引用网络上的资料和图片，特向这些资料的作者和图片拍摄者、制作者表示深切的谢意。

由于编者水平有限，再加上智能低碳汽车领域技术日新月异，书中不妥及错误之处在所难免，恳请读者不吝指正，以便后续修订。

最后，衷心希望本书能够为广大读者提供一份科学、实用且富有启发性的指南，帮助我们共同迈向一个更加绿色、智能和可持续发展的汽车新时代。

祝阅读愉快！

陈力

目 录

第 2 章
智能汽车

01

第 1 章
低碳汽车

本章要点

随着全球能源和环境问题的日益突出，低碳汽车作为一种可持续发展的交通工具日益受到关注。在过去的几十年里，传统燃油汽车在全球范围内的广泛使用导致了大量的汽车排放，进而加剧了空气污染和气候变化等问题。为了减少对环境的负面影响，低碳汽车技术应运而生。我们采用了一系列技术和创新，使其在能源利用效率、尾气排放和驱动性能方面与传统燃油汽车相比更加高效和环保。

本章将介绍低碳汽车技术的几个主要方向，包括传统汽车节能技术和新能源汽车技术。在介绍不同类型的低碳汽车的同时，本章还将深入探讨这些技术的原理和优势。此外，我们将展示低碳汽车对环境保护和可持续发展的重要意义，包括减少温室气体排放、改善空气质量和降低能源消耗等。

最后，通过对本章的学习，希望你能够全面了解低碳汽车的发展现状和未来趋势，下次和别人谈起低碳汽车时，你就可以有更多的新技术知识、专业词汇来丰富交谈内容啦。

1.1 传统汽车低碳节能技术

1.1.1 传统汽车节能减排技术

1.1.1.1 发动机：节能技术一直在路上

我们总是在说，汽车工业是一个国家工业的重要支柱之一。作为几乎能与房子比肩的财产，汽车是最复杂的大规模生产的民用产品。我们往往会由于汽车的普遍性而轻视它，然而我们真的了解汽车吗？汽车的"心脏"——发动机，在汽车节能减排的赛道上有着十分重要的地位，接下来就让我们跟随着国产发动机新技术的脚步一起看看发动机的节能技术吧！

国产发动机的设计与制造水平在不断进步。2021 年 3 月 25 日，比亚迪宋 PLUS DM-i 发布，新车搭载比亚迪最新代号骁云 1.5L 发动机的插电混动系统，每百公里油耗低至 0.9L，是当时市面上标定油耗最低的 SUV，即便在纯燃油模式下行驶也仅需 4.4L/100km，相比丰田 RAV4、本田 CR-V 混动油耗更低。该车型上市之后引起了广大消费者热烈的反响，2021 年 4 月的上海车展，比亚迪更是亮相了搭载该款超高热效率混动发动机的唐、宋 Pro DM-i 车型，在车展中赚足了眼球。被称为汽车界的"国货之光"的比亚迪凭借着它一代又一代的骁云发动机技术，逐渐在国际上打出了名堂，今天就带大家来看看这最新的骁云 1.5L 发动机到底牛在何处。

这款骁云 1.5L 发动机主打高热效率——"43% 全球量产汽油发动机最高热效率"。那么要想得到这样一款如此高效、实现节能省油的发动机，比亚迪又做了哪些努力呢？

首先要明确一点，拥有最高热效率的发动机不能和最省油的发动机直接划等号。通俗地说，最高热效率代表的只是一个工作点，只能表示在这个点满足的特定工况下，这台具有 43% 最高热效率的发动机确实是目前量产最省油的发动机，实际评判要看发动机工作的高效区间够不够宽广。这二者的关系就好像梯田，如图 1-1 所示。

所以，这也是为什么同样一台发动机，给不同车主使用下来的实际油耗是不同的，这和车主的驾驶习惯和使用路况都有很大的关系。

其次，还要说明的是，这台骁云 1.5L 发动机只是目前量产的发动机里拥有最高热效率的。目前全世界发动机中能实现最高热效率的是马自达创驰蓝天 Skyactiv-G，它的最高热效率高达 57%，如图 1-2 所示。相比之下，当下大多乘用车的热效率普遍在 37% 左右，即便是比亚迪最新发动机的 43% 最高热效率相比也逊色不少。但由于技术难度问题，马自达这款发动机无法实现量产，只是一个实验室产品，所以不应该被拿来和已经实现量产的发动机做比较。

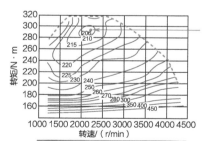

最高热效率点

最高热效率仅仅处于特定的一个点上，这就像梯田的顶点，它并不能完全代表一台发动机的节油性

但如果这个点的热效率很高，那么往往意味着低油耗的区间是比较宽广的，理论上来说发动机就越省油

图 1-1　最佳燃油消耗区间和最高热效率关系图

图 1-2　具有 57% 最高热效率的马自达发动机

那么比亚迪为了实现 43% 的热效率，对发动机做了哪些技术改进呢？

目前国际上主流的提高热效率的思路有提高压缩比、减少摩擦、采用阿特金森循环等手段，而比亚迪也没有避开这些思路。

首先是提高压缩比。压缩比是指活塞的在上止点和下止点往复运动时，缸内最大容积与最小容积的比值，如图 1-3 所示。

那么你是不是会认为那就尽可能地提高压缩比呗，在结构尺寸允许的情况下越大越好不就可以了。当然不是，压缩比的提高不仅受到发动机尺寸的限制，其最大的限制还是汽油燃烧的特性，压缩比升高时，油气燃烧

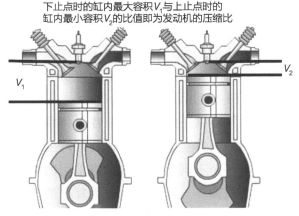

下止点时的缸内最大容积 V_1 与上止点时的缸内最小容积 V_2 的比值即为发动机的压缩比

图 1-3　压缩比示意图

所产生的能量就会有更多部分转化为动能，这会使气缸壁受到的压力就越大，对气缸材料的要求也会提高——这会导致制造成本急剧上升。同时，当压缩比升高到一定程度时，混合气体很容易因为高压在火花塞还未点火时便达到着火点而发生自燃，这是由高压之下汽油的自身特性发生了改变导致的。此时活塞尚未到点火位置——还在向上压缩的过程中，但燃烧产生的巨大冲击力和活塞的运动方向相反，引起发动机剧烈震动，即产生爆燃现象——爆燃现象对发动机的损害非常大，发动机中配有专门的爆燃传感器来随时监测。

所以我们不能无限制地提升压缩比，而需要选择合适的压缩比使得每个参数都能达到折中，从而提升发动机性能。比亚迪最终以自己技术实力将压缩比定在了 15.5∶1 这么一个超高的数值，如图 1-4 所示。不仅如此，这款发动机只需要 92 号汽油就可以使用（汽油牌号数值越大，抗爆燃的性能越好），可见其技术实力的雄厚。

图 1-4　骁云 1.5L 发动机超高物理压缩比示意图

其次是比亚迪花费了很大气力减少摩擦。其对发动机的曲轴连杆、活塞、凸轮轴等零件都做了重新的设计，还使用了一种低黏度机油，通过多种方法最大限度地降低了摩擦损失，如图 1-5 所示。

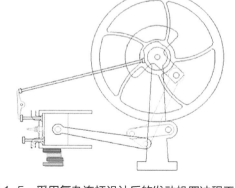

图 1-5　采用复杂连杆设计后的发动机四冲程工作示意

注：活塞行程由蓝黄红绿四个色块表示，依次为：吸气、压缩、做功、排气四个行程。

这款发动机还使用了目前各大品牌厂家都会使用的阿特金森循环。说到阿特金森循环，这是一个不同于传统内燃机采用的奥托循环的高效循环。通过加入较为复杂的连杆完成从活塞到曲轴的动力输出，这也导致与传统奥托循环的发动机有了一个很大的不同之处——其在压缩和做功行程时的活塞实际位移不同。阿特金森循环发动机气缸工作的三维示意图如图 1-6 所示。

设计的巧妙就在于使不同的连杆协同工作，达到各个行程幅度不同的效果。这样可以使膨胀（做功）行程更长，更充分地利用之前燃烧过程中的废气残存高压，使效率得到提高。除此之外，通过调节连杆行程可以达到改善进排气的效果，进排气情况改善后，燃烧也就更充分，由此达到了更高的热效率。

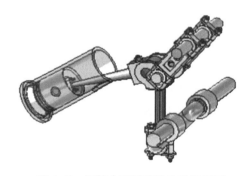

图 1-6　阿特金森循环发动机运行图

当然，这样设计的最大困难就是复杂的连杆机构，所以一直很难普及和量产，比亚迪为了解决这个问题换了一个思路，采用了VVT 技术，如图 1-7 所示。VVT（Variable Valve Timing）是指可变气门正时，通过改变进排气系统工作的重叠时间来改善进排气情况，从而降低油耗并提升效率。前面说到阿特金森循环就是要实现膨胀行程大于压缩行程，而这通过 VVT 技术改变进排气工作时间就可以实现相同目标。比亚迪更巧妙的是只在进气采用了 VVT，达到了进气门晚关的效果，简化结构、降低制造成本的同时又达到了阿特金森循环的工作模式。这里要说明的是，通过 VVT 技术实现膨胀比大于压缩比的方式在部分厂家和科研文献中又被称作米勒循环，名称不同但实际原理是相同的。

不仅如此，除了在这些传统思路方面对发动机做了改进，比亚迪还采用了自研的EGR 技术以及分体冷却技术，如图 1-8 所示。

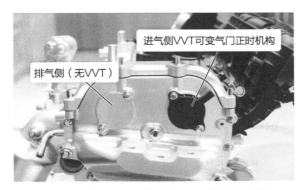

图 1-7 骁云 1.5L 发动机 VVT 选取方案图

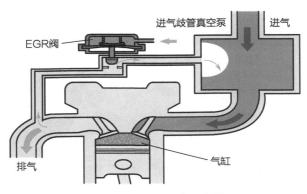

图 1-8 EGR 技术示意图

　　EGR（Exhaust Gas Re-circulation）技术并不是一个新鲜的技术，它的全称叫废气再循环，是将发动机排出废气中的一部分气体分离再导入到进气中参与燃烧的技术，初衷是降低排出气体中的氮氧化物，同时在部分负荷时由于间接减少了进气损失从而提高了燃油经济性。但传统的 EGR 往往会面临由于废气温度过高，从而带来爆燃以及不正常燃烧等问题，特别是爆燃，前面已经说了，这款发动机拥有超出一般发动机的压缩比，爆燃的产生可能性本来就更大，如果采用传统的 EGR，将极大地增加爆燃的风险。对此，比亚迪的解决方案一是采用自主设计的全新水冷系统将高温废气降温到 100℃左右，由于降温的保证，其得以采用高 EGR 率，使更多的废气引入气缸从而提高了燃烧效率；其次，该 EGR 采用一种全新的"催后取气"的方案，顾名思义就是再循环的是经过三元催化转化器处理后的废气，这样废气中的杂质更少，使燃烧更顺利，保护了发动机（图 1-9）。

　　不仅如此，发动机整体的分体冷却技术也是亮点十足，将缸体和缸盖分开设置两套冷却循环系统，并各自设置了单独的节温器。节温器实际上就是一个感应器，原理就是根据冷却液的温度高低调节进入散热器的水量，从而调节冷却液的散热能力使其可以工作在一个合适的温度范围。比亚迪为这两套单独的冷却循环系统分别配备了电子节温器和蜡式节温器，大小循环实现独立控制，有效降低了发动机的热损失，如图 1-10 所示。

图 1-9 骁云 1.5L 发动机 EGR 系统实物图

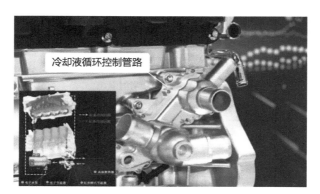

图 1-10 骁云 1.5L 发动机分体冷却技术实物图

最后，这样一款实现了超高热效率的发动机还做了很多减法，比如不再在发动机上布置压缩机等。正是技术的革新加上适当的减法才造就了这么一款发动机。而对发动机行业而言，提高热效率永远是工程师们不懈奋斗的目标。在电池技术暂且还没迎来革新的今天，发动机将继续扮演着重要的角色，对发动机开发的革新还远远没有结束。比亚迪在混动技术的开发上一直积极探索，老牌的国际大厂如丰田、本田同样也在不断努力，未来还有更多的路需要走，也相信发动机会在未来继续给大家带来技术上的惊喜。

1.1.1.2 排放：污染控制办法多

截至 2023 年，我国已经连续十四年成为世界第一大汽车产销国，全球有三分之一的汽车产于中国。随着汽车数量的快速增长，传统燃油汽车所排放的尾气污染物对空气质量和环境产生了严重的影响（图 1-11）。为了解决这个问题，汽车制造商和政府已经采取了一系列措施来控制和减少传统汽车的排放污染。

图 1-11 汽车尾气

车辆的排放控制系统是降低污染物排放的重要因素。随着技术的发展，现代汽车配备了先进的排放控制系统，例如，采用三元催化器将一氧化碳、氮氧化物和未燃烧的碳氢化合物转化为无害的氮气、二氧化碳和水，采用颗粒捕捉器捕获和减少颗粒物的排放，等等。接下来，让我们一起来看看这些控制系统是怎样让我们的汽车"放屁不臭"的。

（1）三元催化器

为什么三元催化器要叫"三元"呢？这是因为这种催化器可同时将废气中的 CO、CH、NO_x 三种主要有害物质转化为无害物质。当高温的汽车尾气通过净化装置时，三元催化器中的催化剂将对 CO、CH 和 NO_x 三种气体进行催化，促使其进行一定的氧化还原化学反应，其中 CO 在高温下氧化成为无色、无毒的二氧化碳气体；CH 化合物在高温下氧化成水和二氧化碳；NO_x 还原成氮气和氧气。这样，三种有害气体都变成了无害气体，从而使汽车尾气得到净化。

三元催化器通常位于排气歧管与消声器之间的管路上，是安装在汽车排气系统中最重要的机外净化装置。它的外面用双层不锈钢薄板制成筒形。在双层薄板夹层中装有绝热材料——石棉纤维毡。内部在网状隔板中间装有净化层，如图 1-12 所示。净化层由载体和催化剂组成。载体一般由三氧化二铝制成，其形状有球形、多棱体形和网状隔板等。其中的催化剂通常使用贵金属铂、铑、钯。

（2）颗粒捕捉器

颗粒捕捉器是一种安装在发动机排放系统中的陶瓷过滤器，其结构如图 1-13 所示，它可以在微粒排放物质进入大气之前将其捕捉。它常常集成在三元催化器内，与三元催化器一体封装，或者独立设置在三元催化器后方。

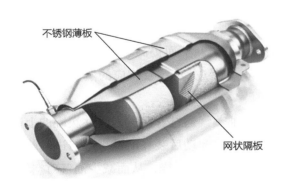

不锈钢薄板

网状隔板

图 1-12　某种三元催化器结构示意图

图 1-13　颗粒捕捉器的网状结构

通过捕捉废气中的颗粒物来降低污染物排放本来是件好事，可由颗粒捕捉器引起的车辆故障也必须得到重视。安装了颗粒捕捉器就相当于给汽车的排气系统戴上了"口罩"，长期沉积颗粒物则可能会导致排气系统不能正常工作，从而降低汽车动力，增加汽车的油耗。所以我们要定期给这个"口罩"进行清理，也就是对颗粒捕捉器进行再生。颗粒捕捉器的再生可以分为被动再生和主动再生两种。被动再生是指驾驶员在日常行驶过程中，松开加速踏板的时候，发动机开始断油，大量氧气进入其中发生化学反应并实现再生。主动再生是指被动再生无效的情况下，需要我们以最低 80km/h 的速度行驶，然后松开加速踏板使车辆滑行，使排气温度保持超温状态，如此反复循环 30min，从而达到再生的效果。

（3）曲轴箱强制通风系统

由于发动机气缸不是完全密封的，与气缸相连的曲轴箱会有气缸逃逸出来的窜气，这其中 70%~80% 是未燃烧气体，燃烧的副产品则占 20%~30%。这些窜气在曲轴箱内会破坏机油，产生油泥，使曲轴箱腐蚀。因此，最初的车辆都是从曲轴箱引出通风管道，让这些气体直接逸入大气，从而造成污染。而曲轴箱强制通风系统则是利用发动机的真空度将外界的空气吸入曲轴箱内，同时将窜气重新导入进气系统并在发动机气缸内燃烧掉，如图 1-14 所示。这样能有效防止曲轴箱内的窜气排入大气，从而达到减少空气污染的效果，同时还保护了曲轴箱，提高汽车的燃油经济性。

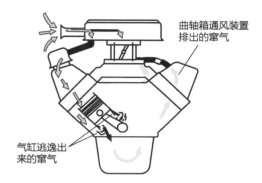

曲轴箱通风装置排出的窜气

气缸逃逸出来的窜气

图 1-14　曲轴箱强制通风系统工作示意图

（4）燃油蒸发控制系统

汽车燃油箱内的汽油会在车辆运行期间以蒸气的形式从燃油系统中逸出进入大气，或是在汽车发动机熄火状态下，发动机余温或大气温度变化引起的液体燃油蒸发进入大气对环境造成影响。而燃油蒸发控制系统则是一种收集汽油蒸气，并在合适的时候将其送入进气管，与空气混合后进入发动机燃烧，从而提高燃油的经济性的控制技术。它由蒸气回收罐（活性炭罐）、控制电磁阀、蒸气分离阀及相应的蒸气管道和真空软管等组成。

当发动机工作或熄火时，燃油箱中的汽油蒸气通过管路进入活性炭罐的上部，新鲜空气则从活性炭罐下部进入活性炭罐。当发动机起动后装在活性炭罐与进气歧管之间的电磁阀打开，活性炭罐内的汽油蒸气被吸入歧管参加燃烧，从而减少油气对空气的污染，降低燃油消耗量。

除了排放控制系统，燃料的质量和成分也对汽车排放产生重要影响。汽车燃料的硫含量越低，硫氧化物排放就越少。因此，许多国家都制定了严格的燃料标准来限制硫含量，并鼓励使用低硫燃料。此外，在燃料中添加缓解剂和改性剂可改善燃料的燃烧效率，从而减少排放。

除此之外，汽车排放控制还需要政府的管理和监管。许多国家制定了严格的排放标准和法规，并对汽车排放进行监测和检测。政府还鼓励汽车制造商生产更环保的车辆，并提供各种补贴和激励措施来推广低排放汽车的使用。例如，我国在 2023 年 7 月 1 日起，全国范围内全面实施国六 b 排放政策，禁止生产、进口、销售不符合国六 b 排放标准的车型（表 1-1）。

表 1-1　国五国六推进时间表

时间	标准	范围
2016 年 4 月 1 日	国五	东部 11 省市所有进口、销售、和注册登记的轻型汽油车、轻型柴油客车、重型柴油车（仅公交、环卫、邮政用途）
2017 年 1 月 1 日	国五	所有制造、进口、销售和注册登记的轻型汽油车、重型柴油车（客车和公交、环卫、邮政用途）
2017 年 7 月 1 日	国五	所有制造、进口、销售和注册登记的重型柴油车
2018 年 1 月 1 日	国五	所有制造、进口、销售和注册登记的轻型柴油车
2019 年 7 月 1 日	国六 a	所有生产、进口、销售和注册登记的燃气汽车
2020 年 7 月 1 日	国六 a	所有生产、进口、销售和注册登记的城市车辆
2021 年 1 月 1 日	国六 b	所有生产、进口、销售和注册登记的燃气汽车
2021 年 7 月 1 日	国六 a	所有生产、进口、销售和注册登记的重型柴油车
2023 年 7 月 1 日	国六 b	所有生产、进口、销售和注册登记的重型柴油车

总之，传统汽车排放污染控制技术是一项复杂而持续的工作。通过排放控制系统的完善、燃料质量的提高和政府的监管，我们可以有效地减少汽车排放带来的环境污染。只有我们共同努力，才能创造一个更清洁和健康的交通环境。

1.1.2　汽车轻量化技术

1.1.2.1　什么是轻量化技术？

随着节能减排需求的日益增加，汽车这一能耗大户必须做出改变。汽车节能减排的技术有很多，比如新能源的应用、发动机改造等，当然还有轻量化技术。

生活中，一个人的体重增加时，他日常的生理消耗会增加，饭量往往也会增大。汽车跟人也是一样的，当一辆车负重前行时，它的油耗也会更多。因此一个轻盈的身体是汽车设计的发展趋势（图 1-15）。

图 1-15　2015 年福特 F-150 推出了全铝车身款，其车重同现款车型相比降低了 220~320kg，
燃油经济性提升 20%

大量研究表明，汽车重量减轻 1%，油耗可降低 0.7%；汽车重量减轻 100kg，CO_2 排放量可减少约 5g/km。

如此一来，汽车厂商自然会修炼"减肥术"。

轻量化技术是指汽车在保持原有的行驶安全性、耐撞性、抗振性以及舒适性等性能不降低，且汽车本身造价合理的前提下，通过采用轻量化材料、结构优化、零部件精简等手段，有目标地减轻汽车自身的重量，从而提高动力性、减少燃料消耗、降低排气污染。

轻量化材料是实现汽车轻量化的关键，如高强度钢材、铝合金、镁合金、碳纤维复合材料等。这些材料相比传统的钢铁材料具有更高的强度和刚度，同时重量更轻。如图 1-16 所示的蔚来 ES8，是其首个独立研发量产的轻量化全铝车身平台。在车身最关键的传力路径和承载部位上，ES8 也使用了高性能铝材。这使得 ES8 全铝车身上铝材的使用率高达 96.4%，成为当时全球量产的全铝车身中铝材应用量比例最高的车型。

图 1-16　蔚来 ES8 全铝车身

　　结构优化是通过重新设计汽车的整体结构来实现轻量化，在保证结构强度和刚度的前提下，通过减少材料使用量和优化零部件布局，达到减轻整车重量的目的。

　　零部件精简则是通过重新设计和整合汽车的零部件来减轻重量。通过采用更紧凑的设计、材料代替、功能整合等方式，减少零部件数量和重量，进而减轻整车重量。

　　汽车轻量化技术的应用可以带来多个好处：提高燃油经济性，减少碳排放；提升动力性能和操控稳定性，提高行驶的安全性；延长电动汽车的续驶里程；减少材料的需求和生产成本，促进可持续发展等。

　　总体而言，汽车轻量化技术是汽车产业追求更高效、环保和可持续发展的重要方向，也是现代汽车工程中的研究热点之一。

1.1.2.2　轻量化技术的"三大法宝"

（1）脱胎换骨的新材料

　　汽车减重最有效的方式就是改变汽车的材料。材料轻量化是在车身与零部件等部位使用更轻便的材料，从而达到大幅度的减重。这就像医学上使用钛合金的"人造骨"代替人骨治疗骨折，它的效果如脱胎换骨。

　　目前，用于汽车轻量化的材料主要有低密度的轻质材料和高强度材料，前者包括以铝、镁、钛合金为代表的金属材料和塑料、纤维等高分子材料，后者主要指高强度钢。

　　碳纤维具备非常低的密度（比铝合金的减重效果提升 2~4 倍），拉伸强度是钢的 7~9 倍，还具有耐腐蚀、高模量特性，在风力发电和航空航天领域应用非常普遍。

案例　　　　　　　　　　　　　　　宝马 i3

　　宝马 i3 大量使用碳纤维增强复合材料，它的整备质量为 1224kg，比设计之初减轻了 250~350kg。车重得以减轻之后，宝马 i3 的性能有了很大提升：0~100km/h 加速小于 7s；更多的电池空间以及更长的续驶里程等，如图 1-17 所示。

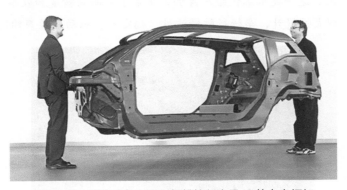

图 1-17　两名成年男子可轻松抬起宝马 i3 的车身框架

（2）有的放矢地"抽脂"

结构轻量化是对车身结构持续优化，在保留主流参数的基础之上，提升整车结构强度，降低耗材用量，比如改变零部件的结构设计、采用中空结构等。这就好比通过吸走不必要的脂肪，对各部位进行改善，可以达到在相同的材质基础上提升受力性能的目的。

案例　　　　　　　　　　　　福田欧马可

福田欧马可采用镂空前桥、耐高压成型中冷器进气管、过冷式冷凝器、非贯通式转向器、旋压式轮辋、真空胎等轻量化技术，减轻车辆重量，如图1-18所示。

图1-18　福田欧马可

（3）更先进的制造工艺

目前车身轻量化制造工艺的创新应用，主要有热成型冲压制造工艺、液压成型工艺、激光拼焊板等。

案例　　　　　　　　　　　　大众途安

途安采用的是激光焊接技术，是当时大众品牌采用激光焊接长度最多的车型。途安的车身有804条激光焊缝，焊缝总长度达41165mm，车顶、车身的侧围等多个地方都是采用的激光焊接技术，如图1-19所示。

激光焊接技术使不同钢板之间的链接达到分子层面的结合；在焊接后，不同的钢板相当于一整块钢板。这一技术不仅给车身加工带来了更高的精度和效率，同时也使车身的刚度及强度得到大幅提升，车辆行驶舒适性、稳定性、振动及噪声均得到明显改善。

图1-19　大众途安生产车间

1.1.2.3　轻量化技术会影响安全吗?

对车身的改动不仅能够赋予汽车不同的造型,还能够帮助汽车"瘦身",目前为了响应节能减排的号召,许多整车厂苦练汽车"减肥术"。然而消费者无法安心,变轻了的车还安全吗?于是舆论将安全事故的矛头指向轻量化。

2018 年 6 月,一辆 SUV 在高速公路上突然偏离方向,撞向了路中间的隔离栏,车尾发生二次碰撞,车尾门被撞飞,位于后座的车主父亲和两个儿子被甩出车外(图 1-20)。该事故导致车主父亲高位截瘫、妻子肋骨骨折、七岁的大儿子擦伤、三岁的小儿子死亡。车主在接受采访时说:"怎么我们车子的后尾箱是塑料的?别人的车子全是铁的嘛,如果是铁的话,也不可能会折断,门也不可能飞出去,就算是在车里受了伤,也不可能这么严重。"

图 1-20　SUV 事故现场

轻量化是造成这一系列悲剧的元凶吗?带着这一疑问让我们一起来了解一下汽车轻量化技术是不是影响了乘员的安全。

根据前面说到的轻量化的定义来看,轻量化技术必须保证车身的刚度和安全性能。轻量化与安全性并不是二选一,而是必须两者兼顾,才能称得上轻量化技术。那么轻量化技术是如何保证安全性的呢?轻的车安全性能跟重的车一样吗?

(1)重车 vs 轻车,究竟谁更耐撞

物理上有一个动量守恒定律,它对碰撞的影响相信很多人高中时背过:小质量物体撞大质量物体,大质量的不动,小质量的被弹飞。那么,车也一样吗?

答案是否定的。首先,汽车具有溃缩结构,碰撞发生时可以形成缓冲区,从而吸收能量;其次,轻量化的主要手段是优化结构、改变车身材质、制造工艺创新,都能为车身提供相当或者更好的乘员舱牢固程度;此外,越来越多的主动安全设备的应用,能够有效地减少事故,特别是严重事故的发生。

但这个问题在学术界也有争论。

1997 年,美国汽车工程师学会(SAE)的 Kahane 博士使用实际事故数据来分析车重和安全性的关系,得出的结论是:汽车重量的下降时,死亡率会随之上升。汽车若减少 100lb(1lb ≈ 0.45kg)的重量,一年将会导致额外 1000 人的死亡,如图 1-21 所示。但是,该研究存在一定的局限性,Kahane 博士没有区分汽车的尺寸与重量。

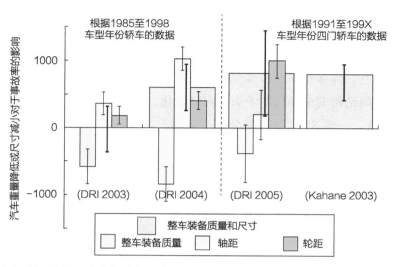

图 1-21　事故死亡率与轿车尺寸/重量的相关性分析，纵轴为正表示汽车重量
减轻或尺寸减小对于事故率的影响，正值表示事故率上升，负值表示事故率下降；
图例中蓝色为重量，黄色为轴距，红色为轮距，灰色为同时考虑重量和尺寸

很快，Van Auken 等学者就指出了这个问题。他们分别验证了汽车的尺寸与重量，发现轻量化的车身对安全性是正面的影响，而汽车尺寸（轴距和轮距）的减小则对安全性产生负面影响。所以，Kahane 博士的研究结果，其实是因为汽车尺寸的负面影响大于了车身减重的正面影响，才得出了相反的结论。

他们还对轻型货车进行了相同的研究，得出结论：如果汽车减重 100lb，能够降低两车相撞时的死亡率，并且能够降低轻型货车翻车或与另一轻型货车相撞事故中的死亡率。

此外，Wenzel 等学者也做了一项研究，他们的结论肯定了轻量化对安全性的正面影响，如图 1-22 所示。同时，他们的研究表明汽车重量与安全性的相关性不强。

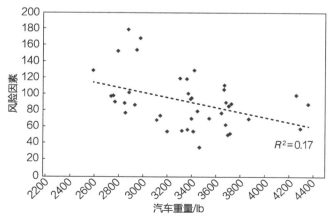

图 1-22　横轴为汽车重量，纵轴为风险因数
（风险因数的定义为每年每一百万辆车中的事故死亡率）

他们还通过分析不同级别车型的风险因数发现，皮卡并没有想象中的那么安全，如图 1-23 所示。中大型轿车和小型货车的安全性反而较高；皮卡的安全性最低，同时对他人车辆的侵略性最高，在两车相撞事故中，很容易导致他人死亡；但同时，皮卡本身在与静止物体（比如墙体）碰撞的事故中驾驶员死亡率也很高。

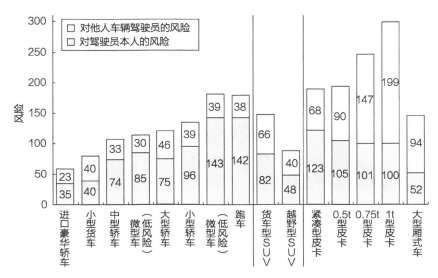

图 1-23　纵轴为风险因数，横轴为车体形式，其中灰色为对驾驶员本人的风险，
白色为对他人车辆驾驶员的风险，可以看到其中 1t 型皮卡总的风险因数最高

以上的第三点可以解开很多人心中的疑惑。对于两车相撞的情况，如果两车的尺寸和重量相差过大，比如普通乘用车与重卡相撞，那乘用车还是凶多吉少，这也是 Kahane 研究结论中的可取之处。但从汽车轻量化的角度来说，更多考虑的是在某一辆汽车自身的重量变化对于安全性的影响。在这种情况下，如果车身尺寸没有发生较大变化，轻量化是对提升安全性有好处的，这也是后来几位学者研究结果想要传递的主要信息。

由此可见，汽车安全与否，最关键的还是看车身的安全性设计和尺寸。那么，谁能为安全事故买单呢？

（2）道路千万条，安全第一条

回到本节开始提到的事故案例，我们一起来梳理事故过程。

首先汽车在雨天高速行驶时，因为车主进行制动操作的缘故，导致车辆打滑，车头首先撞到道路中间的防护栏，发生正面撞击，如图 1-24 所示。

在第一次碰撞后，车身发生了旋转，车尾再次撞到护栏上，如图 1-25 所示。由于车身部位未出现明显损坏，更可能是尾部直接受到侧向撞击，也就是说，车尾以高速旋转的状态撞上防护栏。

图 1-24　车头撞击情况

图 1-25　车尾撞击情况

　　这是一款五座 SUV，相比七座车型，它与尾门的距离更远，按理说被甩出去的风险会低一些。但四名乘客均未系安全带，三岁的小儿子未使用儿童安全座椅，这和三名乘客被甩出车外是有直接关系的。

　　我们能发现事故车尾门锁的残部还留在车上，尾门上部的安装点（支撑杆、铰链）出现了明显的撕裂痕迹，尾门的主体件（除车窗外的下盖板）未出现严重损坏，如图 1-26 所示。可以大致判断：尾门被撞飞不是车锁与车身连接强度不够造成的，可以排除车身和车锁的问题。

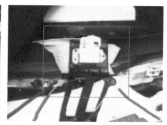

图 1-26　尾门受损情况

　　进一步核实后发现，事故的主要原因是车锁和尾门的连接强度不够。在剧烈的撞击后，连接点处出现了撕裂；又因为从后排飞出的乘客带着巨大的冲击力撞向尾门，导致尾门彻底被撞脱。

　　该车型的这款尾门，外板采用了热塑性聚烯烃（TPO），内板采用了长纤维增强热塑性聚丙烯（LFT-PP），这是一种比常见塑料强度更高，同时与常见塑料重量相当的材料。据官方称，在保证同等强度的同时，这款尾门能够减重 25%~35%。

该尾门的轻量化效果确实显著，获得过美国塑料工程学会（SPE）颁发的车身外饰奖。然而是否达到了"同等强度"，仍有待商榷。也许它的抗正面撞击能力达到了同等，但在遭遇剪切力时，塑料件的力学性能明显不足。这款塑料尾门极有可能加剧了事故的严重性。

这场事故虽然有偶然性，但厂家一定具有不可推卸的责任，许多厂家都会采用后护板等设计降低乘员被撞入行李舱的风险，而该车没有做到。这不是轻量化技术本身的错误，而是设计考虑的缺失。

同时，雨天高速驾驶、未系安全带、后排乘客超过 3 人均是安全隐患。汽车终归只是工具，行车安全最终掌控在驾驶者手里。

1.1.3　汽车空气动力学技术

1.1.3.1　看汽车造型追赶节能技术

你是否会好奇汽车的造型是如何从马车型一步步发展到今天的？是什么决定了如今道路上交通工具的样子？各种科幻作品中的汽车真的会是未来汽车的样子吗？

有些人可能会讲造型嘛，肯定是好看优先。就像普通消费者买车必然是挑最顺眼的那款买，没人买的汽车自然被淘汰更迭了呗。

事实上，每一款量产汽车造型的设计都是"带着镣铐的舞蹈"，设计师很可能是在几厘米几毫米之间进行调整和设计（图 1-27）。那么在道路上奔跑着的长得大同小异的汽车的总体造型是由什么决定的呢？它又是怎样一步步发展成今天这个样子的呢？

图 1-27　大众高尔夫数十年间的迭代，变化相当微妙

首先，决定汽车总体结构造型的可不是"艺术家"，而是工程师。汽车总体造型是为了汽车跑得更快、更稳服务的。在过去的一百多年里，无数的工程师和设计师为了寻找到汽车最合适的造型付出了非常多的心血。节能的意义在石油没有短缺迹象的很长时间内，意味着工程师们希望汽车能运用同等的燃料却比以前跑得更远、速度更快。

在 1885 年 10 月德国人卡尔·本茨发明第一辆汽车之后的几年时间里，汽车的造型还维持着马车的样子，如图 1-28 所示。这个时候并没有人觉得汽车造型太陈旧。这是因为当时汽车还没有走入哪怕是相对富裕的百姓家，更多是工程师和部分感兴趣的贵族的某种先进的"玩具"；另一方面，创造者们正忙于提升发动机的性能让汽车跑得更快、更安全，毕竟前几个版本的危险程度高，而且跑得比马车还慢。

图 1-28　马车型汽车

　　渐渐地，发动机的性能提升了，汽车跑得越来越快了。这个时候坐在敞篷马车型汽车里的乘客们感受到了狂风吹拂脸颊的痛感。同时，马车型汽车的结构所导致的巨大阻力成为提高车速的绊脚石，汽车造型的改变迫在眉睫。与此同时，在 1900 年，德国的费迪南德·波尔舍设计出了带曲面挡风板的汽车，福特等公司紧随其后推出带有风窗玻璃的汽车，可以封闭的室内空间宣告着马车型汽车的时代进入尾声。

　　箱型汽车的时代来到了。1915 年福特汽车公司生产出的一种 T 形车，如图 1-29 所示，在之后的汽车发展史研究中，人们认为它就是箱型汽车的代表。这个时候充气车轮、车窗、车门、车灯等汽车的组成元素已经成为配置中的常客。箱型汽车内部空间大，还有遮风挡雨的功能。伴随着福特公司流水线的成熟化，箱型汽车正式"飞入寻常百姓家"。为了提高车速，工程师们也算是各显神通。为了努力减轻整车重量而使用薄钢板作为车身材料，降低高度以减少迎风面积，更换更高科技的车轮，如此手段之后车速的提升再一次遇到瓶颈，箱型汽车作为统治汽车造型数十年的霸主，终于也走向了末路。

　　工程师们发现，这一次空气阻力变成了阻止汽车跑得更快的罪魁祸首，随着流体力学的研究深入，1937 年，费迪南德·波尔舍开始设计类似甲壳虫外形的汽车，如图 1-30 所示。在大众的甲壳虫汽车热销之后，二十世纪的三四十年代成为甲壳虫型汽车的黄金年代。但人们似乎总是这样用力过猛，在甲壳虫型取代在箱型汽车的一段时间后，人们才在有效提高汽车行驶速度的欢愉中清醒过来——甲壳虫型汽车的舒适性远低于其他车型！

图 1-29　福特 T 型车

图 1-30　大众甲壳虫

随着更多诸如人体工程学等高端学科的技术加入，还有加工工艺的提升，福特公司设计的一体化程度更高的船型车占据了市场的首位，很快又因为空气涡流的缘故自我升级成为了鱼型车，如图 1-31 所示。此时空气阻力被压得更低，乘坐舒适性也提高了，但是新的问题出现了——因为二战后很多搞飞机的工程师加入了汽车研发的行列，他们惯性地将降低飞机风阻的手法用在了汽车身上，导致汽车产生了不必要的升力，抓地力的降低导致了汽车稳定性的狂跌。

图 1-31　船型和鱼型汽车

最后统治市场的，是今天我们仍旧能看到在大街小巷上穿梭的楔形汽车和它的多个变种。楔形汽车是汽车工程师和设计师在数百年间努力摸索为内燃机汽车找到的最佳答案，今天我们看到的所有的量产车，无论是千篇一律的大众车系，还是变化多端的日系车，整体的造型差距也是相对较小的。

今天的汽车公司对减少风阻仍旧有非常大的执念，风洞试验的结果仍旧是决定一个车型好坏的重要条件之一，只是随着技术的增进和发展，我们几乎已经将风阻系数压到极限了，下一个"瓶颈期"似乎已经伴随着新能源技术一同到来了。

以上总结的是汽车整体造型的大改变，事实上，每一个时代都有造型中的佼佼者和被那个时代嘲笑的"丑车"。在相似的结构之下，那些带着"镣铐"的造型设计师们用成千上万张草图成就了一个又一个经典的设计。

在今天的大街上，我们能看到极致理性的奥迪，也能看见富含情绪的雷克萨斯；我们能看到圆润饱满的保时捷，也能看到线条硬朗的吉普。而这些历史悠久的品牌，在几十年前甚至上百年前就已经确定了自己的整体调性，哪怕整体车型一再改变，独属于品牌的韵味也不会被丢失。

就像我们能看到百种千样、各种风格的汽车一样，曾经的汽车世界也一定是这样繁复美好的，它们或许在整体结构上大致相同，但各自的风格却是独特鲜明，虽有许多在历史的长河中渐渐被腐蚀，但仍有幸运者被保存在博物馆中。它们中很多哪怕以今天最苛责的眼光看待也是漂亮到闪闪发光的，它们只是追不上我们科技发展的步伐，渐渐被我们落下了。

由马匹拉运变成内燃机驱动，交通工具的造型"阵痛期"长达八十余年，将汽油加内燃机组合更换成电池加电动机的今天，我们还会经历这样的"阵痛"吗？答案无疑是肯定的。

就像因为不再用马匹而抛弃缰绳一样，电动汽车或者说是电控系统同样抛弃了变速器、离合器等一系列燃油汽车中举足轻重的机构。决定汽车原有固定造型的油箱和内燃机的消失，以及机械结构逐渐简化，势必会对汽车造型产生很大的影响。现在很多电动汽车都还保持着原有燃油汽车的样子，或许就像内燃机取代掉所有马匹后造型开始渐渐远离马车一样，当我们生活中的交通工具都是电池电力驱动后，交通工具的样子很可能就不再像燃油汽车那样了。

1.1.3.2 空气动力学技术的应用现状

对于汽车而言，在行驶过程中的阻力主要包括：轮胎滚动阻力、空气阻力、加速阻力和爬坡阻力。如果一辆车是在平直路面匀速行驶的情况下，那么，其能耗主要就用在了克服轮胎滚动阻力和空气阻力了。

简单来说，空气阻力就是车辆在行驶时来自空气的阻力，也称风阻，而汽车的风阻大小会直接影响汽车行驶过程中的能耗水平，其计算公式如图 1-32 所示。

$$F = 1/2 C\rho Sv^2$$

- ➤ F：空气阻力
- ➤ C：空气阻力系数
- ➤ ρ：空气密度
- ➤ S：物体迎风面积
- ➤ v：物体与空气的相对运动速度

图 1-32　空气阻力计算公式

从公式中不难发现，减小迎风面积是优化整车风阻较为有效的手段。其实这个也很好理解，比如我们参加跑步比赛，穿上贴身的跑步服和穿着宽松的运动服去跑，得到的成绩肯定是不一样的。

随着汽车技术的发展，各大车企对于风阻的追求愈发极致了。有仿真模拟分析结果显示，在车速 50km/h 时，风阻占整车阻力的 30%；车速 100km/h 时，风阻占整车阻力的 58%；车速 120km/h 时，风阻占整车阻力的 65%；车速 160km/h 时，风阻占整车阻力的 73%，如图 1-33 所示。这就意味着：如果风阻越小，高速行驶时车辆用来对抗风阻所消耗的能量就越小，车辆就可以跑得更远了。

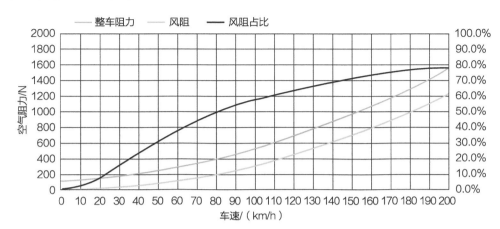

图 1-33　某款纯电动汽车不同车速下空气阻力占整车阻力的比例分析

　　因此，市面上许多纯电动汽车都会在与风阻息息相关的空气动力学上狠下功夫，而为了实现更低的风阻系数，很多汽车厂商除了采用流线型设计外，还针对细节做出了大量优化。

　　比如很多车企除了遵循空气动力学设计的基本原则之外，还结合气动、散热、人机布局、仿生等多种设计理念。例如，采用空气动力学轮毂设计，搭配车辆侧方的导流腰线，降低风阻；此外，很多电动车也都开始采用隐藏式门把手、主动进气格栅等设计，这样也能在一定程度上降低风阻。图 1-34 和图 1-35 所示，是特斯拉 Model 3 上实施的部分风阻优化措施。

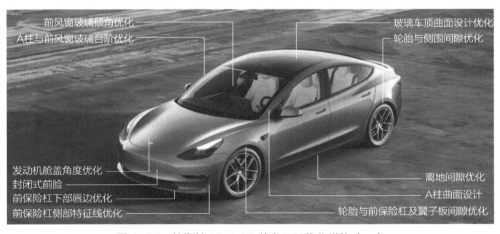

图 1-34　特斯拉 Model 3 整车风阻优化措施（一）

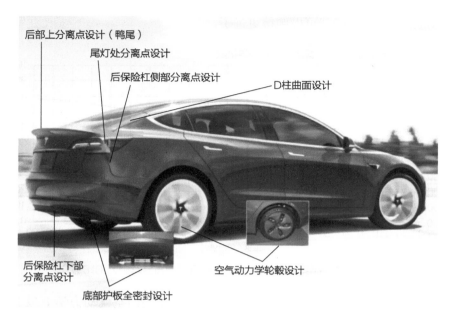

图 1-35　特斯拉 Model 3 整车风阻优化措施（二）

1.1.3.3　未来汽车造型展望

我们总是喜欢畅想未来，从《海底两万里》到《三体》，这些科幻小说显示出我们无时无刻不在幻想着未来世界的样子，总有人试图跟着科学发展的步伐窥探未来十年、五十年，甚至一百年后的样子。

因为汽车高昂的研发成本及较长的生产周期，或许汽车厂商们早已习惯预测十年后的交通工具市场。电动化、智能化、网联化，这些关键词连不接触汽车行业的人都一清二楚。节能、清洁能源、自动驾驶政策推行，这些似乎也不再遥不可及。新技术，新能源会接二连三地运用在交通工具上，更节能的替代高耗能的，更高速安全的替代缓慢不稳定的。

就像 20 世纪初的欧洲一样，我们这些人似乎要见证交通工具的又一次变革，就像马车要给内燃机汽车让出位置一样，内燃机汽车也要渐渐退出历史舞台，而电力驱动的车辆将成为未来的主宰。

现在各大汽车厂商的概念车，多数标着 2030、2035 这样的字眼，参展的人也直呼有未来感、科技感。看着这些精致的展车，我们找不到后视镜、传统变速杆、进气格栅甚至方向盘这些我们目前生活中使用的汽车上常见元素的影子。

但是，这是未来十年、二十年甚至五十年、一百年后交通工具的样子吗？现在的电动汽车上有太多燃油汽车的影子。汽车前脸的进气格栅已经没有存在的意义，但是购买者和设计者都习惯这里有格栅，所以干脆把类似格栅的花纹加上去。我们已经不需要排气管，但是加上去会使人认为车的动力性好，所以仍做保留。这些"历史"的痕迹太明显了。

或许你要讲毕竟汽车官方发布的概念车（图 1-36）还是趋于保守以迎合大众审美的，那些网络上的设计比赛或者设计师和学生的作品都很大胆前卫（图 1-37）。那么这些长得像飞船、类生物体，或者更多栖的交通工具，就能更贴近遥远的未来吗？

图 1-36　雷克萨斯 LF-Z 概念车官方图　　　　图 1-37　概念设计

关于未来，其实每一个人都可以发表自己的想法，越来越多的未来汽车设计比赛中开放了大众通道，每个人都拥有发言权。以电池和电机为核心的未来交通工具的造型是怎样的呢？你心中一定有一个属于自己的答案。

有一个故事想要分享给大家，在一百多年前的一次展会上，当时世界上最顶尖的科学家和工程师对一百年后的交通工具进行了大胆的预测，如图 1-38 所示。

图 1-38　一百多年前预测的未来交通工具的样子

很显然，这个预测对于现在的我们来说是有一点荒唐可笑了。一辆由一匹机械马拉动的马车，现在似乎只能在公园里给小朋友做的玩具设施中找到了。做出这样预测的人当然怎么也想不到一个叫"汽车"的家伙会横空出世。归根结底，是发展限制了他们的目光，他们的想象力终究逃不出一个叫"马车"的交通工具。

然而 2020 年发布的很火爆的游戏《赛博朋克 2077》的宣传图上同样画着我们对于未来交通工具的畅想，赛博朋克的美术风格以及思想前卫性也算得上是获得了相对较多的好评，可是你看到它的交通工具还长着传统燃油汽车的样子，如图 1-39 所示。

图 1-39　《赛博朋克 2077》官方宣传图

还有同年发布的、科技已经发展到人造人社会（2038 年）的游戏《Detroit：Become Human》里面的交通工具仍然是我们经常能看到的样子，如图 1-40 所示。

图 1-40　《Detroit：Become Human》游戏截图

或许你要反驳我，这些游戏设计并不能代表世界上最顶尖的概念车设计，当然我们有完全脱离现有汽车模式的让所有人惊叹的设计，比如奔驰的 VISION AVTR，如图 1-41 所示。

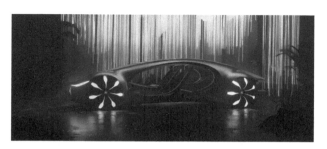

图 1-41　奔驰 VISION AVTR

固步不前是设计的死敌，我们永远不缺好看的设计，却永远缺少有远见、有魄力的设计。我们今天为之尖叫的那些超棒的概念车，会是下一个"机械马车"吗？或许只有时间能给我们答案，只是希望未来的人们不会像我们今天嘲笑一百多年前的预测一样，说我们也是井底之蛙吧。

1.2　新能源汽车

1.2.1　什么是新能源汽车？

从现有的情况来看，新能源汽车的崛起是毋庸置疑的，但新能源汽车真的能在各个角度全方面赶超燃油汽车吗？新能源汽车是怎样异军突起的？什么才能叫做新能源汽车？中国如此广袤的土地都适合新能源汽车驰骋吗？

确切地说，如果不是越来越严重的环境问题和石油等化石能源可以预见注定枯竭的未来，懒惰的人类才不会把还在"牙牙学语"的新能源汽车推出来。永远不懂得如何收敛自己的贪婪的人类终于尝到了"涸泽而渔"的苦痛滋味。多个国家出台的政策都给燃油汽车定下了"死期"，见表 1-2。或许在我们有生之年就能见证曾经布满这个世界每个角落的燃油汽车销声匿迹。

表 1-2　当前已表态的"禁止销售燃油汽车"的国家和地区

时间	国家（地区）	禁售范围
2024 年	意大利罗马	柴油车
2025 年	挪威	汽油车和柴油车
2025 年	荷兰	汽油车和柴油车，2030 年实现碳零排放
2025 年	巴黎、马德里、雅典、墨西哥城	柴油车
2029 年	美国加州	燃油公交车
2030 年	中国海南省	汽油车和柴油车
2030 年	印度	停止所有以石油燃料为动力的车辆销售
2030 年	德国	所有内燃机车型
2030 年	以色列	进口的汽柴油乘用车
2030 年	爱尔兰	汽油车和柴油车
2032 年	英国苏格兰	汽油车和柴油车
2040 年	法国	汽油车和柴油车，2050 年实现碳零排放
2040 年	英国	汽油车和柴油车
2040 年	西班牙	汽油、柴油和混动车型禁售
2040 年	加拿大不列颠哥伦比亚省	轻型汽车和货车必须为电动或零排放车
2050 年	日本	日本车企在全球销售的乘用车均实现电动化

可是还是有那么多谜团围绕着新能源汽车。我们需要时间去实践很多仍处于概念阶段的技术假设，我们需要时间去适应新能源汽车带给我们的种种改变，我们需要时间去拥抱未来。

按照国家发展与改革委员会的公告定义，新能源汽车是指采用非常规的车用燃料作为动力来源（或使用常规的车用燃料、采用新型车载动力装置），综合车辆的动力控制和驱动方面的先进技术，形成的技术原理先进、具有新技术、新结构的汽车。所以说相较于之前讲过的汽车的定义，新能源汽车的定义就简单太多了：新能源汽车是指除汽油、柴油发动机之外所有其他能源汽车。

因此新能源车是一个非常宽泛的概念，指的是使用非常规能源、或者使用常规能源但是用新型动力装置转化能量、驱动的车。虽然我们现在提到新能源汽车往往是指以电力为主要动力来源的电动汽车，但是已经有很多概念车和非量产车使用的是更环保、更具未来色彩的氢能和太阳能。2022 年我国清洁能源占能源消费总量的 25.9%，较 2016 年的 19.1% 增长了 6.8 个百分点，而煤炭占能源消费总量的比重持续下滑，2022 年我国煤炭占能源消费总量的 56.2%，较 2016 年的 62.2% 减少了 6.0 个百分点。2022 年中国能源消费结构如图 1-42 所示。总之，只要能摆脱原有化石能源的束缚，这些"新生车"自然会显得节能环保，有利于可持续发展，也就是符合人类未来的需求。

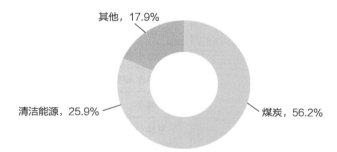

图 1-42　2022 年中国能源消费结构

在了解人类的科技发展史的时候，可以发现其实电动机和内燃机是同时间的产物，所以电动汽车和内燃机汽车也曾经是针尖对麦芒的对手。

1.2.1.1　新能源汽车从何而来？

更反常识的是，我们以为的一些新型词汇，例如"燃料电池"和"轮毂电机"等词早在 19 世纪就已经被发明出来。但是在那样一个人类前所未有高速发展的时代，一边是短时间内基本不可能打破技术壁垒的电池领域，另一边是一个又一个被发现的大油田，人们理所当然地选择了后者。他们怎么可能预知到雾霾的笼罩、冰川的消融。电动汽车终究是在快速发展的道路上被抛下了。

世界石油资源在地区分布上总的特点是相对集中，而欧美日等汽车强国的石油又主要依赖进口，没有石油可能意味着汽车这个工业顶梁柱将寸步难行。20 世纪 70 年代石油危机的爆发蔓延，能源困境开始显现。1976 年，美国颁布了关于电动汽车的研究、开发和应用的法律规范，当时的电动车 CitiCar 如图 1-43 所示。在沉寂了近四十年之后，电动汽车重新成为研究和开发的重头戏，可惜电池技术的壁垒似乎是一个永远没办法突破的魔咒，直到第一次石油危机都过去了，电动汽车也没什么有效进展，这个"烂泥扶不上墙"的项目又被深埋起来。

又过了二十年，环境问题成为继石油危机之后另一个压塌燃油汽车的稻草，随着科技的高速发展，电池制造水平相较于之前也算是有了相当大的提升。美国多家汽车制造厂商进军电动汽车，近些年颇有话题度的"网红企业"特斯拉也是在这个时间诞生的，如图 1-44 所示。

图 1-43　20 世纪 70 年代的电动车 CitiCar　　　　图 1-44　特斯拉的主打车型

有的时候你或许会好奇，电能真的算是清洁能源吗？毕竟现在我们国家主要依靠火力发电，烧煤和烧石油难道不是差不多吗？而何况电能作为二次能源，理论上电动汽车比内燃机汽车多一次能量转换，这不是更浪费资源了吗？首先，内燃机的转化效率非常低，很大一部分燃料燃烧产生的能量变成了热能去给冷却系统出难题去了。所以从这点上讲电动汽车还是环保一些。其次，因为大部分使用者都是在夜晚给电动汽车充电，所以错开了用电高峰期，对电网效率有利。因此，电动汽车总体上算得上是环保产品了。

今天的电动车适合在中国所有城市里取代燃油车吗？

虽然以电动汽车为代表的新能源汽车搭上了时代的顺风车，一路高速发展，但显而易见，现在这个答案还是否定的。我国北部和北欧处于同一纬度，北欧又是新能源汽车高速发展同时也是最先将燃油汽车"踢出市场"的地区，为什么我国北部却让新能源汽车望而却步呢？因为它们一个接受着大洋暖流的照拂，一个接受西伯利亚恐怖寒流的摧残，两个地区的冬季温度可以说是天差地别。部分日子里比南极地区温度还要低的黑龙江省是能把你放在包里的手机电池冻到直接归零的恐怖存在。那么需要更持久且直接暴露在寒冬中的汽车电池该如何面对呢？面对自然我们往往无计可施（图 1-45）。根据各家车厂给出的数据来看，几乎所有车企都把目标对准南方战场，而攻下整个中国的汽车版图需要的不是夸夸其谈而是电池技术的再一次革新。

图 1-45 电动汽车真的可以吗？

1.2.1.2 新能源汽车有哪些类型？

新能源汽车不像燃油汽车，这个新兴家族里有很多成员，有些已经是处于量产阶段的成熟产品，有些却是只有想法或者还是初做尝试的实验品，比如太阳能汽车，如图 1-46 所示。

依据 2020 年 7 月 30 日工业和信息化部公布的《工业和信息化部关于修改〈新能源汽车生产企业及产品准入管理规定〉的决定》，新能源汽车是指采用新型动力系统，完全或者主要依靠新型能源驱动的汽车，包括

图 1-46 太阳能汽车

插电式混合动力（含增程式）汽车、纯电动汽车和燃料电池汽车等，而在这三大类之中，某些大类的下面按照形式的不同又可以细分出更多的种类，如图 1-47 所示。

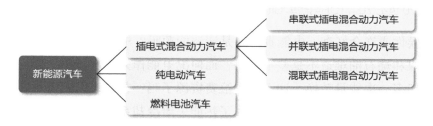

图 1-47 新能源汽车分类概览

插电式混合动力汽车（Plug-in Hybrid Electric Vehicle，PHEV）是一种介于纯电动汽车与传统燃油汽车之间的新能源汽车，既有燃油车的发动机、变速器、传动系统、油路、油箱，也有纯电动汽车的电池、电机、控制电路，还有充电接口。根据发动机和电机连接方式的不同，它又可分为串联式插电混合动力汽车、并联式插电混合动力汽车、混联式插电混合动力汽车，具体的结构和功能会在后面的章节中详细介绍。

纯电动汽车（Battery Electric Vehicle，BEV）顾名思义就是只采用电力驱动的汽车，车辆的动力源是可充电的动力电池。相比于传统内燃机汽车而言，纯电动汽车取消了内燃机（图 1-48）。

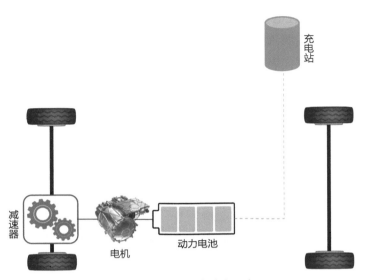

图 1-48　纯电动汽车动力示意图

　　燃料电池汽车（Fuel Cell Electric Vehicle，FCEV）通常来说是指以氢气、甲醇等为燃料，通过化学反应产生电能驱动电机进行工作，电机产生的机械能经过变速传动装置传给驱动轮，驱动车辆行驶（图 1-49）。

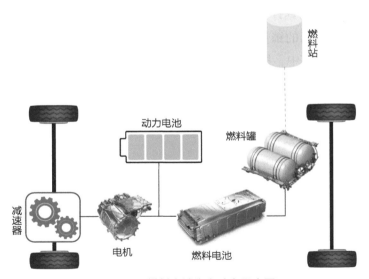

图 1-49　燃料电池汽车动力示意图

　　相对而言，纯电动汽车及燃料电池汽车的结构会更简单一些，能量的来源是电力或者燃料，且均由电机经减速器驱动车轮。反观混合动力汽车，结构就比较复杂了，都搭载了发动机及电机，驱动车辆行驶的能量来源包括燃油和电能。

　　目前我国消费者购买最多的新能源汽车种类是纯电动汽车。2022 年我国新能源汽车销量为 688.7 万辆，其中纯电动汽车销量为 536.5 万辆，占比 77.9%。该类汽车也是当前我国正在大力推广的新能源汽车类型。或许纯电动汽车在我们的心中不仅仅代表着以电池为核心的能源更新，更代表着曾经只出现在科幻电影里的以电动汽车为载体的自动驾驶等技术变为现实的可能，如图 1-50 所示。

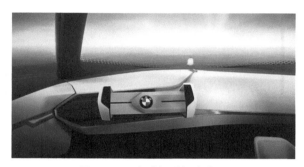

图 1-50　自动驾驶概念蓝图

整体来看，插电混动车型是一种折中方案，它既有燃油车的发动机、油箱，也有纯电动汽车的电池、电机和电控。从理论上来说，插电混动车型综合了燃油车和电动车的各种优点，这是它越来越受消费者欢迎的主要原因。混合动力汽车现在在我国市场比较热门，各大车企都在力推混动，以比亚迪为例：2023 年 1—10 月纯电车型的累计销量121.39 万辆，插混车型的累计销量 115.74 万辆，二者几乎平分秋色。插电式混合动力汽车在我国新能源汽车市场的销量中的比例正在上升，2023 年 1—10 月，我国新能源汽车累计销量为 728 万辆，其中，插电式混动汽车销量为 211.6 万辆，占比 29%。

未来到底是哪一种新能源汽车会成为霸主，目前许多人都为此而争论不休，或许，我们每个人都可以从自己的角度去寻找答案。

1.2.1.3　新能源汽车会有成本优势吗？

新能源汽车刚进入大众视野的那几年，除了环保这一亮点外，最吸引消费者选择它而不是燃油汽车的理由，其实是它好上牌照、有国家补贴。新能源汽车在起步阶段就像被各方都小心翼翼保护起来的温室里的花朵，需要悉心呵护和灌溉，代表着充满希望的未来。

因此，我们需要拥有更多先进的技术、更完善的配套设施、能压到更低的成本、更人性化的设计的新能源汽车，这样它才能在拆除保护"大棚"之后的环境中生存下来。我们从来都不需要一个空画着环保、未来的大饼。很幸运，只要你持续关注新能源汽车领域，你会发现如今已经有那么多的企业、高校、研究所在努力把新能源汽车变得更好。正是他们创造了"未来之星"。

新能源汽车无疑会是"未来之星"，随着各个国家燃油车禁售令的相继发布，未来几十年内，新能源汽车无疑将逐渐取代传统燃油车的地位（图 1-51）。作为普通车主，除了电池性能、节能环保之外，可能会关心一个问题：新能源汽车的性价比，会比燃油车更高吗？

图 1-51　新能源汽车逐渐成为主流

由于燃料电池汽车目前在市面上主要是商用车，而插电式混合动力汽车"混搭"了油车、电车的特性，因此本节的情境以纯电动汽车为主。

回到上文的问题，假设你和邻居分别买了一辆纯电动汽车和燃油汽车，并且你们的驾驶频次、里程和驾驶习惯相似，五年之后分别将二手车卖出，那从购入到卖出的折旧，以及日常使用与维护中，到底谁的花费更少呢？

要回答这个问题，我们首先需要了解：一辆车从生产制造到买入卖出的全生命周期中，会产生哪些成本？

从图 1-52 中可以看到，汽车的全生命周期成本涵盖从设计制造到最终报废回收的整个过程。对于企业来说，制造成本主要体现在研发、加工制造和量产的阶段；而对于车主来说，成本主要体现在能源消耗方面，也就是常说的耗油量和耗电量，以及非能源方面的保养、税收、补贴这些地方。

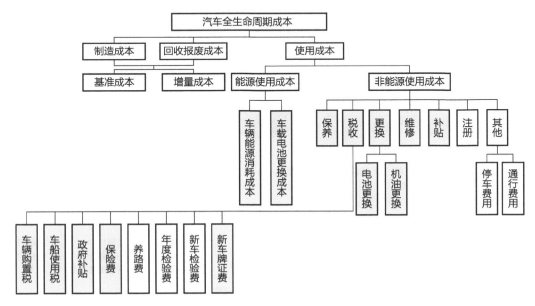

图 1-52　汽车全生命周期成本
（图中标底色的项目，往往就是新能源汽车和燃油车的使用成本中区别较大的地方）

当然，对于消费者来说，购置价格和转售价格也是非常值得关心的，毕竟他们的差值就是我们最常说的"折旧价格"，也是除了使用成本外最大的支出。

接下来的问题就是：新能源汽车的标价那么高，真的值得买吗？

想买一辆新能源车，让消费者思虑再三的除了电池性能大概就是价格了，特斯拉的新车价格在二十多万到近百万不等，国内自主品牌领头羊蔚来的几款 SUV 售价也在三十万元以上，乍一看，已经足够买一辆性能不错的燃油车了。

也许你会好奇：新能源车的售价为什么这么高？

其实这也是由制造成本决定的，除了加工制造阶段的原材料、加工装配、物流仓储成本外，它还涵盖了研发阶段的市场调研、产品设计及试验费。尽管新能源车与燃油车的加工制造成本比较相似，但新能源车的研发成本却大幅高于技术已非常成熟的燃油车。

除此之外，动力系统的不同也造成了价格的悬殊。电动汽车的三电部分的成本占比也远高于燃油车的发动机部分，三电中最核心的动力电池的成本有时甚至高达整车造价的一半。一般而言，即使是一辆性能普通的电动汽车，电池成本也会在 6 万 ~8 万元，因此新能源车的平均成本比同类型的燃油车贵 30%~50%，如图 1-53 所示。电池的价格对新能源汽车的制造成本有直接影响。2022 年，车用锂电池的价格持续增长，给车企制造新能源汽车带来压力。不过，在 2023 年，受益于上游材料的成本降低，锂电池价格有所回落，动力电池成本在新能源汽车造价中的占比有望降低。

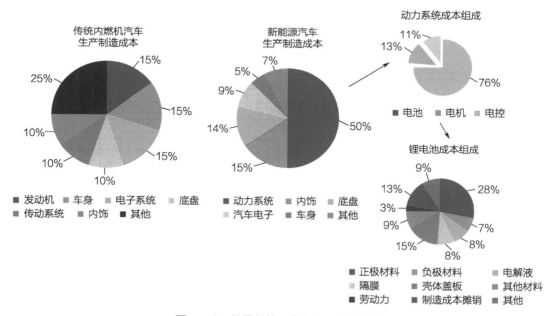

图 1-53　从零部件看汽车制造成本构成

不过也正是考虑到成本与售价的悬殊，国家先后出台了全方位激励政策，如延长补贴政策期限、充 / 换电站建设、充电优惠等；在购买新能源汽车时，不仅免除了车辆购置税和车船使用税，还增加了补贴。

假设邻居购买了 10 万元左右的燃油车，裸车价＋购置税＋车船税＋商业险的总价在 15 万元左右（不含牌照）；同级别的电动车补贴后总价一般在 20 万元左右（送牌照）。对于"一牌难求"的上海这类大城市来说，一张牌照就在 9 万元左右，因此两者的购置成本不分伯仲，对于长期拍不到牌照的车主来说，甚至是一举两得。

除了购置成本外，新能源汽车和燃油车在使用、保养、维护、质保、保值率等方面也存在较大的差异，为了便于理解，接下来我们选择指导价为 31.88 万元的 2022 款沃尔沃 XC40 燃油版（下称"XC40 燃油版"）和指导价为 31.5 万元的 2022 款沃尔沃 XC40 纯电动版（下称"XC40 纯电版"）进行对比，主要从 6 个维度展开，见表 1-3。

表 1-3　燃油车与新能源汽车在使用／保险／保养／质保／保值率／报废方面差异对比

类别		XC40 燃油版	XC40 纯电版
使用方面	补能方式	加油站	私人充电桩／公共充电桩
	补能速度	3~5min 加满油	慢充：10h；快充（80%）：40min
	能耗成本	74 元 /100km	19 元 /100km
保险方面		5420 元	7450 元
保养方面		11142 元 /6 万 km	<1000 元 /6 万 km
质保方面		整车：三年不限里程数	整车：三年不限里程数 纯电动力部件：8 年或 16 万 km 保修（以先到为主）
保值率方面		一年保值率：74%（众车网 2023 年 9 月数据）	一年保值率：66%（汽车之家网 2023 年第三季度数据）
报废方面		60 万 km 的引导报废（私家车）	

注：表中数据随着时间和地区的不同会有偏差，仅供参考

（1）使用成本：真正每天都能"看得到"的支出

在使用方面纯电动汽车与燃油车的差异主要有以下几方面：

1）补能地点方面。燃油车需要定期去加油站加油；而纯电动汽车则需要定期充电，充电可以用私人充电桩，也可以用公共充电桩。

2）补能时间方面。燃油车加满油时间约为 3~5min；对于纯电动汽车，采用慢充方式补能，从 20% 剩余电量充满电大约需要 10h，而快充则可在 40min 内从 20% 充电至 80%。

3）能量消耗成本方面。XC40 燃油版百公里油耗约为 9L，2023 年 11 月全国 95 号汽油平均价格为 8.51 元 /L，92 号汽油平均价格为 8.24 元 /L，假设该车使用 92 号汽油，

折合百公里油耗成本约 74 元；XC40 纯电版的百公里耗电量约为 15kW·h，按电价 0.65元 /kW·h、公共充电桩充电服务费 0.6 元 /kW·h 来计算，折合百公里用电成本约 19 元，仅为燃油车的 25%。

此外，新能源汽车的能源是清洁、可再生的，并且部分新能源车企提供终身免费加电和换电服务；而燃油车所使用的油气价格，无疑会随着资源的局限性、政策的变化而有所上涨。

同时，从环保的角度看来，在图 1-54 中可以发现不同类型的汽车的能源转化效率中，新能源汽车的转化效率远高于传统燃油车，对于使用天然气为原料发电的纯电动汽车，几乎达到了传统燃油车的两倍。

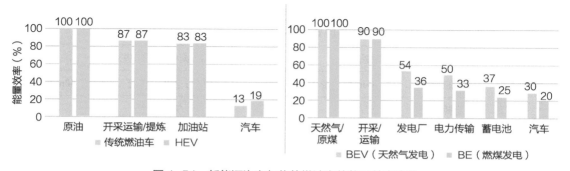

图 1-54　新能源汽车与传统燃油车的能量效率比较

（2）保险成本

不得不提到，相比燃油车来说，新能源车另一个值得诟病的点，是还不够成熟的保险政策与不完善的保险定价体系，据中国保险监督管理委员会报告，新能源汽车的年均保险费用比燃油车高出 21% 左右。

XC40 燃油版的车船税 400 元（车船税全国各地略有差异，仅供参考），交强险 950元，商业险按 4500 元计算，总车险为 5450 元；XC40 纯电版没有车船税，交强险为 950元，商业险按 6500 元计算，总车险为 7450 元。

面对新能源车险的出险率高、出险赔付价格高、险种不完善等问题，新能源车厂也推出了自家的保险方案，甚至可以根据车辆情况自动生成保险项目和保险费用。相信随着新能源车的市场占有率不断提高，很快就会出台完善的新能源汽车保险政策与费用标准。

（3）养护成本

你可能会好奇，养护这种与个人习惯有关的行为，如何能进行准确的测算呢？

随着经济水平的提高和观念的转变，中国消费者每 1 元的购车消费将带来 0.65 元的汽车后市场服务。研究表明，按 5000km 一次小保养来测算，售价 10 万~30 万元的燃油车单次养护费用约 500~1000 元不等，一辆燃油车每年付出的保养成本至少为 1500 元，豪华品牌车型的保养成本会更高。

相比之下，新能源汽车的维保成本比燃油车要低得多，纯电动汽车的保养特点是周期长、费用低、内容简单。目前，国内新能源汽车的保养周期大多为 1 万 km，除了与燃油汽车相同的常规保养——检查车身部件、更换轮胎等损耗零部件外，纯电动汽车的保养项目基本为三电系统和电控系统，再考虑到目前国家强制要求的 8 年或 15 万 km 的三电质保，基本不会产生太多花费。

XC40 燃油版的保养首保里程为 10000km，保养间隔也是 10000km，在不同时间涉及的保养项目不同，主要费用见表 1-4，按 6 万 km 来计算的话，共计费用 11142 元。

表 1-4　XC40 燃油版基础保养项目

项目	1 万 km	2 万 km	3 万 km	4 万 km	5 万 km	6 万 km
机油	•	•	•	•	•	•
机油滤清器	•	•	•	•	•	•
空气滤清器			•			•
汽油滤清器						•
空调滤清器						•
火花塞				•		
共计（元）	1179	1652	2082	2495	1179	2555
合计（元）	11142					

注：数据来源于汽车之家网站。

对于 XC40 纯电版而言，在保养方面就简单了许多，没有了燃油车的机油、机油滤清器、空气滤清器、火花塞等，只需要定期（每 1 年或 3 万 km，时间和里程数以先到者为准）更换官方建议零售价 381 元的空调滤清器即可，即便按 6 万 km 来算，费用也不过千元。不过，由于沃尔沃官方给 XC40 纯电版的首任车主提供了终身免费保养服务（依据沃尔沃官网 2022 年 7 月的信息），所以每年的保养费用几乎为 0。

特斯拉作为行业翘楚，在维修方面和苹果公司很像：厂家直接提供服务，而且经常只换不修；消费者在交付时也可接受专业使用和维护培训。对于把服务客户放在第一位的蔚来汽车来说，会对按规定保养的车进行终身质保服务，非常利于争取潜在消费者。

（4）质保成本

在车辆质保方面，XC40 燃油版和 XC40 纯电版都有着三年不限里程数的质保政策

（法律规定家用汽车包修期不得低于 3 年或 6 万 km，以先到者为准），所有保修期限均由授权经销商开具购车发票之日起计算。针对 XC40 纯电版，纯电动力部件（含动力电池、驱动电机及电控单元）享受 8 年或 16 万 km 的保修服务，以先到为准（国家对动力电池出台过相关政策：厂家对其搭载的动力电池必须满足 8 年 12 万 km 的质保期）。这也就意味着，对于沃尔沃 XC40 纯电版而言，在 16 万 km 内，我们不必担心电池包的更换费用问题。

各大新能源车企为了获得消费者的青睐，也纷纷推出了各自的质保政策，如图 1-55 所示。

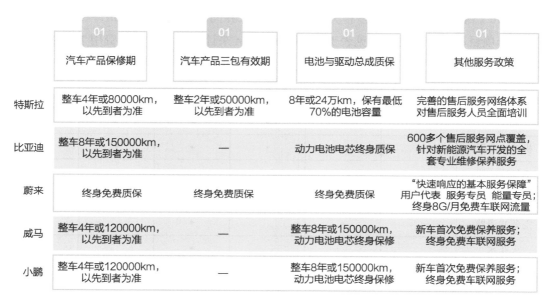

图 1-55　各大新能源车企的质保政策

（5）保值率方面

买车时关注二手车价格已经成为了许多消费者的习惯之一。汽车残值是指在规定的合理使用年限内所剩余的使用价值，而对残值的直观感受就是二手车的交易价格；保值率就是指残值与初始价值之比。

那目前市面上，我们的二手燃油车交易的保值率都是使用什么样的基准来计算的呢？

最常用的是重置成本和现行市价法，这两者都是以车辆的行驶里程和使用年限为基准，有具体的参数可参照。而电动汽车保值率的影响因素更加复杂，除了车身以外，电池的剩余容量、运营工况、新电池包价格等因素都会有所影响，如图 1-56 所示。

正因如此，再加上电池性能的不稳定性，电动汽车的保值率就出现了不理想且两极分化严重的情况，距中国汽车流通协会报告，电动汽车保值率远低于三年保值率普遍高于 60% 的同等级燃油车。据汽车之家研究院统计，作为首屈一指的豪华品牌，2022 年特

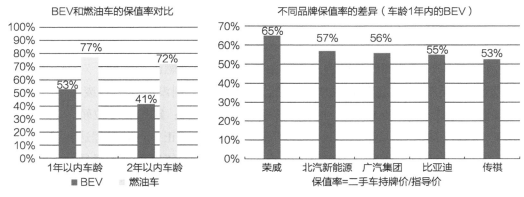

图 1-56 不同品牌车型的保值率对比

斯拉全系车型的一年保值率在 79% 左右，理想汽车、小鹏汽车等的车型一年保值率均超过 75%，低于大部分燃油车。

聪明的你可能要问了，在这样的情况下，大部分车主岂不是要"亏定了"？并且甚至面临着用车越久，卖车的价格越低，亏损越多的窘境吗？

新能源厂商也想到了这个问题，早在 2015 年，奥迪为 Q2 推出了"保值回购"政策，为用户提供最高三年残值保障达 55% 的方案；随后特斯拉推出"保值承诺"服务，即车主购车三年后若有回购需求，特斯拉会以 50% 的价格回购；相似的还有近年蔚来的官方二手车平台、吉利几何 A Pro"保值回购"等政策（图 1-57）。

图 1-57 吉利几何 A Pro 的"保值回购"政策

有了车企对保值率的"兜底"，折价的损失程度得到了保障，但依旧存在部分局限性，比如对最高里程数的限制、保值换购政策对品牌的限制等，因此新能源车企又陆续推出了融资租赁、车电分离等模式。例如，2018 年北汽新能源上线"租售通"服务，用户承担最低 55 元的日租金就可以获得整车使用权以及上牌、保险等服务，且三年后可选择是否过户为己有。

尽管如此，这些政策实际上只是将消费者的折价转移到了企业身上，短期内可以作为解决残值焦虑、拉动销量的一种方案，长期还是需要在动力电池的技术和可持续实用

性上多下功夫。

（6）报废方面

在车辆报废政策方面，新能源汽车的报废标准与传统燃油车一样。对于营运车辆及大型车辆，都是有强制报废年限的。但是，对于私家车则没有强制报废年限，只有60万km的引导报废。根据《2020车辆报废年限最新规定》：家用5座位轿车以及7座位的SUV，非营运的小、微型汽车无使用年限的要求；对于正常行驶里程达到了60万km的，国家将引导报废（注意，不再是强制报废）；超过15年以后每年必须检验2次（半年/次），如果年检不通过并且维修之后仍不通过的，或者连续3个机动车检验周期未能获得年检通过标志，强制报废。

综合以上几个方面来看，新能源汽车较传统燃油汽车的使用成本有显著的优势。耗电费相比耗油费来说存在着显著的优势，新能源车的养护周期与成本也相对较少，且考虑到环保性的因素，在未来资源、特别是在油气资源即将匮乏的环境中，电动汽车的发展前景远胜于传统燃油车。

同时电池性能的不稳定、生产成本高、保值率低，以及电池问题导致的保险费用较高的问题，也的确是目前新能源车在攻克与发展的主要趋势——新能源汽车研发成本不断降低，电池技术逐渐成熟和稳定。

回到本小节开始的问题，目前在技术不成熟的情况下，由于存在着政府补贴、企业政策这些激励措施，新能源汽车的性价比是略高于燃油车的。但未来我们期望的，是从目前的依靠政府补贴，到依靠研发和加工制造成本不断降低、市场规模扩大、固定分摊成本降低；从依靠车厂的保值营销手段，到依靠加快掌握电池技术、推进相关配套产业政策。我们也认为，当燃油车限购令的时限越来越近，消费者对新能源汽车的接受程度越来越高，它们保值率的差距也会越来越小。

我们相信，随着能源化学技术的不断发展，电池储能技术与梯次回收利用技术的不断提升，新能源汽车的生产成本会逐渐降低，保值率和折旧后回收的成本会更加得到保障，再加上新能源汽车的能耗成本低，以及其本身的节能清洁的优势，取代燃油车将会是不久后的大势所趋，同时也会成为真正的"性价比之王"。

1.2.2　混合动力汽车

1.2.2.1　混合动力汽车都是新能源汽车吗？

近年来，随着环保意识的提升和能源问题的日益凸显，汽车行业不断推出各种新能源汽车来满足人们对绿色出行的需求。其中，混合动力汽车成为了一种备受关注的车型。但是，混合动力汽车和新能源汽车之间究竟存在怎样的关系呢？混合动力汽车是否可以被归类为新能源汽车？让我们一起看下去吧。

首先，我们需要明确混合动力汽车和新能源汽车的定义。

　　混合动力汽车，顾名思义，就是指两种或两种以上不同形式的动力组合在一起、共同形成驱动系统的汽车，通常来说是热动力源与电动力源的混合（图 1-58）。热，是传统燃油汽车的动力源，由传统的内燃机（汽油机或柴油机）产生；电，则是纯电动汽车的动力源，即电池与电动机。根据前面章节中的介绍，新能源汽车是指采用新型动力系统，完全或者主要依靠新型能源驱动，综合车辆的动力控制和驱动方面的先进技术，形成的技术原理先进、具有新技术、新结构的汽车。

纯电续驶里程125km
综合续驶里程1400km
混动专用发动机热效率>43%
馈电油耗低至4.3L/100km
NVH性能比同类产品提升10%
*以上均为CLTC工况数据

图 1-58　混合动力汽车荣威 D7 DMT

　　在混合动力汽车中，轻混和插电混动是两种常见的混合动力技术。

　　混合动力汽车又可以分为不可外接充电式的混合动力汽车和可外接充电式的混合动力汽车，这其中，可外接充电式的混合动力汽车又称为插电混合动力汽车，归属于新能源汽车；不可外接充电式的混合动力汽车由于采用的仍旧是传统的燃料，所以不能被归属为新能源汽车，在国内，它被划分到了节能汽车的行列，也被称为油电混合动力汽车，如图 1-59 所示。

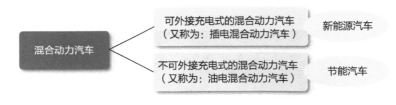

图 1-59　混合动力汽车分类

　　（1）轻混动力系统（不可外接充电式的混合动力汽车）

　　轻混动力系统又称为微混动、48V 微混动力系统。它是在传统的内燃机车辆中加入一个 48V 的电池系统，通过回收制动能量和轻度电动助力来提高燃油经济性（图 1-60）。

　　近几年，各国纷纷提出了限制百公里油耗和排放的标准，让很多美系和德系车企措手不及。此时发展纯电动技术不仅成本降不下来，之前在内燃机方面的技术成果也都会荡然无存；研发广义混合动力技术又有日系车企的"技术壁垒"阻隔，况且广义混合动力技术也需要研发新的平台来支持，远水解不了近渴。所以在几十年前汽车工程师提出的 36V 系统经过翻新之后，以 48V 混合动力的全新面貌重出江湖。

轻混动力系统采用了一种称为 BISG 的设备，即传动带集成式起动发电机。BISG 既可以作为发电机，为电池充电，也可以作为电动机，为发动机提供助力。当车辆制动时，BISG 将制动能量转化为电能储存在电池中，当车辆需要

图 1-60　福特领界 S

加速时，BISG 通过电动机向发动机提供额外的动力。这种轻度的电动助力可以减小发动机的负荷，提高燃油效率，总体而言，使用了 48V 轻混系统后的汽车油耗可以降低 15%~20%。

轻混动力系统相对于传统的内燃机车辆，可以将制动能量进行回收利用，并通过轻度的电动助力来减小发动机负荷，使得车辆的燃油消耗更加高效；混动力系统配备了智能起停功能，可以自动起动或熄火，减少车辆在交通拥堵或红绿灯等停车等待时的能耗。

（2）插电混动动力系统（可外接充电式的混合动力汽车）

插电混动动力系统是一种更加高级的混合动力技术。与轻混动力系统相比，插电混动动力系统具备更长的电驱动里程和更高的电能存储容量。

插电混动动力系统不仅具备内燃机，还配备了一个更大的电池组和电动机。它结合了燃油发动机和高容量的电池组，这些电池组可以通过外部电源插电充电，并使用电能来提供一定的驱动力；当电池电量耗尽时可以切换到混合模式，通过燃油发动机继续驱动；也可以通过回收制动能量进行充电。电动机可以单独驱动车辆，也可以与内燃机协同工作（图 1-61）。

图 1-61　潍柴 WPH2.3 混合动力总成系统

插电混动动力系统相对于轻混动力系统，具备纯电驱动模式，可以在电量充足的情况下实现零排放的驾驶，减小对环境的污染影响；插电混动动力系统可以通过外部电源插电进行充电，不仅可以利用低电价的夜间充电，还可以利用充电桩进行快速充电。由于插电

混动动力系统具备电动驱动模式，可以减少对内燃机的依赖，从而降低车辆的综合油耗。

经过对比我们可以认识到，其实轻混本质上是给原来发动机额外增加了一个小的动力系统，就是电气的动力系统，并不算是新能源汽车。从轻混动力汽车的车牌就可以看出，轻混动力汽车的车牌和传统燃油车一样是蓝色的。

总结起来，轻混动力汽车和插电混动动力汽车都是为了推动绿色出行而发展起来的车型，但是二者在技术原理和能源利用方式上存在一定的差异，其中插电混动动力汽车才是新能源汽车家族的一员。

1.2.2.2　混合动力汽车如何分类？

传统燃油汽车亟待转型，而纯电动汽车关键技术尚未成熟，电力驱动先一步做出妥协，以辅助姿态加入燃油汽车，混合动力汽车便应运而生，成为了两者间完美的桥梁。

汽车由成百上千个单元与零件组成，结构十分复杂，在混合动力汽车中，发动机和发电机的动力输出也并不是简单的"1+1=2"式的叠加，那么如何将两种动力混合起来并实现驱动汽车的目的呢？我们可以根据混合动力汽车动力混合方式，将它分为三类：串联式插电混合动力汽车、并联式插电混合动力汽车和混联式插电混合动力汽车。

（1）串联式插电混合动力汽车

串联式插电混合动力汽车（Series Hybrid Electric Vehicle，SHEV）名称之中的"串"字可以简单理解为发动机和电动机是"串"起来驱动汽车的。它有一个喜闻乐见的别名：增程式混合动力汽车。

在串联式混合动力汽车中，发动机、发电机与电动机是"串"在一起的，如图 1-62

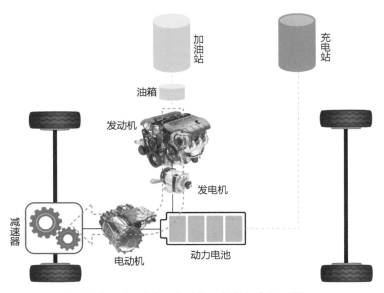

图 1-62　串联式插电混合动力汽车动力示意图

所示。作为电动力源，动力电池可以单独向电动机提供电能，用于驱动汽车。而作为热动力源，发动机仅用于发电，发电机发出电能供给电动机，而电动机负责驱动汽车行驶。

因此，发动机和汽车的驱动轮之间没有直接的机械连接，车辆其实完全是由电力进行驱动。由于没有直接的机械连接，在一定范围内，发动机的运行不会受到车辆行驶状况的影响，比如在汽车遇到颠簸时，车轮受到的瞬间的冲击就不会直接传到发动机上。这方便了对发动机进行最优的喷油和点火控制，可以使发动机经常保持在低能耗、高效率和低污染的状态下运转。

在图1-62中我们可以看到，发电机和动力电池输出的电能并没有直接提供给电动机，而是加入了一个逆变器，逆变器将直流电变成交流电，使得电能可以在电动机上被使用。根据这个电路图我们可以简单划分它的工作过程，见表1-5。

表1-5　串联式混合动力工作过程

序号	工作模式	工作过程
1	纯电动驱动	动力电池→逆变器→电动机→传动机构
2	发动机单独驱动	发动机→发电机→逆变器→电动机→传动机构
3	发动机电池混合驱动	{动力电池　发动机→发电机}→逆变器→电动机→传动机构
4	发动机驱动并给电池充电	发动机→发电机→逆变器→{电动机→传动机构　动力电池}
5	再生制动	传动机构→电动机→逆变器→动力电池
6	停车充电	发动机→发电机→逆变器→动力电池

看到这里，不禁生出一个疑问，为什么第5种工作模式（再生制动）中传动系统还能反向给动力电池充电呢？

我们都知道，电动机是通过电磁感应的现象，将电能转化为机械能，当交流电能的频率下降时，电动机的转速也相对减小。在汽车减速和制动过程中，汽车发出信号，减小电动机的频率，但是由于机械惯性的原因，电动机的转子转速没有办法立刻跳跃至指定速度，这时会出现实际转速大于给定转速，从而电动机会产生一个反电动势，这个电动势会高于逆变器另一端的电势，电流会从电势高的流向电势低的一端，因此，电动机就变成了发电机，给动力电池进行充电。

串联式混合动力汽车的主要缺点是显而易见的。由于发动机输出的机械能不是直接作用于驱动轮，而是进行转化，成为了电能，电能再通过电动机转化为机械能用来驱动汽车，经过了两次的能量转换，这必定伴随着能量损失，在热能→电能→机械能之间的转换过程中，总效率是低于内燃机汽车的。也因此，它必须要装置一个大功率的发动机 - 发电机组，再加上庞大的动力电池组，这三个动力总成的体积较大，重量也比较重，一般会布置在大型客车中。

（2）并联式插电混合动力汽车

并联式插电混合动力汽车（Parallel Hybrid Electric Vehicle，PHEV）指的是发动机和电驱动系统可以各自分别来驱动车辆行驶。[⊖]它名称中的"并"字可以简单理解为发动机和电动机是"并列"起来的，可以各自去驱动汽车。

在传统的燃油汽车发动机驱动路线保持不变的情况下，加入一条动力电池驱动路线，便成为了并联式混合动力汽车，如图 1-63 所示。发动机与电动机此时即呈现并联结构。发动机作为主要输出动力，动力电池作为辅助动力，工作时同时驱动，或者各自单独驱动车辆。动力电池驱动的加入，帮助发动机在绝大部分时刻处于最经济的工作状态，达到节省燃油的目的。

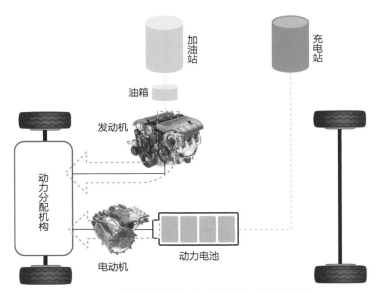

图 1-63　并联式插电混合动力汽车动力示意图

与串联式混合动力相比，发动机保留了变速器，可以通过机械传动装置直接对车轮施加驱动。但是由于并联式混合动力汽车将发动机与电动机并联，在电动机与发动机混合输出的模式下，没有另一台发电机让发动机的机械能转化为电能，所以无法为电池充电，当电池电量耗尽时，汽车只能依靠发动机驱动。

（3）混联式插电混合动力汽车

混联式插电混合动力汽车（Series-Parallel Hybrid Electric Vehicle，SPHEV）可以理解为是在并联式混合动力驱动形式的基础上，从发动机的动力输出部分新增了一条能量

⊖　PHEV 还是 Plug in Hybrid Electric Vehicle 的简写，意指所有的插电式混合动力汽车。

传输路径：发动机除了可以驱动车轮之外，还可以通过发电机把能量传递到电池包。

从图1-64可以看出，在并联式混合动力的基础上，再加上一个发电机，就能解决其不能为电池充电的问题，混联式混合动力汽车由此诞生。混联的形式结合了串联与并联的优点，汽车可以在串联和并联模式间进行切换。发电机（M1）和电动机（M2）之间设置了一个离合器，通过离合器的分离和结合来实现对串并联模式的切换控制。由于元件增多，控制起来会比单独控制更加复杂。

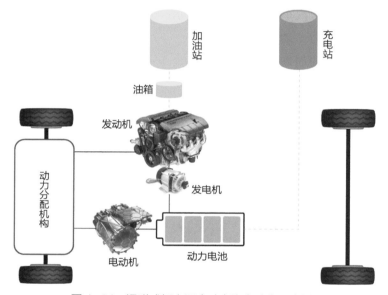

图1-64　混联式插电混合动力汽车动力示意图

既然我们对混合动力汽车的结构有了一定的了解，这些装置将动力电池的电能和发动机的机械能结合在了一起，那么具体实施的时候，它们结合的"比例"是多少呢？如同一杯糖水，加入糖的量不同，甜度会发生较大的差别，混合动力汽车也是同样的道理。混合动力可以细分为微混、弱混（轻混）、中混、强混、增程式插电混动，那么细分的依据又是什么呢？换言之，如何定义"甜度"并进行区分呢？

我们通常会用混合度——电池系统功率与电机功率的比值，作为区分的依据。比如说混合度小于是10%是弱混、10%~25%是中混、大于25%是强混，随着混合度由弱到强，电在混合动力汽车所占的戏份越来越重，节能减排的使命也完成得越来越好，见表1-6。

表1-6　混合动力混合程度划分指标

	直接起停	轻混		中混		强混
直接起停	√	√	√	√	√	√
制动能量回收		√	√	√	√	√

（续）

	直接起停	轻混		中混	强混
能量管理		√	√	√	√
电动起步				√	√
纯电动行驶					√
驱动循环燃料经济性	3%	7%	10%	30%	35%	40%~50%

　　但是一些企业在进行强弱混的区分时，引入了更多的参数。里卡多咨询公司通过停车起步、制动能量回收、智能能量管理、电动起步和排放能力对汽车的混合动力进行定义，更加直观地体现混合动力对节能减排的作用，这也避免了由于使用单一的混合度参数而造成实际情况与理想值的差别。换言之，就是混合度低的对于节能减排一定没什么效果，但混合度高的也未必会对节能减排有突出效果。

　　随着混合动力汽车技术的不断成熟和发展，作为燃油汽车向纯电动汽车过渡阶段的产物，混合动力汽车已经成为了汽车市场中的一个重要组成部分。混合动力汽车的广泛应用，帮助汽车产业平稳步入电动化时代，也为纯电动汽车的电池管理等策略提供了一定的实践经验。电已步步为营，逐渐成为混动汽车中的核心，那么未来燃油彻底退出汽车动力舞台是否指日可待？

二维码视频 1-1
48V 轻混系统的能量回收工况动画

1.2.3　纯电动汽车

1.2.3.1　纯电动汽车的前世、今生与未来

　　了解了插电混合动力汽车后，不知道你是否会对它最终的发展目标——纯电动汽车感到好奇。提到纯电动汽车，大家都会觉得这是个近几年才时髦起来的家伙，然而事实上，纯电动汽车出现的时间比燃油车还要早，甚至在 20 世纪初可谓风头一时无二。

　　就在 2015 年，一辆堪称古董的电动车在丹麦以 9.5 万美元的拍卖价成交，这辆名为 Woods Queen Victoria Brougham 的电动车（图 1-65）由美国 Woods Motor 公司于 1905 年制造，装有一台 214A 电动机和最新的快速充电系统，当时售价为 3000 美元（约合如今 7.1 万美元），可见其当时的风光。

　　追溯到电动车的源头，早在 1830 年左右，苏格兰人 Robert Anderson 就制造了一辆电动马车。1835 年，荷兰人 Sibrandus

图 1-65　Woods Queen Victoria Brougham 电动车

Stratingh 与他的德国助手发明了一种小号的电动汽车。当然，先驱者的尝试也是受限于时代的发展，由于电池技术并没有得到突破，这两辆车都是使用不能充电的电池。

电动汽车的发展大致可以分为四个阶段：

第一个阶段为发展初期（1830—1870），也就是刚刚提到的电动车的源头，那个时候的电动车受限于技术的瓶颈，更多的是一种新奇的产品，并没有量产。

第二个阶段为发展中期（1870—1920），这段时期是电动车发展的黄金时期，在英国法国都已经出现了电动车制造企业。如图 1-66 所示，1899 年比利时人卡米乐·热纳茨驾驶着一辆名为 La Jamais Contente 的炮弹外形电动车以 105.88km/h 的速度刷新了由汽油发动机汽车保持的世界汽车最高车速的纪录，这是汽车速度第一次突破 100km/h 的大关。

图 1-66　La Jamais Contente 炮弹形电动车

第三个阶段是停滞期（1920—1990），这期间内燃机技术得到了飞速的发展，而相比之下电动汽车的技术发展则陷入了瓶颈。并且人们发现加满一次油的续驶里程是电动汽车的 3 倍左右，这可能就是最早的"电量焦虑"吧。因此，在 20 世纪 40 年代左右，电动车已经从欧美的汽车市场黯然出局。

第四个阶段为复苏期（1990 至今），这期间，海湾战争打响，也带来了第三次石油危机，原油价格飙涨了近一倍，人们开始关注其他动力形式的汽车。适逢 1990 年的洛杉矶车展，通用汽车推出的 Impact 纯电动汽车再次让电动汽车走进人们的视野，再到后来 1992 年福特汽车成功研制出使用钠硫电池的 Ecostar，以及后续丰田、雷诺等公司在电动汽车上的发力，这才让电动车的发展走向了复苏与兴盛，也才有了今天的局面。

大致了解了电动汽车的起源与发展历程，让我们将视野拉回到 21 世纪，看看在历史长河的洗刷下，电动汽车的"今生"又是怎样的风采。

从当前国内外电动汽车动力技术上分类，目前主要分为三种类型：纯电动汽车、燃料电池汽车和混合动力汽车。纯电动汽车是完全由二次电池（蓄电池）提供动力；燃料电池汽车则是以燃料电池作为动力源，在催化剂的作用下，燃料和氧化剂直接经电化学反应产生电能；混合动力汽车则是综合了电动机和内燃机两种动力，通过控制系统将两者有机结合。

据统计，2022 年电动汽车销量达到创纪录的 1009.12 万辆，在汽车市场中的份额约为 14%，高于 2021 年的 9% 和 2020 年的不到 5%。2023 年第一季度，全球电动汽车已售出 230 万辆左右，比 2022 年同期增长约 25%。

而这 1000 万辆新能源汽车，竟然有超过四成以上的销量是由 5 家汽车企业完成的，分别是比亚迪、特斯拉、上汽通用五菱、大众和宝马。其各自的销量如图 1-67 所示。

排名	企业	2022 年全年销量	2022 年全年份额占比
1	比亚迪	1847745	18.31%
2	特斯拉	1314330	13.02%
3	上汽通用五菱	482056	4.78%
4	大众	433636	4.30%
5	宝马	372694	3.69%

图 1-67　2022 年电动乘用车销量 Top5 企业销量

再来看看车型销量的排名，如图 1-68 所示。我们会发现排在前面的并没有日系车企，美系车企除了特斯拉，福特和通用还不能在电动汽车市场有所作为。现在中国车企在电动汽车市场处于领先位置。

排名	品牌 / 车型	生产企业	2022 年全年销量	2022 年全年份额占比
1	特斯拉 Model Y	特斯拉汽车	771300	7.64%
2	宋（BEV+PHEV）	比亚迪汽车	477094	4.73%
3	特斯拉 Model 3	特斯拉汽车	476336	4.72%
4	宏光 MINIEV	上汽通用五菱	424031	4.20%
5	秦 Plus（BEV+PHEV）	比亚迪汽车	315236	3.12%
6	汉（BEV+PHEV）	比亚迪汽车	273323	2.71%
7	海豚 EV	比亚迪汽车	205238	2.03%
8	元 Plus EV/Atto 3	比亚迪汽车	201744	2.00%
9	大众 1D.4	大众汽车	174092	1.73%
10	唐（BEV+PHEV）	比亚迪汽车	151141	1.50%
11	广汽 Aion Y	广汽乘用车	119687	1.19%
12	广汽 Aion S	广汽乘用车	115663	1.15%
13	现代 IQN1Q 5	现代汽车	99536	0.99%
14	奔奔 E-Star	长安汽车	97379	0.96%
15	QQ 冰淇淋	奇瑞汽车	96529	0.96%

图 1-68　2022 年全球电动汽车品牌销量排名

为了进一步明确电动汽车产业目前的发展现状，我们需要增进对其他国家电动车发展战略的了解，从而有所启发。

作为世界超级大国，美国十分重视插电式混合动力汽车和燃料电池汽车，并引领着高端电动汽车的市场。美国一直把能源安全当作首要任务，特别强调插电式电动汽车的发展，到了 2012 年时，美国已经在插电式混合动力汽车和燃料电池汽车领域取得了丰硕成果，并拥有了这两个领域全球 22% 的专利。2016 年 7 月，美国联邦政府发布了《关于加快普及电动汽车的计划》，宣布将通过政府与私营部门合作，推广电动汽车和加强充电基础设施建设，以应对气候变化、增加清洁能源使用并减少对石油的依赖。大家所熟知的特斯拉也在这段期间风靡全球，2019 年，美国电动汽车销量为 32.4 万辆，其中特斯拉就占据了高达 78% 的份额，主导了美国电动汽车产业的发展。

欧洲各国的电动汽车产业则呈现出差异化发展的特征。相比于美国重视能源安全，欧洲各国更重视汽车产业对于环境的影响，力图通过发展纯电动汽车减少排放，为此制定了相关的法规，见表 1-7。

表 1-7　欧洲主要国家电动汽车产业发展目标

国家	目标
德国	到 2020 年，有 100 万辆电动汽车上路； 到 2030 年，将禁止出售传统的内燃机汽车； 2050 年，全国二氧化碳排放削减 80%~95%
挪威	从 2025 年开始全面禁售化石燃料汽车； 在 2030 年成为碳中和社会
荷兰	到 2030 年，让所有新车实现零排放
英国	到 2030 年，销售的汽车中至少有 50% 的轿车和 40% 的货车达到超低排放标准（二氧化碳排放量不超过 50g/km）； 到 2040 年，禁止销售传统燃油版汽车
法国	到 2020 年，将电动汽车销量提高 5 倍，在首都巴黎禁用柴油发动机； 2030 年前，逐步淘汰燃油汽车
意大利	到 2022 年，使 100 万辆电动汽车上路

对于欧洲的电动汽车市场，值得一提的是，2019 年德国超过挪威成为欧洲最大的电动汽车市场，销量达到了 10.7 万辆，而那一年欧洲的电动汽车销量为 54 万辆。尽管如此，从表 1-7 中我们也能发现，挪威人的环保意识较强，同时它也是电动汽车推广力度最大、优惠政策最多的欧洲国家，所以它仍是全球电动汽车人均保有量最多的国家。

我们将眼光放到东方，作为汽车发达国家的日本，是世界上最早发展电动汽车的国家，目前更侧重于混合动力汽车的发展。20 世纪 70 年代开始就已经进行电动汽车研制的日本，在混动技术、燃料电池和电机电控等方面有着深厚的技术积累，其混合动力汽车具有油耗低、排量低和性能好等优点。在日本经济产业省（METI）发布的《EV·PHV 路线图》中指出，到 2020 年日本国内纯电动汽车和插电式混合动力汽车的保有量要达到 100 万辆。但目前来看，日本电动汽车销量位居前列的车型均为混合动力汽车，并且混合动力汽车占据了日本乘用车市场近 40% 的市场份额。

综合来看，美国虽然注重插电式混合动力汽车和燃料电池汽车的发展，但目前只有纯电动的特斯拉在电动车领域一枝独秀；欧洲则呈现出百花齐放，注重环境保护但发展差异化的态势；日本则更注重混合动力汽车的研发。

那么电动汽车的未来，又会是怎样一番景象呢？

从美国、欧洲、日本以及我国目前的电动汽车发展现状来看，汽车实现电动化属于全球范围内汽车工业今后重要的转型发展方向。我们也会注意到，德、美、英、法等国多数地区均已经制定关于禁售燃油类汽车的时间表。

所以我们可以大胆推测，汽车行业于 2025—2030 年必然有一场关于能源动力的质的革命。预计自 2030 年起，以全球视野来看，氢能源和电力将会逐渐接管汽车的能源市场，传统能源车辆的市场份额将被大大压缩。预计到 2040 年、2060 年电动汽车使用量将分别占 20% 和 60% 以上，乘用车整个市场在 2070 年将不再依赖于化石燃料，可全面普及应用电动汽车。

我国目前在电动汽车市场上的表现十分给力，国内相关政策也一直在推动电动汽车行业大步向前发展，无论是在销量还是科学技术水准层面上均处于持续提升状态。电动汽车的未来正在逐渐走来，相信我国也必当在电动汽车的市场中占据主导地位。

1.2.3.2　纯电动汽车的"心脏"和"供血管"

纯电动汽车会成为未来的主要发展方向几乎已成定局，甚至不知什么时候，它已经以一种润物无声的姿态逐渐走进千家万户，汇入了城市的车水马龙。传统发动机的轰鸣还萦绕在耳畔，但电机转动时那份独特的安宁却也让人心驰神往，在环境保护意识深入人心的今天，纯电动汽车无疑是时代的新宠。但，你了解它吗？

如果说发动机是传统燃油车的心脏，那么石油一定就是它的血液。同样，作为纯电动汽车的血液，电就是一切的来源。作为电的提供者，动力电池就是纯电动汽车的心脏，其重要性不言而喻。

首先让我们先来了解一下纯电动汽车的"心脏"——动力电池组。了解前可以先对纯电动汽车的动力电池布置有个直观的概念，举个例子，特斯拉 Model S 的电池布置如图 1-69 所示，从图中可以看到一整块长方形电池组平放在底盘上。

图 1-69　特斯拉 Model S 动力电池组布置

动力电池组的电池结构可分为三层：电池单体、电池模组以及动力电池系统。电池单体指的就是单个含有正、负极的电化学小单元，又称电芯；多个一致性良好的电池单体经过串并联方式组合并加装单体电池监控和管理装置后，就形成了电池模组；而多个电池模组被电池管理系统和热管理系统管理控制并经过包装、封装、装配之后就形成了电池包，也就是一个动力电池系统，如图 1-70 所示。

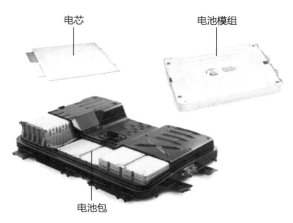

图 1-70　电芯 - 电池模组 - 电池包关系示意图

电池单体（Cell，又称电芯）是构成电池系统的最小单元，由正负极及电解质等组成。电动汽车用锂离子电池按照正极材料可以分为锰酸锂离子电池、磷酸锂离子电池、镍钴锂离子电池和镍钴锰离子电池。其中，人们常说的"铁电池"，指的就是磷酸铁锂电池，这种电池用磷酸铁锂作为正极材料；人们常说的"三元锂电池"，就是正极材料使用镍钴锰酸锂或镍钴铝酸锂的电池。

电芯是不能直接使用的，只有加上保护电路和保护壳，再通过组合形成电池模块，才能够直接使用

电池模组（Module，简称模组）是由电池单体和模块控制器组成，作为电池系统构成中的一个小型模块。如图 1-71 所示，目前上汽大众（SVW）的纯电动车使用的模组为 12 个电芯 2P6S 组装而成，这里的 2P6S 意思就是 2 个并联、6 个串联。

动力电池系统（Battery，又称动力电池包），主要为电动汽车提供能量的蓄电池，其中包括：电池单体、电池管理控制器以及其他的电气机械装置。目前 SVW 的纯电动车的电池包使用 16 个模组组装而成，如图 1-72 所示。

至此，以上汽大众的纯电动汽车为例，其电池结构可以概括为 12 个电芯组装成一个模组，16 个模组组装成一个动力电池系统，整个动力电池系统构成的流程如图 1-73 所示。

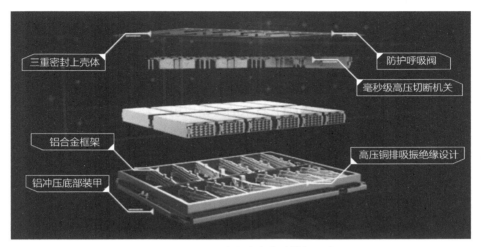

图 1-71　SVW 纯电动车电池模组示意图

三重密封上壳体

防护呼吸阀

毫秒级高压切断机关

铝合金框架

高压铜排吸振绝缘设计

铝冲压底部装甲

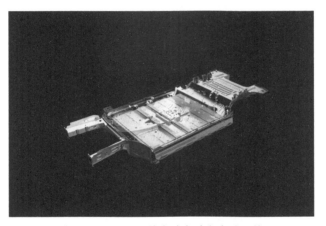

图 1-72　SVW 纯电动车动力电池系统

二维码视频 1-4
凯迪拉克 LYRIQ 搭载的可实现无线连接的电池管理系统

单体　　　　模组　　　　模组布置

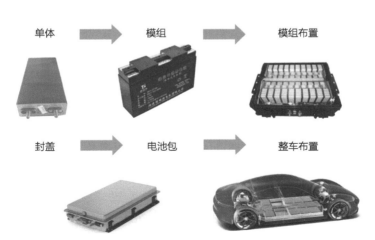

封盖　　　　电池包　　　　整车布置

图 1-73　动力电池系统构成的流程

　　一般而言，电池包是由电芯组装成为模组，再把模组安装电池包里，形成"电芯 – 模组 – 电池包"的三级关系，但是业内也有一个新技术——CTP（Cell to Pack），即由电芯直接集成为电池包，省去中间的模组环节，从而减少组装模组的端板、侧板以及用于固定模组的螺钉等紧固件，可以有效提升空间利用率及能量密度，同时可降低电池包本身的成本。比亚迪的刀片电池就是 CTP 技术的典型应用代表。

　　动力电池是纯电动汽车唯一的动力来源，电池电能的高低直接决定了电动汽车的续驶里程。提高动力电池电能的方法有两种：采用高容量的电芯或者使用更多的电芯。然而，电芯容量越高，成本一般也越高，因此为了优化电池组的结构，尽可能多地使用更多的电芯成为整车厂设计过程中需要考虑的重要因素。

　　以开篇提到的特斯拉 Model S 为例，它的电池包通过拆分后，可以看到如图 1-74 的 16 个电池模组。

图 1-74　特斯拉电池包拆分图

　　而再将模组进行拆分，可以看到每个模组使用 450 节 18650 电芯，采用 75P6S 布置（75 并联 ×6 串联）。从而可以计算出来 Model S 拥有 450×16=7200 节电芯。电芯的容量在 3.1A·h，因此计算出来总的 Model S 的电池包电能为 81.5kW·h（计算公式：电芯容量 3.1A·h× 电芯电压 3.65V× 电芯数量 7200），续驶里程到达了 500km。

　　当然，电就像火一样，可以是文明的象征，也可以是安全问题的罪魁祸首，如此多的电芯组合在一起，动力电池的安全性问题值得重视。让我们一起看看特斯拉对于纯电动汽车的"心脏"是如何保护的。

　　在电芯的安全措施方面，特斯拉在电芯正极附近装有 PTC（Positive Temperature Coefficient）装置，当电芯内部温度增高时其电阻会相应增高，从而起到限流作用。同时在电芯内部装有 CID（Current Interrupt Device），当电芯内部压力超过安全限值时会自动断开，从而切断内部电路。

　　在电池系统的安全措施方面，特斯拉首先在外壳采用了结构强度较高的铝材，并在电池箱后部设有通气孔，以防止箱体内部气压过高。每个电芯的正负极之间均设有熔丝，如果有个别电芯发生短路，此安全设计可以实现问题电芯与系统之间电路快速断开。当然，电池系统内部的冷却装置也是必不可少的，特斯拉采用的冷却液是水和乙二醇1：1的混合物。

聊完了纯电动汽车的"心脏"和"心脏"保护，下面谈一谈纯电动汽车的"供血管"——充电接口。

电动车虽好，但毕竟续航永远是"电子产品"的痛点，用户的电量焦虑也难免存在。目前虽然各大厂商加大了电动汽车的研发脚步，但电动汽车的充电标准却一直不统一，随着充电站建设的越来越多，各国标准已经面临直接冲突的状况。目前市面上主要有5大充电接口标准。

（1）新国标

中国作为全球第一大新能源车产/销国，2016年1月1日实施的"新国标"⊖代表了目前最新、全球最主流的充电接口标准，其中包括：如图1-75a所示，七孔四针的交流充电口，250V交流充电（10A/16A/32A），440V交流充电（16A/32A/63A）；如图1-75b所示，九孔双针的交流充电口，750V/1000V直流充电（80A/125A/200A/250A）。

a) b)

图1-75 新国标充电接口

（2）Combo

这种标准是由欧美车企，如奥迪、宝马、克莱斯勒、戴姆勒、福特等，发起的"CCS（Combined Charging System）联合充电系统"，可将现行的所有充电接口统一起来，用一种接口完成单相交流充电、三相交流快速充电、家用直流充电、超高速直流充电共4种模式。

但当"新国标"于2016年1月实施后，绝大部分进口/合资厂商都为旗下新能源产

⊖ "新国标"指GB/T20234.2—2015《电动汽车传导充电用连接装置 第2部分：交流充电接口》；而同系列标准《电动汽车传导充电用连接装置 第3部分：直流充电接口》已更新为GB/T 20234.3—2023版本。

品陆续换装了新国标接口，因此 Combo 基本已在国内销声匿迹，我们只能在 2013 款宝马 i3 等旧款车型的图集中看到 Combo 了。

美国汽车工程师协会（SAE）在 2012 年 10 月发布的制式，充电口是交流与直流结合，如图 1-76 所示，左边的充电接口仅支持直流，右边的充电接口支持交流 / 直流，最高直流充电电压 500V（200A）。

图 1-76　SAE 充电接口

（3）CHAdeMO

CHAdeMO 是 CHArge de Move 的缩写，是日本日产及三菱汽车等支持的接口标准，这种直流快充插座可以提供最大 50kW 的充电容量，如图 1-77 所示。支持此制式的主流厂商有丰田、日产、三菱、马自达、雪铁龙、标致等。

该接口可通过电池管理系统一边监视电池状

图 1-77　CHAdeMO 充电接口

况，一边实时控制电流，完全实现了快速、安全充电所需各项功能，确保充电不受电池通用性限制。在日本，按照 CHAdeMO 标准安装的快速充电器有 1154 座投入使用。在美国，CHAdeMO 的充电站也已广泛"撒网"，来自美国能源部的最新数据显示，美国现有 1344 个 CHAdeMO 交流快速充电站。

CHAdeMO 标准除了数据控制线外，还采用 CAN 总线作为通信接口，其抗噪性优越且检错能力高，通信稳定性及可靠性高。其良好的充电安全记录受到了业内的肯定。

（4）特斯拉

特斯拉专有制式是最高 340V（350A）的 120kW 直流超级充电接口。马斯克此前在推广一款堪称革命性的 350kW 超级充电桩，而其最终目标是 500kW 超级充电桩。

特斯拉在美国已拥有 908 座超级充电站。而为了进入中国市场，特斯拉已在我国建立了 7 座超级充电站，上海 3 座、北京 2 座、杭州 1 座、深圳 1 座。此外，为了更好地融入各个地区，特斯拉计划放弃对充电标准的控制，采用各国的国标，其在中国已经如此执行，目前进口的特斯拉新车都安装了新国标充电口，老用户也可以通过特斯拉赠送的转换头进行接口转换，如图 1-78 所示。

图 1-78　特斯拉充电接口

（5）无线充电

无线充电是近几年兴起的一种充电方式，以简洁方便著称，就像充电界 Bug 一样的存在。它根本不需要用到种类繁多的充电接口，只是技术暂时并未成熟，吃螃蟹的厂商往往不能实现较好的经济利益，所以目前的推进并不快。

在 2016 年 5 月 31 日发布的《SAE 无线充电指南》中，SAE TIR J2954 无线功率传输标准有望成为未来电动车的无线充电标准之一。SAE TIR J2954 标准中，最初的框架将确定无线充电的频段，以及四种不同的充电功率，分别为：3.7kW、7.7kW、11kW、22kW。

以上就是纯电动汽车的"心脏"及其"供血管"的介绍，相信在"新四化"的推动下，纯电动汽车、燃料电池汽车等清洁动力车辆的发展会越来越好，为我们的生活带来便捷的同时，也为子孙后代守住金山银山。

1.2.3.3　没有"绿牌"如何辨别纯电动汽车？

随着电动汽车的市场占有率不断提高，我们在道路和停车场上看到越来越多的电动汽车的身影，而它们在车流中最显眼的特征，就是象征着环保和节能的"绿色牌照"，如图 1-79 所示。

除了油电混动车型，插电式混合动力汽车和纯电动汽车都可以申请新能源汽车专属绿牌，对于一线城市的车主来说，这也是不用摇号、不限行的"黄金令牌"。值得注意的是，目前政策已有所收紧，例如在上海，插混车型已无法申请绿牌了。

图 1-79　新能源汽车车牌

由于电动汽车和燃油汽车在外观和基本结构上差别并不大，那么遇到不熟悉的品牌和车型，又没有"绿牌"作为参照的情况下，我们又该如何辨别燃油车和电动汽车呢？

这无疑就需要我们对电动汽车的结构有一定的了解。虽然从外观来看，电动汽车和燃油车在结构上并没有什么差别，都由乘员舱和机舱组成，但两类车的内部结构存在着很大差异。与燃油车型相比，电动汽车的结构更加简单，各种部件的布置具有很强的灵活性。

电动汽车最早的历史可以追溯到19世纪后期，在1881年8—11月巴黎举行的国际电器展览会上，展出了法国人古斯塔夫·特鲁夫研制的电动三轮车，这是世界上第一辆电动车辆，采用了可多次充电的铅酸电池和直流电动机，可以实际操作使用，如图1-80所示。

也就是说，从动力系统的技术原理来看，电动汽车最显著的特征，就是用电动机代替了燃油机。其车身结构如图1-81所示。

图1-80 古斯塔夫·特鲁夫研制的电动三轮车

图1-81 电动汽车车身结构

传统燃油车往往是通过发动机、变速器以及一系列的传动配件，燃烧燃料进行能量的转化与传递；而纯电动汽车则是靠蓄电池组充放电产生的电流来提供电能，并经由电力调节器和电动机直接进行能量输出，动力传动系统在获得能量后驱动汽车进行行驶。

这也是通常电动汽车比传统燃油车更易于操控的原因，传统的内燃机通常会把产生转矩时的转速限制在一个窄的范围内，因此需要庞大而复杂的变速机构；而电动汽车的速度仅仅取决于驱动电机的功率和性能，在行驶中不需要变速装置，操纵起来更加方便容易。

由于不再需要消耗燃油，纯电动汽车的环保性也是众所周知的。电动汽车在行驶过程中不会排放有害气体，即使按所耗电量换算为发电厂的排放，除硫和微粒外，其他污染物相较燃油车也显著减少；同时电力可以从煤、核能、水力、风力、光、热等多种能源中获得，能量利用效率和节能性都远高于传统燃油车。

因此，电动汽车往往是零排放、低噪声的，在停车后重新起步的速度也会更快，这些通常是我们在行驶中分辨电动汽车的主要特征。

除此之外，和燃油车型相比，电动车型的机舱内的电控系统也更加复杂。

尽管电控系统并不是新能源汽车所独有的模块，但传统燃油车上的电子控制单元（ECU）主要控制行驶过程中的助力、制动、安全系统以及发动机的喷油动作等（图1-82）。对于新能源汽车来说，在此基础上，电控系统还需要实现电池管理、动能回收和自动驾驶等功能，因此更加成为人们关注的重点。

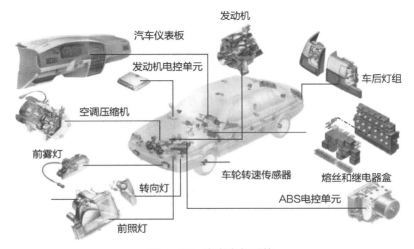

图 1-82　汽车电气系统

新能源汽车的电池、电机、电控系统通常又被统称为"三电"系统，是电动汽车最为核心的技术系统，直接影响电动汽车的最终性能表现，如图 1-83 所示。对于厂商来说，三电系统是构成电动汽车成本的主要部分，也是用户购车考虑的关键因素。

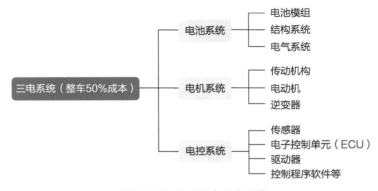

图 1-83　电动汽车三电系统

二维码视频 1-5
小鹏 G6 X-EEA3.5
电子电气架构

尽管在三电系统中，电控系统的成本似乎占比不高，但它的组成部分——传感器、电子控制器、电池管理系统（BMS）、电机控制器（MCU）、整车控制器（VCU）等模块，在汽车行驶过程中都起到了举足轻重的实时控制作用，可以高效地实现信息接收和决策。

另外，纯电动车还有"小三电"系统，即车载充电机、DC/DC、高压控制盒。大"三电"和小"三电"系统要求了在电动汽车的设计过程中，电控系统要满足高控制精度和高动态响应速率的要求，并同时提供高安全性和可靠性。

目前，国内在电机、电控领域的自主化程度仍远落后于电池，部分电机电控核心组件如 IGBT 芯片等仍不具备完全自主生产能力，具备系统完整知识产权的整车企业和零部件企业仍是少数。

由于动力系统和电控系统的差别，电动汽车和燃油车的动力传动模块也体现出了较大的差异。

传统燃油汽车的发动机的布置结构和驱动方式较为多样，动力传动系统也有所不同。较为常见的后轮驱动燃油车通过离合器或液力变矩器、变速器、传动轴、主减速器、半轴等结构将能量传递给车轮，液力变矩器和行星齿轮排的结构往往十分复杂，因此部件的设计与制造本身难度较大。

而纯电动汽车的传动方式则和前轮驱动的燃油车比较相似，不需要复杂的传动系统，可以直接将动力传递给车轮，或者通过半轴传递给车轮，如图 1-84 所示。

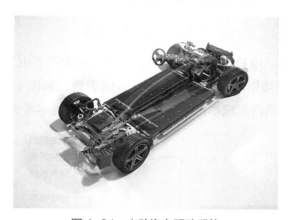

图 1-84　电动汽车驱动系统

因此，大部分电动汽车都为固定齿比传动，不需要配置变速器，少部分电动汽车上配置高低两档变速器仅仅是为了将更多的工况区域置于电机的高效转速区间中，以进一步提高汽车行驶时的经济性。因此，大多数电动汽车只需要配置一个主减速器改变传动比即可。

电动汽车传动系统的简洁性在驾驶过程中也会产生较为明显的反馈。燃油汽车的动力输出需要等待，转矩也需要等待转速攀升才能传递给车轮，但电动机由于先天特性的优势，转矩在一开始便能达到峰值，给人的轻快感要更为强烈；电动汽车的动力不需要通过传动系统，可以立刻传递给车轮，因此在起步时可以产生更高的加速度。

但是，刚刚说到的动力系统、电控系统、传动系统都是在各个模块内部，很难被观察到，那么具体到汽车的结构设计上，又会呈现出怎样的差异呢？

（1）底盘更低

纯电动车的电池包质量体积都相对较大，如图 1-85 所示，往往需要在底盘上设置专门的布置区域，例如特斯拉的整个车身底部全都是电池组。

电池包的安装对相关结构的刚度、强度、抗振、防水、散热等性能均有较高要求，因此需要设计专用的结构形式，电动汽车的底盘通常比燃油车更低；同时，由于电池组被整齐铺装在底盘上，纯电动车一般重心都较低，在驾驶感上有天然优势。

图 1-85　电动汽车底盘

二维码视频 1-6
某款纯电动汽车白车身纯平地板设计动画

但对于不平整的路况或者越野路况来说，电动汽车底盘较低的特点就变成了弱项，离地间隙较低使得电动汽车更易发生底盘的冲击和碰撞，而对于铺设了电池组的底盘来说，任何碰撞都具有高危险性。因此无论是轿车还是 SUV，纯电动车更适合在城市道路、高速等平坦道路上行驶。

当然，车厂也会考虑到相关的问题，对电动车的整体安全性进行考虑，除了"碰撞结构安全"保障外，电动车还会多出"三电布置安全"以及"高压电路安全"两项内容，同时也会在车身结构设计上做文章。

以蔚来为例，EC6 在车身结构安全设计上侧重通过"溃缩区"的设计，在前机舱采用了一个体积的硕大的弓形前防撞梁以及一个 4 层横截面的吸能盒，阻挡前方溃缩区的剩余能量对 A 柱背后空间的侵入，同时也将能量

二维码视频 1-7
别克微蓝 7 纯电 SUV 正面碰撞传力路径视频

分散传递至门槛梁以车身后方，以保护中间乘员舱和车底的电池组的安全，如图 1-86 所示。

图 1-86　蔚来 EC6 安全指数测评结果

（2）空间更大

由于使用电机进行驱动，电动汽车减少了许多原本在发动机舱内的部件，包括发动机、变速器、进气系统，驱动桥、传动链、排气及消声系统等，内部空间变得更大。其底盘上尽管看似只是少了一个传动部件，却大大降低了底盘布置难度，同时有效扩展了车身可利用的空间。

同时，电动汽车也有效地避免了自动变速器和发动机联合的总成体积大的问题，从而消除了对前轮驱动车带来的底盘布置形式的要求和限制。此外，考虑电动汽车的电气特征，转向制动等设备均可以便捷地向线控技术转变，还能进一步对底盘结构进行简化。

在和不同种类的新能源汽车的比较中，纯电动车也具有特别的优势，由于使用单一电能源，电控系统大大减少了汽车内部机械传动系统，也降低了机械部件摩擦导致的能量损耗及噪声，能够进一步节省汽车内部空间和重量，如图 1-87 所示。

（3）造型更多样

在传统燃油车的设计中，想实现后驱往往只能选择发动机前置后驱的方式，动力传递路径中需要额外增加一根传动轴，不但降

图 1-87　电动汽车车舱结构

低了传动效率，也会使得汽车乘员舱后排有较高凸起，占据了车内空间。而相比之下，电机总成便于布置，且可以灵活选择前驱或者后驱的形式，因此车身设计的自由度更高。

同时，由于电动汽车底盘低、重心分布集中的特点，既拥有中置超跑的布局，又拥有普通轿车的实用性，因此在汽车造型上具有充分的发挥空间。相信随着燃油车逐渐成为历史，电动汽车的造型设计也会突破传统的限制，设计出更加大胆和奇特的车型，相信到时候，一眼辨别出电动汽车，也会成为轻而易举的事。

二维码视频 1-8
某纯电动平台拓展
性动画

1.2.3.4 让均衡控制来助力动力电池续驶性能

目前来看，汽车电动化必是汽车未来的主要发展趋势之一。说起电动汽车，首先便会想到它的动力电池，动力电池的成本高低、续驶里程长短、充电时间快慢以及它的安全性一直被汽车行业高度关注，其中均衡控制技术便是提升动力电池续驶能力的关键技术之一。那什么是均衡控制技术呢？为什么能提高动力电池的续驶能力呢？就让我们下面一一来进行解答。

均衡控制技术就是要克服电芯不一致性。这里就出现了两个问题：什么是电芯的不一致性？电芯不一致会造成什么后果？

（1）电芯的不一致性

通俗来说就是每个电芯都是不一样的。这很好理解，就如同世界上不会有完全相同的两片叶子。首先在制造生产过程中，很难保证生产出的电池完全一致；其次在使用的过程中，由于外部环境的不同，日积月累，电芯的容量和电芯中的电量等参数会存在差异。而其中最主要的外部环境便是温度。一般情况下，锂离子电池的使用环境温度高于其最佳温度 10℃时，锂离子电池的寿命会降低一半。因为在不同的温度下，电芯内会产生不一样的化学反应，从而导致每个电芯的差异。那么，能不能对于电芯的温度进行控制呢？答案是否定的。一方面，在汽车中，动力电池由成百甚至上千个电芯串并联组成，其所占体积比较大，在汽车实际行驶过程中，很难控制其中的每个电芯都具有相同的温度；另一方面，电芯内部发生的各种化学反应和电路中的各种元器件，释放出的热量会有差别，因此电池的这种温度差异是无法避免的。

那么差异主要体现在什么地方呢？如果将电池比作一个木桶，那么电量就是木桶中的水，也就是人们所说的 SOC（荷电状态），木桶的容积就是我们所说的电池容量。如图 1-88 所示，左侧的电池容量是相同的，但是它们的 SOC 不同，而右侧两个电池它们的容量和 SOC 均有差别。

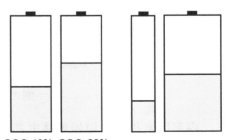

SOC 40%　SOC 60%

图 1-88　电芯不一致对比图

电芯的不一致会影响电池一致性。电池一致性是指相同规格型号的单体电芯组成电池包（或电池组）后，不同单体电芯的电压、荷电量、容量及其衰退率、内阻及其变化率、寿命、温度影响、自放电率等参数之间存在的差别，相关的影响参数差别越小，一致性越高。

如果单体电芯的一致性差异大，那么在充电过程中，有的单体会提前充满电，为了保证不会过充，电池组会停止充电，导致电池组无法达到满电状态；相反，在放电过程中，有的单体会放电快，先于其他单体达到空电状态，为了防止过放电，电池组也会随之停止放电，导致电池组的能量浪费。

电池一致性主要分为电压一致性、容量一致性、内阻一致性、温升一致性。

1）电压一致性。电压不一致的主要影响因素在于并联组中电池的互充电，当某一个单体电芯电压低时，与这个电芯呈并联关系的其他单体电芯将会给此单体电芯充电。

2）容量一致性。电池组在出厂前的分选试验可以保证单体电芯初始容量一致性较好，在使用过程中可以通过电池单体电芯单独充放电来调整单体电池初始容量，使之差异性较小。

3）内阻一致性。电池内阻不一致使得电池组中每个单体电芯在放电过程中热损失的能量各不相同，最终会影响单体电芯的能量状态。

4）温升一致性。每一个单体电芯由于其内部电化学物质制造过程中存在的差异，会对其发热量产生影响；与此同时，每一个单体电芯在电池包中所处的位置不同，其散热条件也会存在差异，最终会导致单体电芯的温升不一致。

影响电池一致性的原因，主要由内部因素和外部因素两方面组成，如图1-89所示。

图1-89　电池一致性影响因素

内部因素指的是原始单体电芯在制造过程的差异。由于工艺上的问题和材质的不均匀使得电池内部电化学物质存在很微小的差别，导致同一批次生产出来的同一型号的单体电芯的性能参数、能量密度、使用寿命等不可能会完全一致。

外部因素指的是在装车使用时环境的差异引起的单体电芯性能的差异。首先，电芯的检测筛选本身便存在一定的偏差控制；其次，尽管有电源管理系统的加持，但电池包中各个单体电芯在电池包内部所处的环境（环境温度、通风条件、电解液密度）、单体电芯的自放电程度等也存在一定的差异，这在一定程度上会进一步导致单体电芯的不一致性。

（2）电芯不一致造成的后果

为什么要如此强调电芯的不一致呢？首先我们要了解锂电池的一个性能，它会有一个充电上限以及放电下限，如果超过这个上限或者下限，就是我们通常所说的"过充"以及"过放"。锂电池可能因为"过充"或者"过放"发生燃烧甚至是爆炸，这对电动汽车会造成极大的安全隐患，所以我们要避免"过充"以及"过放"。

由于充电上限和放电下限的存在，如图 1-90 所示，在放电时，当一个电芯达到放电下限时，电池的管理系统就会中止电芯的放电过程，其余电芯也无法再进行放电，因此在其他电芯中的电量会被浪费；同理，在充电过程中，如果一个电芯充电到充电上限，该充电过程就会中止，其余电芯中剩余的空间也不能得到利用。这就像人们所说的"短板效应"，当一个木桶里有一个短板时，这个桶的其他板再长，水的容量也无法再增加。这样会导致很大的一部分电池容量没有被利用，如果放任这种情况继续下去，在电池循环往复的充放电过程中，没有被使用的电池容量将会越来越多，电池的续航能力将大大降低。因此为了应对这一问题，电池的均衡控制技术应运而生。

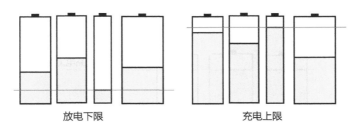

放电下限　　　　　　　　充电上限

图 1-90　电芯充放电示意图

电池管理系统对电芯开启均衡管理，可以有效提升电池单体间的一致性，使之达到相对均衡的状态，从而提升电动汽车电池的使用寿命和安全性。图 1-91 所示是加均衡前后的成组电池充放电过程对比。

均衡技术又分成了两类：被动均衡技术和主动均衡技术。被动均衡技术就是将即将要充满的电池的电量进行消耗；主动均衡技术就是将即将要充满的电池的电量进行转移，两种方式都能使得电芯电量趋于一致，提高电池的性能。

a）未加均衡的成组电池充电过程　　b）未加均衡的成组电池放电过程

c）加均衡后的成组电池充电过程　　d）加均衡后的成组电池放电过程

图 1-91　加均衡前后的成组电池充放电过程对比

1）被动均衡技术。一般被动均衡技术会通过电阻，将即将要充满的电池的电量通过热的形式消耗，为别的电芯争取更多的充电时间。如图 1-92 所示，因为第三个电芯最快充满，所以会在上面并联一个电阻，将其的电量耗散掉，从而另外三个电芯都可以达到充满的状态。

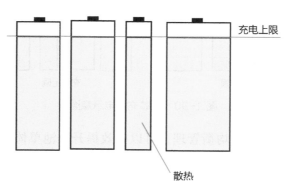

充电上限

散热

图 1-92　被动均衡技术示意图

被动均衡电路设计简单，较容易实现，所以被应用在很多电动汽车上。但是它不能对电池的容量进行改变，而且多余的电荷量被完完全全通过热量耗散掉，造成了电量的损失。而且耗散的热量也对锂电池的散热系统提出了更高的要求，由于锂电池对热是很敏感的，温度不同，它们的容量、SOC 都有显著的差别，也会带来安全问题。

2）主动均衡技术。主动均衡技术的大致思路是把电量高的电芯的电量转移到电量低的电芯中（图 1-93）。具体来说就是在放电过程把电量高的电芯 A 的电量转移到电芯 B 那里，让电芯 B 不会那么快触及放电下限。如此类推，最高电量的电芯给最低电量的电芯"充电"，电池内的电芯的电量会被周而复始地均衡，提高电池的性能以及整车的续航能力。充电过程也是如此，对于较快充满的电芯 A，将把较快充满的电芯 A 中的电量转移到第二多电量的电芯 B 中，之后两个电芯将会同时接近充满，将两个电芯的电量再转移到电量第三多的电芯 C 中，周而复始，直到充满每个电芯。

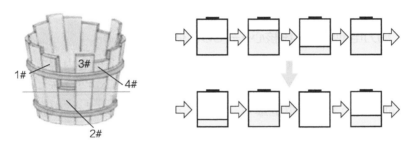

图 1-93　主动均衡技术原理

主动均衡有各种各样的方式，根据所使用的电路器件不同，可以分为电容式、电感式、变压器式等。下面举一个电容式主动均衡的具体例子来简单解释一下主动均衡过程。

如图 1-94 所示，这是一个主动均衡的主电路，看起来比较复杂，其实原理相对简单。绿色背景框住的电路图为其中的一个单元，剩余电路都是这个单元电路的重复。首先，右侧的开关全部导通，即 S_{a21} 和 S_{a22} 闭合，此时，电容 C_2 充电，最终电容 C_2 的电压与 B_2 相同。然后 S_{b21} 和 S_{b22} 断开，左边一侧的开关导通，使得 C_1，C_2，…，C_n 的电容并联，最终各个电容电压相等。最后，左边一侧的开关断开，右边一侧开关再导通，电容 C 与电池 B 进行能量交换，实现整个电池组中的各个单体电容量的均衡。

但是，主动均衡也有其缺点。从图 1-95 可以看出，主动均衡所需要的电路复杂，复杂的电路安全性也难以保障，而且在汽车比较难以实现，因此其还在进一步的试验和发展中。

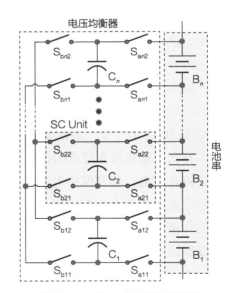

图 1-94　电容式主动均衡原理

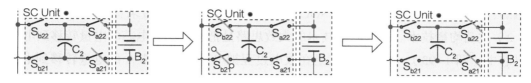

图 1-95　电容式主动均衡过程

由于电芯不一致，为了保障电池的容量利用率，增加电动汽车的续驶里程，动力电池均衡控制技术不断发展。被动均衡技术和主动均衡技术各有优劣，现阶段主要在汽车上应用的是被动均衡技术，如何进行有效安全的主动均衡，这对于现阶段的动力电池控制策略来说既是挑战也是机遇。

1.2.3.5　动力电池管理系统核心——SOC 估计

除了均衡控制技术外，SOC 也是与动力电池相关的一个核心内容。在电动汽车中我们要避免电池的过度放电、过度充电和过热等问题，因为一次"过放"就会造成电池的永久性损坏，过热甚至会导致电池爆炸。这都是动力电池管理系统（Battery Management System，BMS）进行严格控制的，其中控制的基础参数便是 SOC（State of Charge）。

什么是 SOC？

SOC 即电池的荷电状态，定义为在一定的放电电流下，当前电池的剩余电量与总的可用电量的比值。通俗来讲它是一个反映电池剩余电量的指标，其数学表达式为

$$SOC = \frac{Q_t}{Q_0} \times 100\% \tag{1-1}$$

式中，Q_t 为电池的剩余电量；Q_0 为蓄电池的总容量。

为什么要进行 SOC 估计？

SOC 可以直接影响到电池的电压、电流。当我们可以得知 SOC 时，也就知道了汽车的"电量"。而且电压电流与动力输出的效率、能量的管理都有着直接的关系，所以说 SOC 是 BMS 的一个"基础参数"，很多管理方式都是基于 SOC 才能施行。

其次，避免过充过放的保护电路也是基于 SOC 实现的，当 SOC 到达指定的上限时，便会停止充电，起到保护电池寿命的作用，放电过程也是如此。SOC 估计也让我们可以对每个电池的剩余电荷有所了解，通过一定的技术，可以将 SOC 少的电池与 SOC 多的电池均衡，使得 SOC 较慢到达充电上限或者放电下限，延长我们的总体充放电时间，提高续航能力。

SOC 估算方法

由于 SOC 不能直接获得，因此我们只能通过间接方式对 SOC 估算，估算方法大致分为四种：安时积分法、开路电压法、测量内阻法和卡尔曼滤波法。首先粗略总结一下这几个方法的优劣，见表 1-8。

表 1-8　几种常用的 SOC 估算方法比较

方法	优点	缺点
安时积分法	原理简单、支持在线计算	存在累计误差
开路电压法	精度高	无法动态估算
测量内阻法	原理简单、容易测量	精度低
卡尔曼滤波法	鲁棒性好、抗扰动能力强	依赖合理电池模型

（1）安时积分法

安时积分法是最为常用的 SOC 估算方式。我们都知道 $Q=It$，当电流是不断变化时，通过对电流在一段时间的积分，便可以得到变化的电荷量。安时积分法也运用了同样的原理，通过在一定时间内对电流进行积分，得到在这段时间内的电荷变化量，将初始电荷量减去变化的电荷量，再通过式（1-1）进行换算，便可以估算当前的 SOC。其计算公式为

$$\text{SOC}=\text{SOC}_0-\frac{1}{C_N}\int_0^t \eta \times I\mathrm{d}t \qquad （1-2）$$

式中，C_N 为额定容量；I 为电池电流；η 为充放电效率。

从式（1-2）中也可以可看出，安时积分法较简单，但是当测量的电流值不准确时，SOC 估算会有很大误差；其次充放电效率的判定，在电流波动大和高温状态时会有明显误差；而且它对于初始的 SOC 是无法进行估计的，只能估计一段时间的 SOC 变化量。所以使用安时积分法时，要综合考虑环境状态等参数变化，并对估计得到的 SOC 进行修正，使得估算的结果更为准确。

（2）开路电压法

开路电压法的主要思路是拟合开路电压和 SOC 之间的关系，如图 1-96 所示，当

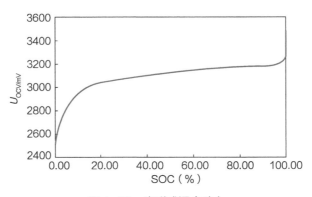

图 1-96　串联式混合动力

电池处于实际工作状态时，通过得到的关系曲线，根据电池两端的电压得到当前电池的SOC。那么在实际过程中，如何拟合开路电压和SOC之间的关系呢？

在进行实际操作时，首先将电池电量充满，之后经过一段时间的静置，使电池内部电解质均匀分布，得到稳定的开路电压。然后将电池以固定的放电倍率[⊖]进行放电，根据该放电过程得到电池SOC，从而建立开路电压与SOC之间的关系曲线。为了得到准确的关系曲线，通常会经过大量反复试验。

电池在充放电的初始和末尾阶段，开路电压变化明显，此时估计比较准确，所以常使用开路电压法对电池初始SOC进行估计，结果也比较准确。但是在测量开路电压时必须将电池静置1h以上，而且在不同环境温度和电池寿命时，SOC差别较大，因此开路电压法不适用于运行中的电池SOC估算，如果该方法单独使用只能用于电动汽车驻车阶段。但是随着电池技术的不断发展，新型磷酸铁锂电池已经可以在不需要静置的情况下使用开路电压法进行估计，根据科研人员采用18650磷酸锂电池进行的充放电试验发现，采用精简开路电压法对SOC估算，可以满足精度要求。

（3）测量内阻法

除了上述两种方法外，还有测量内阻法，它与开路电压法具有相似的原理，利用电池电阻与SOC存在线性关系对SOC估算。但由于电池内阻难以测量和不断变化，导致估算精度较低。

以上SOC估算方式各有其优缺点，在实际情况中一般不单独使用，而是结合起来共同估算SOC。徐尖峰等人以开路电压法估算SOC初值，然后使用测量内阻法修正通过电流积分得到的SOC，通过试验分析，其误差值在5%以内，可以较为精确估算SOC。

（4）卡尔曼滤波法

卡尔曼滤波理论的核心思想是用状态空间形式来表示动态系统，对动态系统的状态做出最小方差意义上的最优估算。乍听起来有点儿复杂，对于这句话可以这样简单理解：当你同时拥有两个传感器时，测量同一个信号，它们总归有一些差别，那么如何获得最优的结果呢？我们通常会对这两个信号结果取平均，或者为了更加准确，根据传感器各自的特性对结果进行加权平均。而卡尔曼滤波就类似于加权平均。

那么它是怎样加权的呢？我们举一个具体的例子，如图1-97所示，橙色和蓝色的两个正态分布数据就是传感器得到的结果，它们服从正态分布。通过卡尔曼滤波，我们可以得到最优估计为绿色的正态分布结果，在之后的估计中，我们就以绿色部分作为初始的估计值，一步一步迭代下去。

⊖ 电池的放电倍率表示了充放电的速度，定义为磷酸铁锂电池经过充分放电所释放出的总容量与锂电池重新恢复到初始容量所需的总容量之比，一般取1C。

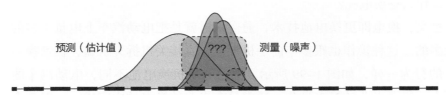

图 1-97　卡尔曼滤波原理

实际估计 SOC 时采用如图 1-98 所示的流程。也就是两个传感器分别为开路电压法获得的曲线和等效电路模型，对这两种方法的结果进行卡尔曼滤波获得最优 SOC 估计。

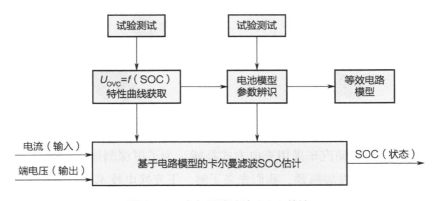

图 1-98　卡尔曼滤波法 SOC 估计

使用卡尔曼滤波时，我们可以通过一次一次的迭代使得结果越来越趋向于真实值，因此对于初始值 SOC 要求不是很高，但是当"传感器"精度下降或者有很大偏差时，SOC 估计效果将会不甚理想。因此，如何找到一个精确的等效模型是目前卡尔曼滤波面临的问题。

SOC 估计仍然是电池管理系统的一大重点和难点，文中介绍的这些估计方法各有优劣，最为基本的就是开路电压法和安时积分法，人们常常以这两种方法为基础，并结合别的估算方式对其进行修正，弥补各个方法的不足，例如采用测量内阻法、卡尔曼滤波以及一些卡尔曼滤波的变形等，提高 SOC 估算的精度。随着进一步深入研究，越来越多的 SOC 估算方法被提出，估算精度也相应不断提升，这将成为动力电池汽车发展的一大强劲助力。

1.2.3.6　"换电"真的能突破纯电动汽车的发展瓶颈吗？

纯电动汽车离不开电能，就像燃油车离不开燃油。虽然目前电动汽车正在如火如荼地发展推广，但电动汽车续驶里程短、充电时间长的问题仍是制约其进一步发展的瓶颈。为了解决新能源用户在使用车辆过程中遇到的充电速度慢、充电桩难寻等一系列问题，部分车企已经提出了自己的解决方案——换电。

那么，什么是换电呢？

顾名思义，换电即更换电池技术，通俗来讲就是把电动汽车上电量不多的动力电池换成电量多的。这种操作也跟多年前手机没电，直接关机拆开机盖，快速换一个满电的电池上去的行为一样，如图1-99所示。不过和手机换电池不同，电动汽车的电池体积和重量更大，需要专业的换电设备，通常是在专业的换电站内完成，一般整个过程需要3~5min。

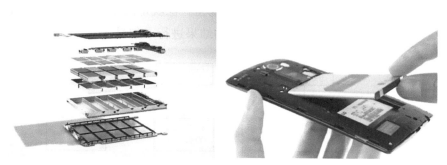

图1-99　汽车动力电池与手机电池

目前绝大多数的电动汽车采用充电方式补能，为了更深刻地体会为何换电模式有望突破新能源汽车的部分发展瓶颈，我们先来了解一下充换电技术特点对比（表1-9）。

表1-9　充换电模式技术特点对比

特性对比	换电模式	充电模式
补电时间	均时3~5min	慢充6~10h；快充1~1.5h
电池寿命	集中养护利于增加电池寿命	长期快充和不专业的充放电加剧电池损耗
对电网影响	调节电网峰谷负荷，减少对电网的冲击	在插充情况下，电动汽车充电电荷有显著时空随机性，对电网的运行和规划有不利影响
互通性	目前不同品牌间互通性较低	可适合任意车型充电，但需要充电桩互联互通
寒冷地区适应性	对地域气候条件要求低	寒冷地区容易影响充电效率
建站成本	需要较多专业人员值守，将产生人员成本；初期备用电池购买成本较高	无人值守；无备用电池购置的费用

目前电动汽车的充电模式主要分为快充和慢充两种。在慢充情况下，一辆电动汽车充满电一般需要6~10h；而在快充情况下，想要充满电量的85%一般需要1~1.5h，仅少部分采用超级快充的电动汽车能将这个时间缩短至40min。尽管如此，与传统燃油车5min即可加满油的时间相比，电动汽车的充电时间仍然显得过长，导致电动汽车在快节奏、分秒必争的大都市中失去时间优势。在此背景下，具有快速、便捷等优势的换电模

式开始逐渐进入人们的视野。

设想一下，当一辆节能环保的电动汽车，具有了与传统燃油车加油时间一样短的补能时间，是不是会受到新能源用户更多的青睐呢？

自电动汽车诞生以来，其充电和换电模式经过了很长一段时间的斗争。换电模式最早是由以色列电动汽车生产商 Better Place 在 2007 年提出的概念，该公司与雷诺日产合作打造庞大的电动汽车充电站系统，车主驾车进入 Better Place 换电站，通过机械手臂在 3min 内完成自动的换电流程。雷诺的 Fluence ZE 车型就是根据换电而设计的电动汽车，图 1-100 所示为 Better Place 换电站与雷诺 Fluence ZE。

图 1-100　Better Place 换电站与雷诺 Fluence ZE

但由于盲目扩张、资金断链等种种原因，Better Place 在 2013 年宣告停止运营，短短数年的昙花一现，给换电模式蒙上一层阴影。2013 年初美国电动汽车制造企业特斯拉在加利福尼亚建造换电站并进行换电模式试验，高昂的换电费用及较差的服务体验也导致特斯拉换电模式走向失败。

但在几乎同一时期，发生在我国的换电大潮可能带给我们另一个不同角度的思考。2006 年国家电网组织电动汽车充换电设施研发与实践工作。国家电网确定自己运营模式为"换电为主、插充为辅、集中充电、统一配送"的模式；2009 年，科技部、财政部、发改委、工信部联合启动"十城千辆节能与新能源汽车示范推广应用工程"（后文简称"十城千辆"），计划三年时间内，每年发展 10 座城市，每座城市推出 1000 辆新能源汽车开展示范运行。因此，国内的电动汽车开始大规模地以出租车、公交车、公务车等形式出现在人们的视野中，电动汽车的换电浪潮也就此拉开序幕。

在城市示范推广运行方面，换电模式的发展历程如图 1-101 所示，在 2008 年的北京奥运会、2010 年上海世博会期间都开展了换电模式营运大巴的示范，其后，在青岛、天津等地的公交公司也建设了较大规模的公交车换电站，但推广效果并不理想。当时的技术条件下，换电站体积大、投资高、换电较慢，所以换电模式公交车的推广目前处于停滞状态。2015 年之后，乘用车生产企业主导的换电模式项目陆续增加，一系列新能源汽车推广应用的国家政策文件中也多次提及换电模式。2019 年，国家鼓励研制充换电结合的汽车产品，2020 年"新基建"中强调了新能源汽车充换电设施的重要作用。

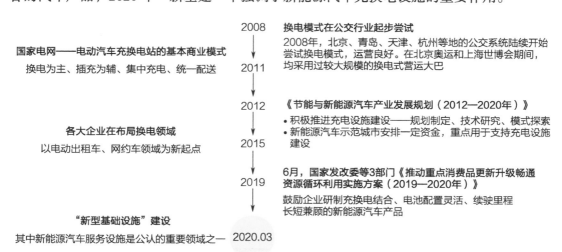

国家电网——电动汽车充换电站的基本商业模式
换电为主、插充为辅、集中充电、统一配送

2008
↓
2011

换电模式在公交行业起步尝试
2008年，北京、青岛、天津、杭州等地的公交系统陆续开始尝试换电模式，运营良好。在北京奥运和上海世博会期间，均采用过较大规模的换电式营运大巴

各大企业在布局换电领域
以电动出租车、网约车领域为新起点

2012
↓
2015

《节能与新能源汽车产业发展规划（2012—2020年）》
• 积极推进充电设施建设——规划制定、技术研究、模式探索
• 新能源汽车示范城市安排一定资金，重点用于支持充电设施建设

2019

6月，国家发改委等3部门《推动重点消费品更新升级畅通资源循环利用实施方案（2019—2020年）》
鼓励企业研制充换电结合、电池配置灵活、续驶里程长短兼顾的新能源汽车产品

"新型基础设施"建设
其中新能源汽车服务设施是公认的重要领域之一

2020.03

图 1-101　国内电动汽车换电模式的发展历程

　　由于换电模式可以节省大量的充电时间，所以应用在车辆工作时间直接与创造价值成正相关的领域，当时主要是城市公交系统和出租车系统。图 1-102 所示为当时国家电网投建的电动汽车"充换一体站"，主要服务于城市公交车和出租车领域。

图 1-102　国家电网投建的电动汽车"充换一体站"

　　在车企方面，北汽新能源汽车公司在 2007 年推出"擎天柱计划"，并计划在 2022 年全国范围内投资 100 亿元用于建设 3000 座分布式光储换电站；除此之外，造车新势力蔚来汽车也在布局换电领域，其 NIO Power 换电站是专门为私人用户打造的换电站，这也是全球首个面向私人用户的汽车换电服务系统。

　　接下来让我们一起看一下换电技术的优势。

　　1）缩短电能补给时间。在换电模式下换电时间只需要 3~5min，与燃油汽车加注汽油时间相当，很大程度上缩短了电动汽车电能补给时间，减少车主等待时间，大幅度提高新能源汽车的使用率。针对公共交通、出租车和网约车等充电频率较高的应用场景，换电模式优势尤为显著。

2）降低用户购车成本，消除用户电池质保疑虑。动力电池成本占电动汽车整车成本的 40% 左右，实际上用户使用过程中仅用了电池寿命周期的 20%~30% 的价值。在换电模式下，用户以租赁动力电池的形式进行电能补给，能够在初期降低消费者的购车成本。

3）延长电池使用寿命。动力电池采用快充模式虽然可以一定程度上缩短电能补给的时间，但是由于采取直流快充方式时的电流大，会减少动力电池充放电循环次数，加速电池容量的衰减，进而影响电池的性能并缩短其寿命周期。而在换电模式下统一将动力电池储存在充电仓内，可以对电池进行慢速充电，待电量饱和后换取亏电电池继续慢速充电。同时，集成有电池检测、保养功能的换电仓可以检测每次更换下的电池状态是否正常，客观上减少了对动力电池的损伤和容量的衰减，延长电池的使用寿命。

目前换电式电动乘用车的主流技术路线为采用全自动的整体底盘换电模式，代表性车型主要有以巡游出租车为主的有北汽新能源 EU 系列和上汽荣威 Ei5 车型，以私家车为主的有蔚来汽车。图 1-103 所示为北汽 EU300 和上汽荣威 Ei5 正在进行换电，均由奥动新能源提供换电站和换电技术。

图 1-103　北汽 EU300 和上汽荣威 Ei5 换电过程

在 2021 年 4 月举行的上海车展上，奥动新能源还首次展示了"多品牌车型共享 20 秒极速换电"，上汽荣威 Ei5、北汽 EU300、长安逸动 EV460 依次通过同一座奥动新能源换电站进行换电，全程用时 20s。奥动新能源换电的核心技术包括定位、锁止和连接，采用以锁扣连接为技术路线的换电解决方案，满足车企对乘用车换电的车规级标准要求，如图 1-104 所示。

图 1-105 所示为奥动新能源的乘用车换电站。该换电站全程自动化，设备占地面积仅 $200m^2$，采用模块化设计，4h 可完成搭建，其日服务能力为 1000 辆出租车、网约车或 5000 辆私家车。

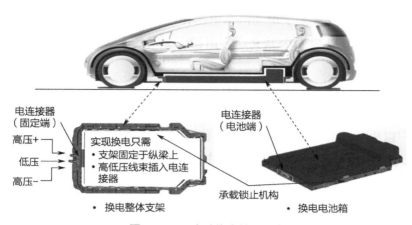

电连接器
（固定端）

高压+

低压

高压−

实现换电只需
• 支架固定于纵梁上
• 高低压线束插入电连接器

• 换电整体支架

电连接器
（电池端）

承载锁止机构

• 换电电池箱

图 1-104　奥动换电技术方案

图 1-105　奥动换电站

　　蔚来汽车则是目前新能源私家车换电领域的"领头羊"。蔚来汽车目前在售车型均支持换电模式，且其换电站也是自投自建的，为用户提供换电服务，图 1-106 展示的是蔚来 ES6 车型在换电站进行换电。

二维码视频 1-9
蔚来汽车换电站
视频

图 1-106　蔚来汽车换电站

　　蔚来的换电站主要由操控室和换电室两个房间组成。操控室包括充换电控制模块、通信模块和人机交互界面等，换电工程师在操控室内负责换电操控，还可以将电池状态上传至云服务系统；换电室主要包括换电平台、换电系统和充电平台，当电动汽车需要进行换电时，待换电的车辆停放在换电平台的停车底座上，通过汽车定位系统定位后通过举升装置将车辆举升到一定高度，然后由换电系统换电并将换下的电池运送至充电平台的电池架上。

除了电动乘用车领域，在效率至上的重卡运营领域，换电模式对重卡电动化进程也发挥着越来越重要的推动作用。

换电式纯电动重卡在专线运输、区域短倒、港口内倒和场内运输等应用场景都有着很好的适用性。其推广有着诸多优势，可以在几分钟内快速完成换电作业，更加适合重卡高频运营车辆的需求，可提高车辆运营效率，提高回报率和便利性。图 1-107 和图 1-108 所示为电动重卡换电站及其换电过程。

图 1-107 电动重卡换电站　　　　　图 1-108 重卡换电过程

现阶段大部分的电动重卡换电均采取顶部吊装换电的方式，该方式简单可靠，使故障率显著降低，同时能够减少车辆的改造成本。而且，重卡的动力电池是一种重资产，换电模式还意味着车电分离，用户只需一次性支付购买或租赁不含电池的车体，可以大幅减少初期投入，直击电动重卡价格高昂的痛点。换电模式有利于对重卡的动力电池集中专业化管理，延长电池使用寿命，也有利于电池梯级利用。

现阶段和未来的很长一段时间里，换电和充电两种模式都会长期并存。换电模式可以克服纯电动汽车发展一直存在的初始购车成本高、充电时间长、动力电池报废更新成本高昂等诸多弊端，被看作是解决纯电动汽车发展"痛点"的最佳手段之一。但换电模式下，动力电池标准难实现统一、换电技术水平受限也都是无法忽视的客观难题。随着换电技术的不断发展，电池标准的逐步统一，相信在电动化进程不断推进的同时，换电模式将发挥更大的作用！

1.2.3.7 纯电动汽车冬季保暖指南

启动慢、续航缩水、掉电太快、充不进电……电动汽车在冬天的表现一直遭受诟病。事实上，许多电车在冬天的表现确实不佳。2022 年，由京津冀消协发布的电动汽车低温续驶里程比较试验结果可以看出，电车在冬季的续驶里程缩水了 30%~40%，见表 1-10。

表 1-10　低温环境续驶里程试验结果

序号	品牌	车型	蓄电池包额定能量 / kW·h	常温续驶里程申报值 /km	低温续驶里程实测值 /km
1	极狐	阿尔法	93.6	708	509
2	比亚迪	比亚迪汉 EV	76.9	605	401
3	几何	几何 C	70.0	550	348
4	思路	IC5	66.2	530	330
5	小鹏	小鹏 P5	64.5	535	326
6	欧拉	好猫	69.9	480	317
7	荣威	MARVEL R	59.1	505	315
8	埃安	埃安 S	58.8	460	281
9	蔚来	ES6	70.0	430	264
10	长安	逸动	52.7	425	259

　　北方的车主谈温色变，电车普及率明显低于温暖的南方，似乎认定了电车在低温下就是一坨废铁。电车能否破解低温的魔咒、治好多年的"老寒腿"？这真的是一个无解的问题吗？别着急，且往下看。

　　电动汽车为什么会怕冷呢？电动汽车使用的动力电池主流是锂离子电池，比如镍钴锰三元锂电池和磷酸铁锂电池，它们具有能量密度高、成本低等优势。但是锂离子电池的电化学性能与正负极材料、电解液、导电剂及黏结剂的性质有较大关联。而低温环境下，正负极材料的活性、电解液通过性等都会有一定程度的下降，这就导致锂离子电池的电化学性能降低、充放电电流变小。由此出现了电动汽车冬天充电慢等现象，在极端低温下，电池系统甚至会进入保护状态，出现无法充电的情况。同时，动力电池还要负责为车内电器供电。冬季必备的空调制热、除霜等，均使得汽车电量消耗更快。

　　在严寒的冬天瑟瑟发抖的不仅是人，还有车。但人知冷暖、会加衣，车呢？制造商们自有妙招。

　　（1）电池预加热技术

　　想要保持电池在冬天的性能，最直接的做法便是保证电池的工作温度，简而言之，就是给电池保暖。大多数电动汽车都会配有电池热管理系统，热管理即是在给电池控温，避免出现危险的高温以及影响工作效率的低温。其中电池预加热技术，则是电池热管理中的重要的升温技术。使用预加热技术，可以让电池在温度较低时，快速将电池温度上升到最佳工作温度。

预加热技术可以分为外部加热与内部加热。

1）外部加热。外部加热主要是通过额外加热装置，尽快提升电池方式，这就像是给汽车穿了一层秋裤，添衣保暖。常见的外部加热方式有热敏电阻加热与液冷温控。

二维码视频 1-10　某纯电动汽车电池包加热动画示意

二维码视频 1-11　某纯电动汽车电池包散热动画示意

① 热敏电阻加热。热敏电阻加热是将感温元件布置在电池组附近，让其充当发热源，这个过程基本等同于初中课本里讲的电阻加热。当电池热管理系统监测到动力电池组温度过低时，就会消耗电池组内储存的电能，使电能通过感温元件产生热量，从而升温。这也是生活中常见的加热方式，电熨斗、电烙铁、电炉子、电饭煲、电热水器、暖风机等均属此列。许多车企采用的是这种方式加热，比如威马 EX5 和蔚来 ES8。

② 液冷温控系统。液冷温控系统是针对动力电池组整体热管理的需求，在高温时对电池组进行冷却，低温时进行加热。一般而言，液冷温控系统主要包括冷热交换器、加温装置、冷却液循环管路和液体循环动力源几个部分。它是利用冷热交换器或加温装置，控制动力电池温度提升或降低。液冷温控系统能确保电动汽车行驶后，全程温度达到设定区间，无需或少量使用动力电池为温控系统提供能源。

因此，相比热敏电阻加热的方式，液冷温控系统的效果保持更持久。当然，液冷温控系统由于需要布置冷却管路，在结构上比热敏电阻加热复杂，制造与维护的成本自然也更高。

当然也有不少车企将这两种加热方式结合起来，通过柴油加温系统对电池包周围管路内的液体进行加热，确保电池不管是在放电还是充电过程中，都保持在最佳温度区间，保证续航稳定性。

2）内部加热。内部加热则是将交流电直接作用于电芯正负极，以较短周期内充放电的形式，激励电池内部的化学物质自身发热。

主流的外部预加热技术能耗高、时间长、效果长，仍会在一定程度上影响电动车的续驶性能和车厢温暖舒适性。较为先进的预加热技术可在 30min 内甚至 5min 内完成 −25℃到零上温度的加热过程，使得电池在较短时间内获得良好的充放电特性。业内最新研制的全气候动力电池系统通过在电芯上加装镍箔片的方式，使得应用该项技术的电池产品可在 30s 内从 −30℃提升到 0℃以上，而电池重量仅增加 1.5%，耗能仅占电量的 5.5%，具有耗能少、加热效率高等优点，其原理如图 1-109 所示。这项技术也在2022 年北京冬奥会上大显身手，该技术使电动汽车能够应对张家口地区 −30℃的酷寒，能确保低温环境下的启动、续驶性能和有效使用。

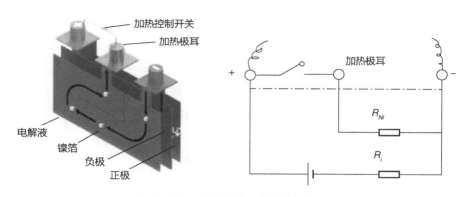

图 1-109　全气候动力电池自加热原理

（2）钛酸锂电池技术

除了加热之外，制造商们还做了更多的尝试，比如钛酸锂电池技术。目前主流的动力电池之一为磷酸铁锂电池，具有能量密度高、成本低的优势，但低温性能较差，在冰点附近便可损失 40% 以上的电量，需要搭配先进的电池热管理技术才能克服低温用车的问题。而钛酸锂电池由于电极材料和结构的特殊性，电池本身的安全性、低温特性以及寿命远高于磷酸铁锂电池，在 −20℃ 以下仍能保持 80% 以上的电池容量，且寒冷条件下无需预热，低温充放电特性好。但是其缺点是能量密度不到传统锂离子电池的 1/2，成本却是 2~3 倍。

（3）三招教你度过寒冬

当然，除了厂商的妙招之外，车主们也可以采取一些措施保护自己的爱车。下面给到几个小妙招，请你一起学起来吧！

1）停车优选温暖区域。停车时尽量停在温度更高的室内或地下车库，或者使用一些保暖篷布，为电池提供一个相对温暖的环境。

2）即停即充。即停即充的好处主要有以下两个。

①保证充电时电池处于温暖状态。电池在温度较高时充电效率更高，当电池的环境温度较低时，电池内部的锂离子活性会降低，若在此时充电，系统会消耗部分能量和时间给电池预热。因此，冬季充电最好是在停车后立即充电，此时电池仍处于温暖状态，温度接近电池的工作温度，锂离子活性也较高，这样充电更节省时间。

②避免亏电。动力电池组是由多个电池组成的，每个电芯的耗电量不一，这可能会出现当电芯 A 电量还剩 40% 时，电芯 B 已经濒临 0% 了。如果长期亏电，必然会导致电池的性能下降，从而影响整套电池组。所以，车主们不应等到低电量再充，能充就充是保护电池较优的方法。

3）保持良好的驾驶和用车习惯。良好的驾驶习惯也能减少电量的下降，比如避免紧急制动、平缓转弯等。部分车主为了减少掉电，会尽量不用空调，但其实这不是一个好习惯。合理使用空调，保持车厢内的温度，对于驾驶员与电池都更安全。此外，雪天室外停车，车主可以在前后窗玻璃上预先覆盖遮挡物，以减少使用暖风化雪除霜产生的电耗。同时，车主还应时刻关注胎压，冬天用车还可考虑换上冬季轮胎。

电动汽车的车主们养成这些良好习惯，冬天将不再可怕。

1.2.3.8 "光储充"一体化实现 "终极低碳"

你开的新能源汽车真的"低碳"吗？"低碳生活"仅仅是依靠汽车"减排"吗？

我们先来看一张图（图 1-110），以新能源公交车为例，我国纯电动和混合动力公交车全生命周期的二氧化碳减排率并未达到很高的水平，仅为 20% 左右。减排率不高的主要原因是能源周期（WTP）的"不低碳""不环保"。因此，要实现新能源汽车的"低碳"效用，最重要的是从全生命周期出发，系统性进行"减排"。这就需要新能源汽车使用上"低碳"甚至是"零碳"的"绿电"，也就是我们说的清洁能源。

类别		HEB	BEB		CDB
城市能耗		28L柴油	100kW·h电能		35L柴油
WTP	CO_2排放率	0.579kg/L柴油	0.85kg/kW·h电能（中国）	0.85kg/kW·h电能（欧洲）	0.579kg/L柴油
	100kmCO_2排放量	16.21kg	85kg	31kg	20.27kg
PTV	O_2排放率	2.677kg/L柴油	0	0	2.677kg/L柴油
	100kmCO_2排放量	74.96kg	0	0	93.69kg
WTW	100kmCO_2排放量	91.17kg	85kg	31kg	113.96kg
	生命周期CO_2排放量	455850kg	42500kg	15500kg	569800kg
	CO_2减排率（相对CDB）	20.0%	25.4%	72.8%	0

图 1-110 不同能源类型公交车碳排放量

注：1. HEB—混合动力公交车；BEB—纯电动公交车；CDB—燃油公交车。
　　2. WTW—"油井到车轮（well to wheel）"，整个过程的二氧化碳排放量，即从能源开采到车辆使用全周期的碳排放量；PTV—"油泵到车轮（pump to wheel）"，整个过程的二氧化碳排放量，即车辆使用周期的碳排放量；WTP—"油井到油泵（well to pump）"，整个过程的二氧化碳排放量，即除车辆使用周期外，其他环节的碳排放量。

"光储充一体站"无疑是目前使"绿电"和"新能源汽车"强强联合、实现"终极低碳"的最佳方案之一。"光储充一体站"指将光伏发电、电能储存、车辆充电集成到一体的充电站，如图 1-111 所示，宽大的太阳能屋顶系统"拥抱"阳光，将太阳能转化为电能，并将产生电能储存在储能电池中，相当于把自然界的可再生能源装到了"寄存箱"里面，可以随时存取，通过充电设备就实现给新能源汽车充电，新能源汽车使用的就是清洁环保的"绿电"。此外，相当于一个微电网的"光储充一体站"，通过"电能寄存箱"

的随时存取功能，还可实现与公共电网的智能互动，减少电网负载的不平衡。"光储充一体站"不同环节及特点见表1-11。

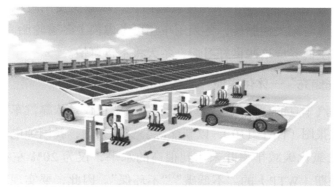

图1-111 光储充一体站概念图

表1-11 光储充一体站的环节及特点

环节	优势	劣势
太阳能发电	1）方式：可再生能源发电 2）排放：开采、发电过程的二氧化碳排放减少	1）方式：光伏转化率低 2）成本：太阳能屋顶系统成本高
电池储能	1）方式：电池储能，稳定可控，可与公共电网智能互动 2）成本：输电成本减少 3）排放：输电过程的二氧化碳排放减少	成本：电池资产成本高
充电桩充电	方式：充电桩充电，便捷可靠；功率可调，多车型兼容	—
整体	电动汽车充电电能100%为清洁能源；电能转化率>95%	建站成本高，单站约2000万元；商业赢利难，回本周期长

由于"光储充一体站"建设成本高，商业赢利难，因此现阶段落地项目主要在政策支持下，由能源企业、整车企业和电池企业投资的试点项目，如国家电网的服务区"光储充"一体化示范项目，特斯拉在上海智慧湾科创园落地的"光储充"一体化超充站，宁德时代持股49%的快卜新能源在上海投运的"光储充检"示范站。

依托于服务站建设"光储充"示范项目，减少了站点建设的土地限制，包括徐官电服务区"光储充"一体化示范项目、六合服务区"光储充"一体化示范项目、常州凤林路充电站等。下面将具体介绍常州凤林路充电站项目和六合服务区"光储充"一体化示范项目。

常州凤林路充电站实现了光伏电站和公共电网的智能互动，这种智能互动方式如图1-112示。白天，太阳能系统将太阳能转化为电能，并将电能并入公共电网；晚上，储能系统以"低谷电价"进行电池充电、储能。光伏电站、储能系统、公共电网的三向互动，帮助实现光伏电站良好的经济效益。同时，由于光伏电站发电、储能系统储电均可以给新能源汽车充电，车辆能够实时充电，不会出现"无电可充"的情况，能有效提高用户车辆使用的满意度。北京成寿寺路地铁站的光储充一体化充电站也可以实现这种光伏电站与电网的智能互动，如图 1-113 所示。

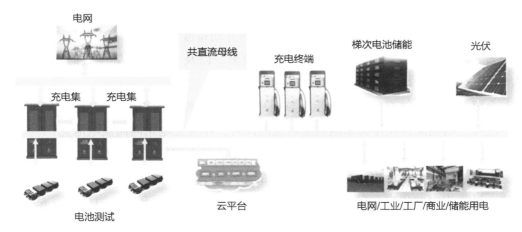

图 1-112　"光储充一体站"电能互动方式

图 1-113　北京成寿寺路地铁站的光储充一体化充电站

不同于其他的光伏电站，六合服务区"光储充"一体化示范项目的亮点在于，在电池储能环节使用了电动汽车退役电池，也就是说，光伏发电产生的电能储存于退役电池中，并用于电动汽车充电，这种储能方式实现了电动汽车电池的梯次利用，如图 1-114 所示。

图 1-114　"光储充一体站"储能系统

一般的"光储充一体站"虽然能实现光伏电站、储能系统、公共电网在电能上的智能互动，但其实"充电站"与"电动汽车"的互动却很少。"光储充一体站"中，电动汽车仍然是通过充电设备进行充电的，这与一般的充电站并没有区别。随着"有序充电""V2G"等概念的提出，车网互动成为电能互动的一个重要主题。

"V2G"指电动汽车与电网共享公共信息，电动汽车参与到电网调节的机制，这种互动方式能使多方均受益，在这种互动下，电动汽车既是用户侧的柔性负荷，也是分布式能源设备。但实际上，规模化电动汽车参与电网互动难度大、用户响应率受多种因素影响。随着"电池资产""电池银行"等概念的提出，以及"换电"等模式的发展，基于"光储充一体站"的"V2G"互动方式成为可能。

六合服务区"光储充"一体化示范项目中使用了退役电池作为储能电池，那么电动汽车"现役"电池能否在作为车辆供能电池的同时，作为充电站内储能电池呢？

换电模式使这种模式成为可能。首先，我们先简单介绍一下"换电模式"，该模式指电动汽车通过将低电量的电池更换为高电量的电池的方式，保证车辆正常行驶所需的能量，这一过程中电池集中存储在电池仓中，在恒温状态下进行充电，当车辆需要电池时取出来更换。这种电动汽车补能方式，能够提高能源利用率，并延长电池寿命。

那么如果将"光储充一体站"中的储能系统也作为"电池仓"，即电池仓既作为储能系统，也作为车辆换电的重要装置之一。这种方式是电动汽车实现清洁充电的另一思路，即"光储充换电一体站"，可以实现车网的有效互动。

2020年7月国家电网与北汽签约，共同建设运营换电、充电、储能"三站合一"的能源服务站，并且共同探索"绿电交易"，推动有序充电、V2G技术的应用。2020年12月28日，国家电网温州供电公司广化"光储充换一体站"正式投运，每天可为240多辆电动汽车提供换电服务，可供8辆电动汽车同时充电，其换电和充电设备如图1-115和图1-116所示。

图1-115　广化"光储充换一体站"换电设备

图1-116　广化"光储充换一体站"充电设备

"车电分离"等模式的发展为"光储充换电一体化"项目的落地提供了助力，通过"电池银行""以租代买"等模式可以减少电动汽车用户参与"V2G"的阻力，还可以降低用户购车成本。丰富的"电网互动"方式，能够降低"光储充换电一体站"商业赢利的难度，提高站点经济效益。除了实现车辆供能，该模式还可以应用于其他场景，如家庭储能领域，可以实现家用电能的"清洁减排"。

随着 5G 和充换电站纳入我国"新基建"项目，未来"光储充换电一体化"的技术标准逐步落实，规模化发展带来的成本降低，将带来清洁能源利用的高潮。新能源全生命周期的"节能减排"，能源使用从"低碳"到"脱碳"发展，才能真正助力交通领域的"终极低碳"。随着"光储"和"V2G"等技术的发展，光伏转化率提高、电能互动增加，清洁能源在我国能源结构中的比重将不断提高，我国能源结构将有所改善，总体电能使用成本也将有所下降，能够真正实现多方均受益的目标。

1.2.4　燃料电池汽车

1.2.4.1　燃料电池汽车是怎样工作的？

随着社会节能减排、环保减碳的意识不断增强，氢能产业链的不断完善，一辆不消耗化石燃料，不排放污染物，不排放温室气体，完全"零排放、零污染"的新能源汽车无疑将成为时代的宠儿。燃料电池汽车就是这样一类车型，对于现如今它推广到了何种程度以及应用在哪些领域，让我们来一起探索吧！

2023 年 7 月，第七届国际氢能与燃料电池汽车大会（FCVC 2023）在上海嘉定汽车会展中心开幕，多家燃料电池汽车产业链相关企业和整车企业都参与了展览，再次引发了业界对氢燃料电池技术和燃料电池汽车应用的高度关注。

图 1–117 和图 1–118 所示的燃料电池汽车，都吸引了很多观众的目光。除了公交、货车、重卡和牵引车，车辆展区为何没有出现更多大家日常使用的轿车、SUV 等车型呢？带着疑问继续耐心读下去，从后续章节会得到答案噢！

图 1–117　现代 NEXO 氢燃料电池汽车

图 1–118　广汽传祺 E9 燃料电池汽车

按行业内约定俗成的说法，2019 年是氢能及燃料电池产业爆发的元年；后续在国家"双碳"减排目标下，氢能利用和燃料电池汽车必将是未来发展的重点方向；加上政策引导和市场推动的双驱动效应，未来数十年人类将有望迈入氢能时代。目前氢能和燃料电池已经在一些细分领域实现了商业化，其中最大的应用市场是在燃料电池汽车领域。下面我们一起具体了解氢能时代必不可少的出行工具——燃料电池汽车。

（1）燃料电池汽车定义及基本原理

燃料电池汽车（FCV）是指以氢气（或甲醇等）为燃料，通过化学反应产生电流，依靠电机驱动的汽车。加注的氢气通过化学反应为电池补充电量，从而驱动电机为车辆行驶提供动力，如图 1-119 所示。

二维码视频 1-12
现代 NEXO 燃料
电池汽车驱动动画

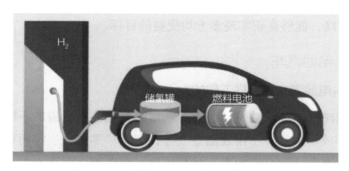

图 1-119　燃料电池汽车能量转换示意图

与燃油汽车和纯电动汽车都不同，氢燃料电池汽车是以燃料电池作为动力源或主动力源的汽车，主要有储氢系统、空气供给系统、燃料电池堆、驱动电机系统、排放系统、储能系统等组成，如图 1-120 所示。

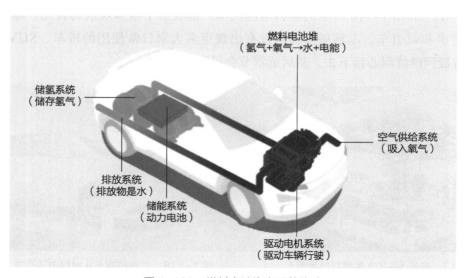

图 1-120　燃料电池汽车系统构成

1）储氢系统。燃料电池汽车上储存高压氢气的部件叫储氢罐，在用车过程中，储氢罐中储存的氢气在经过 2 级减压装置后被传送到燃料电池堆中。

2）空气供给系统。空气供给系统主要是对进入的空气进行多个步骤的净化加压后，通过气体扩散层将与氢气发生化学反应的氧气供给到燃料电池堆中。

3）燃料电池堆。从空气供给系统获得的氧气和储氢罐提供的氢气在燃料电池堆内发生电化学反应，产出水的同时，生产电能并输入给驱动电机使用。如有多余的电能也会进入储能系统存储起来。

4）驱动电机系统。燃料电池堆生产的电能通过驱动电机转换成动力，驱动车辆行驶。驱动电机系统是由电机、减速器、集成电能控制装置等组成的。

5）排放系统。在车辆行驶中，燃料电动汽车会通过排放系统排出纯净水。

6）储能系统。和其他电动汽车一样，燃料电动汽车也配有将车辆动能转换为电能的能量回收系统，车辆减速时，通过能量回收系统可以把车辆的动能转换为电能并储存在动力电池内。

燃料电池汽车动力链的主流技术为"电 – 电"混合模式，如图 1–121 所示。其基本工作原理为：在车辆行驶之初，动力电池处于电量饱满状态，其能量输出可以满足车辆要求，燃料电池堆不需要工作；当动力电池电量低于 60% 时，燃料电池堆开始工作；当车辆能量需求较大时，燃料电池系统与动力电池组同时为驱动电机系统提供能量；当车辆能量需求较小时，燃料电池堆为驱动电机系统提供能量的同时，还给动力电池进行充电。

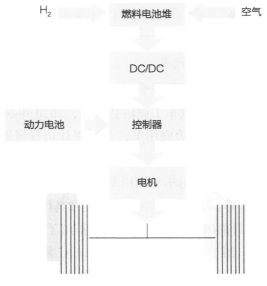

图 1–121　燃料电池汽车动力链组成

众所周知，燃料电池汽车是最环保的汽车，因为它排出的是完全无污染的水，如图 1-122 所示。

图 1-122　燃料电池汽车输入输出示意图

除此之外，它还有着补能时间短、续驶里程长、重量轻等优势。它的缺点在于辅助设备较为复杂，储氢也存在一定的困难，并且在当下，燃料电池汽车的售价以及后期的保养维护费用要比电动汽车贵很多，加氢站的普及程度也远远没有充电站那么多。燃料电池汽车和内燃机汽车、混合动力汽车、纯电动汽车的优缺点对比见表 1-12。

表 1-12　燃料电池汽车和其他几种类型汽车的对比

因素	燃料电池	内燃机	混合动力	纯电动
能源利用率	高	一般	一般	较高
续航能力	强	强	一般	一般
能量密度	最高	高	是内燃机和纯电动的结合	较低
补能速度	3~5min	3~5min	燃油：3~5min 慢充：3~5h	快充：0.5~1h 慢充：4~8h
储能成本	成本高，产量低	较低	一般	成本较高
对环境的影响	几乎零污染	污染严重	污染比较严重	优于燃油车（考虑火电的情况下）

（2）燃料电池汽车分类及车型代表

虽然中央和各地政府纷纷出台氢能及燃料电池产业扶持政策，但目前我国氢燃料电池汽车市场尚在起步阶段。据中国汽车工业协会数据，2020 年我国氢燃料电池汽车产销分别为 1204 辆和 1182 辆，且全部为商用车，全国累计运行氢燃料电池汽车仅 7000 余辆，燃料电池汽车的市场份额还比较小。

目前，燃料电池汽车主要分乘用车和商用车，而商用车又包含客车和货车、牵引车等专用车型以及特种作业车等。下面将介绍车型分类和具体车型代表。

1）燃料电池乘用车。目前国内外已有多家车企推出了燃料电池乘用车产品，比如丰田、现代、上汽和广汽等。图 1-123 所示的丰田 MIRAI 氢燃料电池汽车属于行业先驱、业界标杆，全新一代 MIRAI 的储氢量为 5.6kg，续驶里程约为 650km。现代的最新一代燃料电池乘用车型 NEXO 具有约 600km 的续驶里程。上汽荣威 950 燃料电池汽车的最大续驶里程为 400km，距国际先进水平还有约一代的差距，如图 1-124 所示。此外，国内还有广汽传祺 E9 燃料电池汽车、长安 CS75 氢燃料电池汽车和红旗 H5 氢燃料电池汽车等。

图 1-123　燃料电池乘用车（丰田 MIRAI）　　　图 1-124　燃料电池乘用车（上汽荣威 950）

2）燃料电池客车。丰田新一代氢燃料电池大巴 SORA 如图 1-125 所示，车身长 10.525m，运载能力为 79 人，其中包含 22 个座位、56 个站位，它配备的 10 个 70MPa 压力的氢气储罐被放置在大巴前部上方，总共可携带 600L 氢气，续驶里程超过 200km，并在 2020 年交付给东京市以备奥运会使用。上海申沃全低地板燃料电池城市客车已在 2018 年就交付上海公交集团，投入嘉定公交示范运营，如图 1-126 所示。

图 1-125　丰田 SORA 燃料电池客车　　　图 1-126　上海申沃燃料电池客车

3）燃料电池货车。搭载东风底盘的燃料电池轻型货车（图 1-127），已经在上海、广东佛山等地推广使用，借助上海氢车熟路和广东氢力氢为等新能源物流运营商，实现了地区内的规模化示范运营。现代汽车发布的 2021 款 XCIENT Fuel Cell 氢燃料电池重卡（图 1-128），搭载了 7 个大型储氢罐，可储存约 31kg 氢燃料，同时配备了辅助电池系统作为额外动力来源，最大续驶里程约为 400km。

图 1-127　东风燃料电池轻型货车　　　图 1-128　现代氢燃料电池重卡

我们再来看看一些燃料电池汽车的推广案例。从燃料电池汽车发展路线而言，国外采取的是"乘商齐驱"的发展策略，而中国采取的是"先商后乘"的发展路线，即"商用车先行"。国内燃料电池汽车的推广应用，基本是从以公交车、物流车等为主的商用车推广起步的，目前中国燃料电池汽车集中在商用车领域，在 2019 年工信部发布的《道路产品推荐目录》的燃料电池汽车产品中，商用车有 100 款，而乘用车一款也没有。国内燃料电池汽车主要以示范项目为主，相比电动汽车要滞后发展 10~12 年。

根据数据资料，表 1-13 展示了国内近五年来推出的燃料电池汽车产品的车企。如金龙客车、宇通客车、佛山飞驰等为代表的燃料电池商用车已具备商业化发展条件；而像上汽、奇瑞、北汽等燃料电池乘用车企业基本都停留在样车产品阶段。

表 1-13　国内推出燃料电池汽车产品的车企

分类	乘用车车企	商用车车企
代表车企	上汽、奇瑞、北汽、福田、丰田、一汽解放等	金龙客车、宇通客车、佛山飞驰、海格客车、大运汽车等

下面以上海市为例，介绍燃料电池商用车示范运营的实际城市案例。

案例 1　　　　　　　燃料电池物流轻卡运营案例

2017 年末，氢车熟路汽车运营（上海）有限公司购置了 500 辆氢燃料电池物流车（图 1-129），依托上海嘉定区的加氢站，在上海地区上牌并投入"准商业化"示范运营，业务已经渗透到了京东、云鸟、申通快递、宜家、盒马鲜生等配送体系。未来车辆数量和运营规模将有望继续增长。

图 1-129　"氢车熟路"燃料电池轻卡

案例 2　　　　　　　燃料电池城市公交运营案例

2018 年 9 月，上海首条燃料电池公交线路正式上线，总计 6 辆申沃牌 SWB6128FCEV01 型全低地板燃料电池城市客车车型投入嘉定公交 114 路运营（图 1-130）。该车型采用以燃料电池系统为主、动力电池为辅的双动力源，最长续驶里程可达 560km，依靠在嘉定安亭汽车城内的加氢站进行补能。

图 1-130　上海嘉定 114 路燃料电池公交车

在燃料电池汽车推广应用的扶持政策方面，2020 年 9 月，财政部、工业和信息化部、科技部、国家发展改革委、国家能源局联合发布了《关于开展燃料电池汽车示范应用的通知》。该通知规定了示范期间将采取"以奖代补"的支持方式，对入围示范的城市群按照其目标完成情况给予奖励，2021 年拟将北京城市群、上海城市群、广东城市群、河北城市群和河南城市群等纳入燃料电池汽车示范应用城市群；不再限于新能源汽车的推广数量和规模，该通知引导示范城市群找准应用场景，完善政策环境，聚焦关键核心技术创新，构建完整产业链。这项通知的颁布，有利于逐步实现燃料电池关键核心技术突破，构建完整的燃料电池汽车产业链，为燃料电池汽车规模化产业化发展奠定坚实基础。2023 年 5 月 10 日，北京市经信局发布了 2022—2023 年度北京市燃料电池汽车示范应用项目拟承担"示范应用联合体"牵头企业公示。

未来随着燃料电池汽车城市示范群不断拓展，燃料电池汽车将会在更多的城市地区、更适合的应用场景中发挥更大作用，不断提升与传统内燃机汽车和纯电动汽车的竞争力，助力能源转型和减排环保事业。

1.2.4.2　燃料电池汽车到底长什么样？

氢能是目前已知能源中最为清洁的一种，被称为最理想的新能源。如图 1-131 所示，以氢能利用为基础、燃料电池技术为核心的燃料电池汽车首当其冲，成为氢能利用的"领头羊"，尤其是其中客车、重卡，成为实现能源低碳转型、气候减排与可持续发展等目标的重要"角色"。在政策支持下，燃料电池汽车相关技术水平快速进步、市场应用持续扩大，到 2050 年燃料电池汽车占全世界车辆总数的比例可以达到 20%~25%，到时候驾驶、乘坐"用氢产水"的"零碳车"将不是新鲜事。

在北京奥运会、上海世博会期间，我国就开展了展开燃料电池汽车的示范项目，主要是在客车和专用车领域。而在燃料电池乘用车领域，日本、韩国等国家的车企技术水平较高。截至 2019 年底，我国仅有上汽集团于 2016 年销售了 50 辆荣威 950 燃料电池乘用车，应用于租赁服务；而日、韩车企如丰田、本田、现代等，对燃料电池乘用车的发展已经到达了产业化前期的水平，2019年全球范围内燃料电池汽车销量达到7500辆，大部分为这三家企业的产品。

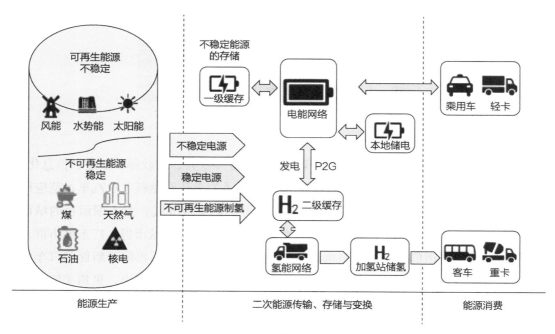

图1-131　氢能生产与应用

丰田是氢燃料电池汽车领域最为领先的企业之一，自主掌握氢燃料电池关键零部件及关键材料等核心技术，拥有电堆、高压储氢装置等多类氢燃料电池相关专利8000余项。截至2019年上半年，丰田MIRAI在全球销量已超过8000辆，主要市场为欧美国家。本田是全球最早开始研发燃料电池汽车的车企之一，其最新燃料电池汽车CLARITY作为已实现商业应用的车型之一，达到全球领先水平。相较于丰田和现代，本田的燃料电池汽车的市场应用较小，2019年销量为349辆，仅为2018年销量的50%。现代也是较早进行燃料电池汽车研发的车企之一，坚持自主研发燃料电池系统的核心技术，其研发与应用受到韩国政府的大力支持，其第二代燃料电池车型NEXO2019年的销量近5000辆，超过了丰田MIRAI2019年度的销量，其主要市场为韩国国内。

我们先来看看这日本、韩国量产的燃料电池乘用车到底长什么样吧。如图1-132所

a）丰田MIRAI　　　　b）本田CLARITY　　　　c）现代NEXO

图1-132　燃料电池汽车车型

示分别是丰田 MIRAI、本田 CLARITY 和现代 NEXO，从外形来看，燃料电池乘用车和其他乘用车并没有很大的区别。

下面我们将深入探索燃料电池汽车"与众不同"。

燃料电池汽车指由电机驱动，由燃料电池提供部分或全部电能的新能源汽车，关键零部件包括电机系统、燃料电池系统、储氢系统、动力电池、电池管理系统（BMS）等。其中燃料电池和动力电池是车辆的能量来源，相当于燃油车中的发动机，部分燃料电池汽车仅由燃料电池作为能量源，大部分还是以燃料电池和动力电池组合作为能量源。燃料电池内部，来自储氢系统的"纯情少女"氢气与"野生"空气相遇，"看对眼"后"来电"了（通过电化学反应生电），产生的电能与动力电池的电能，一起为电机供电，实现整车驱动。

燃料电池系统和动力电池系统是燃料电池汽车动力系统最重要的两个部件，因此其布置方式，也就是燃料电池汽车"与众不同"的地方，图 1-133 展示了 4 种燃料电池汽车动力系统布置方案。其中，方案 1 和方案 2 采用的是燃料电池作为唯一的能量源，这两种方案的整车的动力性、耐久性等性能较差，且无法实现制动能量回收功能，实际应用较少。

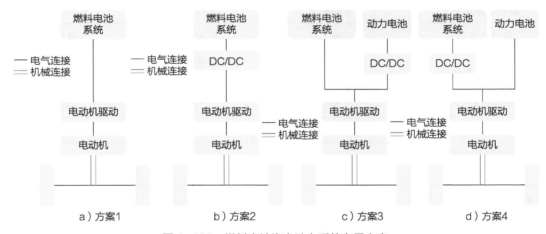

图 1-133　燃料电池汽车动力系统布置方案

我们重点介绍一下方案 3 和方案 4，这两种方案采用燃料电池和动力电池组合的供能模式，方案 3 中 DC/DC 调节动力电池电压，燃料电池的寿命较短，方案 4 中 DC/DC 调节燃料电池的电压，在满足整车动力性强、启动速度快的条件下，可以实现制动能量的回收，还能保持燃料电池的使用寿命。燃料电池商业化需求条件下，方案 4 除了满足功率需求以及使用寿命，还能降低整车的成本，该方案是较优的布置方案。

为满足车辆动力性和操控性，车辆离地间隙一般都不大，燃料电池动力系统中，燃料电池堆如果布置在中央地板下方，整车的通过性会受到较大的影响；同时，这种燃料

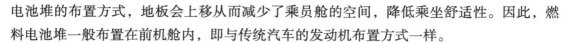

电池堆的布置方式，地板会上移从而减少了乘员舱的空间，降低乘坐舒适性。因此，燃料电池堆一般布置在前机舱内，即与传统汽车的发动机布置方式一样。

车载储氢主要采用高压气态储氢瓶，包括 70MPa 的 Ⅲ 或 Ⅳ 型瓶。考虑用氢安全问题，储氢装置应该与乘员舱隔离，因此已有的燃料电池车型普遍采用将储氢瓶布置于行李舱的方式。储氢瓶的大小和形状既要保证足够的车辆内部空间，也要满足一定的储氢容量。

为了更好地了解燃料电池汽车的布置方式，让我们详细看看丰田 MIRAI、本田 CLARITY、现代 NEXO 三款燃料电池汽车的动力系统布置及部分关键参数，见表 1-14。

表 1-14　三款燃料电池汽车信息对比表

车型	丰田 MIRAI（第一代）	本田 CLARITY	现代 NEXO
动力系统布置图			
燃料电池堆布置	车辆底盘	发动机舱	发动机舱
动力电池布置	后轴上方	车辆底盘	后轴上方
储氢瓶布置	后排座椅下方 行李舱下方	后排座椅下方 行李舱下方	后排座椅下方 行李舱下方
续驶里程 /km	502	589	609
0~100km/h 加速 / s	9.6	8.8	9.7
电堆体积功率密度 /（kW/L）	3.1	3.1	3.1
动力电池容量 /kW·h	1.586	—	1.56
储氢瓶容量 / L	122.4	141	156.6

下面我们分别从动力系统布置、燃料电池堆结构两方面来了解一下这三款车型。

1）动力系统的布置方式。这三款车型均采用燃料电池和动力电池组合的方式作为能量源。丰田第一代 MIRAI 驱动电机和动力控制单元位于发动机舱内，燃料电池系统扁平化地布置在车辆底盘，两个储氢瓶分别位于后排座椅和行李舱（靠近后轴）下方，而动力电池组则位于汽车后轴上方。本田 CLARITY 高度集成化的燃料电池系统被布置于发动机舱，动力电池布置在车辆底盘，两个储氢瓶的布置方式与丰田 MIRAI 布置方式相似。现代 NEXO 的燃料电池系统与驱动系统集成在一起，布置于发动机舱，动力电池布置方式与 MIRAI 相似，在后轴上方，不同于日系的两款车型，NEXO 有三个相同的储氢瓶，水平布置于后座、行李舱下方，三个体积中等的储氢瓶不仅使车辆的储氢能力增加，且便于整体车辆布置，增加了行李舱的容量。

2）燃料电池堆结构。如图 1-134 所示是 MIRAI、CLARITY 和 NEXO 的燃料电池堆（或集成系统），三款车型的总体布置不同，其燃料电池堆的结构也不同。丰田的燃料电池堆没有与驱动系统等集成在一起，而是采用扁平化的方式布置于底盘下方，因此整体结构比其他两款车型简单。而 CLARITY 和 NEXO 采用高度集成化的方式，电堆、驱动系统等被集成在一起置于发动机舱，整体外形与传统燃油车相类似。

a）MIRAI　　　　　　　b）CLARITY　　　　　　　c）NEXO

图 1-134　三款车的燃料电池堆或集成系统

为把握最新的燃料电池汽车的特点，除了对已量产的这三款车辆进行对比，我们对布置方式与上述三款车型有较大的差异的新一代 MIRAI 也进行简要介绍。新一代 MIRAI 基于雷克萨斯 LS 平台打造，其动力系统布置如图 1-135 所示，两个储氢瓶垂直布置于底盘位置，且纵向布置的氢瓶代替了于雷克萨斯 LS 平台传动轴，新采用的高度集成的燃料电池系统被置于发动机舱内，动力电池的布置方式没有较大改变，放置于后轴上方，而电机则布置在后轴附近。

图 1-135　新一代丰田 MIRAI 动力系统布置

通过上述介绍可以看出，燃料电池汽车动力系统主要采用燃料电池与动力电池组合的供能方式，燃料电池系统以高度集成化布置于发动机舱为趋势，乘用车主要采用 2~3 个储氢瓶的布置方式，在保证储氢量的前提下，便于布置以及保留一定的行李舱空间。燃料电池堆从结构上以与驱动电机等高度集成化为趋势。

1.2.4.3　清洁的汽车心脏——燃料电池发动机

记得初中化学老师曾对我们说："未来你们谁要是能找到一种催化剂，放到水里就能让水分解为氢气，那一定可以获得诺贝尔奖。"当时对能源的了解不多，自然也就不明白老师这番话的意义。

如今，随着化石燃料的开采和利用，燃油车在城市的车水马龙中穿梭，能源问题、环境问题也日益凸显。人们开始幻想：要是有这么一种能源，燃烧后不产生尾气，而且还取之不尽用之不竭，那该有多好啊！

这时候回想起初中老师的教诲，猛然发现，氢气不就是这样一种能源吗？从自然条件来讲，氢元素是海洋面积占比71%的地球上最丰富的元素，来源极其广泛并且可以回收再利用，排放物也只有水，十分环保。因此，燃料电池汽车应运而生，而作为燃料电池汽车"心脏"的燃料电池发动机（又称"燃料电池系统"）也就成为了今天我们介绍的主角。

如图1-136所示，燃料电池汽车的大致结构便是如此，行驶机理上与燃油汽车、电动汽车类似，都是通过消耗某种能源，将其转化为车辆前进的动能。而燃料电池汽车的核心问题，自然就是它的这颗"心脏"。

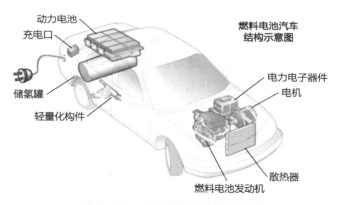

图1-136　燃料电池汽车结构图解

说到燃料电池发动机，我们首先来了解一下它的基本原理。作为一种把燃料所具有的化学能直接转换成电能的化学装置，燃料电池的原理其实并没有我们想的那么高深莫测。早在1839年，英国科学家威廉·格罗夫爵士把分别装有氢气和氧气的试管，安装在铂条上，发明了最早意义上的燃料电池，并点亮了伦敦讲演厅的照明灯。其原理与如今的燃料电池其实是类似的。

众所周知，世界是原子构成的，而原子又是由原子核和电子构成，其中电子带负电荷，原子核中的质子带正电荷，电荷的移动便会形成电流。如图1-137所示，阴阳极材料浸泡在电解液中，在催化剂的作用下，发生着化学上的氧化还原反应。"氧化"是指化学反应中反应物失去电子,"还原"则是指得到了电子,世界上有形形色色的电池,也正是因为在大自然中存在着各式各样的氧化还原反应。

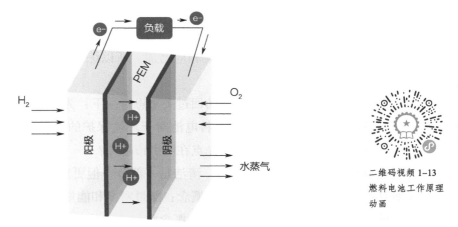

图 1-137　燃料电池内部原理图

二维码视频 1-13
燃料电池工作原理
动画

但燃料电池和一般的干电池、锂电池不同,它的反应物不在电池的内部,而是需要外界源源不断地输入"燃料",这个"燃料"可不是我们习以为常的汽油或煤炭,通常是指"氢"。氢可以进行氧化还原反应从而产生电流,而且不需要燃烧。

燃烧和不燃烧的区别在于,燃烧是化学反应,电子的移动是无序的,只能产生热量;而不燃烧是电化学反应,电子的移动是有序的,产生电能。目前我们所说的燃料电池这个概念,多指氢燃料电池,以较常见的质子交换膜燃料电池(PEMFC)为例,阳极的氧化反应将带负电荷的电子分离出来,通过电路移动到阴极,并在阴极与氧气发生还原反应,最终产物只有水而已,十分环保。

常见的燃料电池种类有很多,对于只是初步了解的大家而言,我们无需知晓它们在化学上的逻辑有什么区别,只需要关注在应用中的不同,见表 1-15。

表 1-15　不同类型燃料电池技术参数对比

类别	质子交换膜	固体氧化物	熔融碳酸盐燃料	磷酸燃料	碱性燃料
简称	PEMFC	SOFC	MCFC	PAFC	AFC
电解质	交换膜	钇稳定氧化锆	碳酸锂、碳酸钠、碳	碳酸盐	氢氧化钾
催化剂	铂	无	无	铂	铂、钯、金
运行温度	通常 80℃	700~1000℃	600~700℃	150~200℃	90~100℃
燃料要求	高	低	低	低	高
寿命	长	长	短(电解质腐蚀)	长	短(催化剂中毒)

在表 1-15 中，我们需要关注以下几点：一是运行温度，在汽车上使用，温度越低，安全性也就越高，毕竟谁也不愿意背着个"炸药包"到处跑；二是催化剂的种类，这就涉及到成本问题了，铂可是比黄金还要贵重的贵金属，而且数量稀少；三是燃料要求，几乎所有的燃料电池都是以氢气为燃料，但氢气的制取和储存相当不便，所以对燃料的要求越高，那所受的技术限制也会相应增加。所以综合来看，取舍问题是贯穿燃料电池生产制造始终的问题。

聊完了原理和分类，我们不妨回过头来思考一下：为什么要发展燃料电池呢？是的，通过前面的了解，我们知道了燃料电池对于环境保护的意义，可是制氢储氢如此困难，燃料电池除了环保，还有什么闪光点在吸引市场呢？

这就要提到作为汽车的心脏，清洁是一部分，但更重要的是它高效的动力输出。在了解这一点前，我们需要明白两个概念：能量密度和能量转化效率。

能量密度很好理解，就和密度的概念类似，单位的体积或者质量的物质中能存储多少能量，就是能量密度的含义。从定义中我们可以明白，能量密度越高，可见该物质作为燃料的优势越明显。表 1-16 列出了不同燃料的能量密度。

表 1-16 不同类型燃料的能量密度对比

材料	干木柴	镍氢电池	锂电池	标准煤	汽油	天然气	氢气
能量密度 $(10^6 J/kg)$	0.13	0.4	0.72	20.8	43.1	41.9	140.4

从表 1-16 中我们可以看出燃料电池的优越性，每千克氢气蕴含的能量是汽油的三倍之多，这也就意味着，如果原来的汽车装了 8kg 的汽油能跑 100km，但若装了 8kg 的氢气，则可以跑 300~400km。

能量转化效率则是另一个稍显硬核的概念。我们知道，内燃机是通过燃烧燃料将热能转化为机械能的装置，那么在传统内燃机的系统内，存在着两次能量转化的过程。首先是汽油或柴油燃烧，将化学能转化为热能；然后是空气受热膨胀推动活塞做功，将热能转化为机械能，从而带动曲轴的转动。但每一次能量转化都会有能量损耗，在整个过程中，输出的能量和输入能量的比值，也就是我们说的能量转化效率。

发展了百年的内燃机，如今也只不过有着 25%~40% 的能量转化效率，其中柴油机的能量转化效率会高于汽油机。为什么发展这么久了内燃机的效率提高不上去呢？这其实是受到了热力学定律中的"卡诺循环"的限制。"卡诺循环"证明，热能转化为机械能的最高效率不能超过 $(1-T_2/T_1)$，其中 T_1 是内燃机系统中高温热源的温度，T_2 是内燃机系统中低温热源的温度；由于现实应用场景中（比如汽车发动机）高温热源的温度不可能太高，这也决定了从热能到机械能的转化效率存在上限。

而燃料电池的能量转化路径是化学能转变为电能再转化为机械能，整个过程的转化效率可以高达 60%~70%。再加上现在还有一种"热电联供"系统，就是把燃料电池运行发热的热量利用起来，再通过一套内燃机系统加以利用，整个系统的综合转化效率可以达到 80%。这样一看，燃料电池是不是更香了呢？

当然，理论上很丰满，现实却是骨感的。上文提到，氢气的能量密度是汽油的 3 倍，燃料电池的能量转化效率又是内燃机的 2 倍多，那能量输出岂不是 6 倍多？可现实却是，别说 6 倍了，1 倍都难以做到。

这就让我们很困惑了，究竟是哪个地方掉了链子，让燃料电池本应有的优势瞬间荡然无存了呢？其实"成也萧何，败也萧何"，问题就出在"氢"身上。

氢作为元素周期表的第一个，同时也是最轻的元素，是极其难以压缩的。而且在高温高压下，氢原子会和钢中的碳元素发生化学反应，导致钢抗变形能力大幅下降，从而断裂，这也就是所谓的"氢脆"现象。也正是因为"氢脆"，普通的材料难以储氢。即使是在这方面较为领先的日本，采用了超高强度的碳纤维制造技术制作出的储氢罐，也只能承受 70MPa 的压力。

而在 70MPa 的压力下，氢气的密度可以被压缩到 40.2g/L，仍不到汽油（720g/L）的 6%；这意味着，在不影响持续行驶体验的前提下，即便高压氢气的单位重量热值是汽油的 3 倍，燃料电池系统能量转化效率是内燃机的 2 倍，替代 1L 的汽油，需要体积为 3L 的氢气，也就是储氢罐需要油箱的 3 倍大才可以。这显然是个非常大的难题。

路漫漫其修远兮，燃料电池发动机的未来，仍需无数科研人员和企业上下求索，但人们对于能源危机、环境保护的重视，也会助力该行业的发展。相信作为清洁的能源，燃料电池发动机将会在未来的广阔天地，大有作为。

1.2.4.4 "清洁发电厂"——燃料电池的分类及特性

如果说发动机是传统汽车的心脏，那么燃料电池则是燃料电池汽车的心脏。作为一种新型发电方式，燃料电池被誉为 21 世纪最清洁、最高效的动力源，具有诸多使用优势和巨大发展潜力，从而受到人们广泛的关注。图 1-138 是目前市场上的一些燃料电池系统产品。

图 1-138　燃料电池系统产品

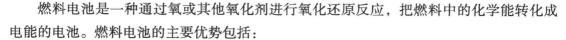

　　燃料电池是一种通过氧或其他氧化剂进行氧化还原反应，把燃料中的化学能转化成电能的电池。燃料电池的主要优势包括：

　　1）**能量转化效率高**。燃料电池能量转化过程不受卡诺循环的限制，理论上最大效率可达 80% 以上，实际工作效率受极化现象等影响在 40% ~ 60%。

　　2）**清洁无污染**。以纯氢为燃料时，产物只有水，几乎不产生有害物质，对缓解地球的温室效应是十分重要的。

　　3）**比能量高**。液氢燃料电池的比能量是镍镉电池的 800 倍，直接甲醇燃料电池的比能量比锂离子电池（目前能量密度最高的蓄电池）高 10 倍以上。

　　4）**可靠性高**。部件少，易于维护，可以作为各种不间断电源和应急电源使用。

　　5）**燃料范围广**。对于燃料电池而言，只要含有氢原子的物质都可以作为燃料，例如天然气、石油、煤炭等化石产物，或是沼气、酒精、甲醇等，因此燃料电池非常符合能源多样化的需求，可减缓主流能源的耗竭。

　　了解了燃料电池的原理和优点，那么你知道目前国内外燃料电池的种类和它们各自的特性吗？带着疑问我们来一起学习吧。

（1）燃料电池的分类方式

　　众所周知，不同的分类方式会导致不同的分类结果，燃料电池也有很多种分类的方法，通常可按其电解质类型、工作温度、燃料的来源、燃料的状态、燃料种类、运行机理等进行分类，见表 1-17。

表 1-17　燃料电池分类

分类方法	类型
按电解质类型	质子交换膜燃料电池（PEMFC） 碱性燃料电池（AFC） 磷酸燃料电池（PAFC） 熔融碳酸盐燃料电池（MCFC） 固体氧化物燃料电池（SOFC）
按燃料电池工作温度	低温型温度低于 25~100℃ 中温型温度为 100~500℃ 高温型温度为 500~1000℃ 超高温型温度为高于 1000℃
按燃料的来源分类	直接型燃料电池 间接型燃料电池 再生型燃料电池
按燃料的状态	液体型燃料电池 气体型燃料电池

（续）

分类方法	类型
按燃料种类	氢气甲醇、甲烷、乙烷、甲苯、丁埔、丁烷等有机燃料 汽油、柴油和天然气等气体燃料 有机燃料和气体燃料必须经过重整器"重整"为氢气后才能成为燃料电池的燃料
按运行机理	酸性燃料电池 碱性燃料电池

1）燃料电池行业最主流的分类方式是根据燃料电解质类型的不同来分类：

① 碱性燃料电池（AFC）：以碱性的氢氧化钾溶液为电解质。

② 磷酸燃料电池（PAFC）：以浓磷酸为电解质。

③ 熔融碳酸盐燃料电池（MCFC）：以熔融的锂－钾或锂－钠碳酸盐为电解质。

④ 固体氧化物燃料电池（SOFC）：以氧离子导体固体氧化物为电解质。

⑤ 质子交换膜燃料电池（PEMFC）：通常以全氟或部分氟化的磺酸型质子交换膜为电解质。

2）根据燃料电池工作温度的不同，燃料电池分为：

① 低温型燃料电池：工作温度范围一般是 25~100℃，如固体聚合物电解质燃料电池。

② 中温型燃料电池：工作温度范围一般是 100~500℃，如磷酸型燃料电池。

③ 高温型燃料电池：工作温度范围一般是 500~1000℃，这种类型的电池包括熔融碳酸盐燃料电池和固体氧化物燃料电池。

④ 超高温型燃料电池：工作温度范围一般是高于 1000℃。

3）根据燃料电池使用燃料的来源不同，可以分为以下三种类型：

① 直接型燃料电池：燃料不经过转化步骤直接参加燃料电池的电极反应。比如氢氧燃料电池，燃料直接使用氢气。

② 间接型燃料电池：燃料不直接参加电化学反应，而是要通过重整等方法将燃料转化后再供给燃料电池发电。比如将甲醇重整后富氢的混合气作为燃料电池的燃料，即其燃料不是直接使用氢气，而是通过某种方法把甲烷、甲醇或其他烃类化合物转变成氢或含富氢的混合气后再供给燃料电池。

③ 再生型燃料电池：将燃料电池反应生成的水经过某种方式（如热和光等）分解成氢和氧，再将氢和氧重新输送给燃料电池进行发电。

4）除此之外，还有其他的分类方式。例如，根据燃料电池燃料状态的不同，可分为液体型燃料电池和气体型燃料电池；根据燃料电池燃料种类的不同，可分为氢燃料电池、甲醇燃料电池、乙烷燃料电池等；根据燃料电池运行机理的不同，可分为酸性燃料电池和碱性燃料电池。

（2）燃料电池不同类型的特性

如图 1-139 所示，根据电解质材料和工作温度的不同来对燃料电池进行分类，不同的燃料电池类型有各自的特性和应用场景，下面我们来详细了解一下。

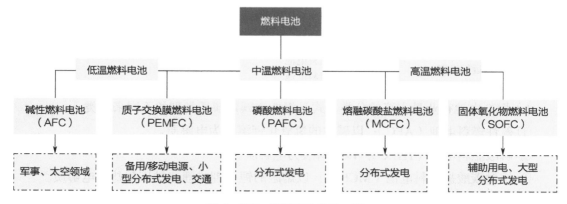

图 1-139　燃料电池分类一览

1）**碱性燃料电池（AFC）**：低温性能好，温度范围较宽（100~250℃），碱性燃料电池的电能转换效率为所有燃料电池中最高的，可达 70%，并且可以在较宽温度范围内选择催化剂，但是采用的碱性电解质易受 CO_2 的毒化作用，因此必须要严格除去 CO_2，导致成本偏高。其应用领域主要集中在航天方面，包括为航天飞机提供动力和饮用水。

2）**质子交换膜燃料电池（PEMFC）**：采用高分子膜作为固态电解质，具有能量转换率高、可以低温启动（70~110℃）、无电解质泄漏等特点。质子交换膜燃料电池被广泛用于轻型汽车、便携式电源以及小型驱动装置，还被用作分散型电站，可与电网供电系统共用，主要用于调峰；也可作为分散型主供电源，独立供电，适用于海岛、山区、边远地区或新开发地区电站。

3）**磷酸燃料电池（PAFC）**：被称为第一代燃料电池，也是最接近商业化的燃料电池。其工作温度在 200℃ 左右，采用铂作为催化剂。磷酸燃料电池的效率比其他燃料电池低，约为 40%，用到的催化剂为贵金属铂，成本较高，且其工作温度不够高，余热利用价值低。但磷酸燃料电池也拥有许多优点，如对杂质的耐受性较强、构造简单、稳定、电解质挥发度低等。

由于不受二氧化碳限制，磷酸燃料电池可以使用空气作为阴极反应气体，也可以采用重整气作为燃料，这使得它非常适合用作固定电站。在过去的 20 多年中，大量的研究使得磷酸燃料电池能成功地用于固定的应用场合，已有许多发电能力为 0.2~20MW 的工作装置被安装在世界各地，为医院、学校和小型电站提供动力。磷酸燃料电池已成为发展最快的，也是目前最成熟的燃料电池，它代表了燃料电池的主要发展方向。

4）**熔融碳酸盐燃料电池（MCFC）**：属于高温电池（工作温度约 500~700℃），具有效率高（高于 40%）、噪声低、无污染、燃料多样化（氢气、煤气、天然气和生物燃料等）、余热利用价值高和电池构造材料价廉等诸多优点，是未来的绿色电站。

5）固体氧化物燃料电池（SOFC）：属于第三代高温燃料电池（700~1000℃），采用陶瓷固态电解质。固体氧化物燃料电池具有燃料适应性广、能量转换效率高、全固态、模块化组装、零污染等优点，可以直接使用氢气、一氧化碳、天然气、液化气、煤气及生物质气等多种碳氢燃料。它在大型集中供电、中型分电和小型家用热电联供等民用领域作为固定电站，以及作为船舶动力电源、交通车辆动力电源等移动电源，都有广阔的应用前景。

最后，我们通过表 1-18 对上述五类燃料电池各自特性进行简要的总结，方便加深大家的印象和理解。

表 1-18　燃料电池类型及各自特点简述

类型	工作温度 /℃	燃料	电解质	运动离子
AFC	100 ~ 250	H_2	KOH 溶液	OH–
PEMFC	70 ~ 110	H_2, CH_3OH	磺化聚合物	$(H_2O)_nH^+$
PAFC	150 ~ 250	H_2	H_3PO_4	H+
MCFC	500 ~ 700	烃类, CO	$(Na, K)_2CO_3$	CO_3^{2-}
SOFC	700 ~ 1000	烃类, CO	$(Zr, Y)O_{2-8}$	O^{2-}

（3）燃料电池的应用领域

伴随各类电子智能设备的崛起以及新能源汽车的风靡，已经有多种类型的燃料电池根据不同的应用需求被研发出来，目前燃料电池主要应用于三大领域：便携式领域、固定领域和交通动力领域。

1）**便携式领域**。便携式电源市场销售额的逐年增长，吸引了许多新电源技术，其产品包括笔记本电脑、手机、收音机及其他需要电源的移动设备，为方便个人携带，便携式移动电源的通常要求电源具有高比能量、质轻小巧等特点。目前，已有直接甲醇燃料电池（DMFC）和质子交换膜燃料电池（PEMFC）被应用在军用单兵电源和移动充电装置上，具有低成本、高稳定性和长寿命等特点（图 1-140）。

2）**固定领域**。固定电源领域的燃料电池主要用于各种固定位置的电力供应，包括主要应用于发电站、楼宇、工程等领域的大型首要电源、备用电源或热电联产（CHP），用于家庭住宅和商业的微型热电联产（CHP），以及远程应用，例如电讯塔的首要或备用电源（图 1-141）。固定式燃料电池主要包括磷酸燃料电池（PAFC）、熔融碳酸盐燃料电池（MCFC）、固体氧化物燃料电池（SOFC）和质子交换膜燃料电池（PEMFC）四类。

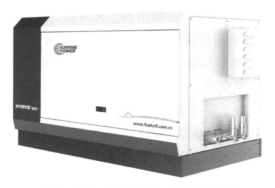

图1-140　商业款便携式燃料电池电源　　　　图1-141　商业款固定式燃料电池电源

3）交通动力领域。燃料电池作为下一代清洁能源，在交通动力领域（尤其新能源汽车）具有得天独厚的优势。因为全球17%的温室气体（CO_2）都是由使用了化石燃料的交通动力产生，另外还伴随着其他的大气污染问题，如雾霾等。燃料电池在交通动力领域主要应用在民用车辆、公交车、小型飞机、船只以及物料搬运设备等（图1-142）。目前使用的燃料电池类型仅仅是质子交换膜燃料电池（PEMFC）。

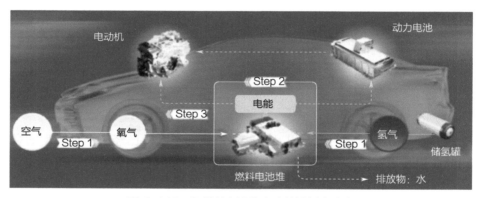

图1-142　氢燃料电池汽车中的燃料电池堆

现阶段燃料电池的应用还处于初期阶段，不过随着技术逐步成熟，规模化生产制造降低成本，相关产品价格将会慢慢进入大众可接受范围之内。又考虑到燃料电池高效、环保、安全等诸多优点，燃料电池未来在各领域的推广应用非常值得我们期待！

1.2.4.5　燃料电池与重卡会碰撞出什么火花?

提到新能源汽车，我们通常想到的是路上存在感日益增加的新能源乘用车，而往往忽视了用于日用工业品、煤炭、快递、建材等运输的幕后角色——新能源重卡。重卡虽仅占国内汽车销量的5%左右，但由于载货量大，消耗燃油量也大，产生的污染物排放量也大，因此实现重卡从传统能源到新能源的转变是非常必要的。那么问题来了：适用重卡的新能源方案是什么？现在发展到何种阶段了？相应的技术路线该如何根据重卡的特点进行改进？未来有什么发展趋势？相信充满求知欲的你已经按捺不住想继续往下阅读了。

（1）敲门一砖：适用重卡的新能源方案是什么？

在能源和环境问题日益严重的今天，新能源汽车提供了节能减排的新思路，因此得到了政府和企业的广泛关注与研究。关注新能源汽车的你一定知道新能源汽车按照能源种类可以分为纯电动汽车、混合动力电动汽车、燃料电池汽车等，这也为我们思考新能源重卡提供了答案范围。

先设想一下重卡的生活化应用场景——进行过网购的朋友肯定知道，网购的快递运输量非常大，运输的路线通常有远有近，因此重卡需要能负担重载、长续航的动力能源。纯电动汽车因国家政策补贴和较低的价格而被广泛应用，但主流的锂电存在功率密度受限、充电时间长、续驶里程短等问题，无法很好地适配重卡的应用场景。排除一个选项之后，剩下的选项大概率就是答案了。没错，燃料电池重卡是目前新能源重卡的理想解决方案。燃料电池具有的能量密度高、充氢快速、续驶里程长等性能，对于要求重载、长续航的重卡领域十分适配。

（2）立首回望：燃料电池重卡的发展现状？

近年来，我国从发展路线、产业规划、补贴措施（阶段性）等方面出台了系列政策，全方位支持燃料电池产业发展。以"节能与新能源汽车技术路线图"为代表的发展规划，均将氢能及燃料电池列为支持发展产业。在燃料电池汽车的推广上，更是强调以重卡领域为主要焦点。

2017 年，中国重汽推出其第一款燃料电池重卡产品——氢动力港口牵引车（图 1–143）。这台港口牵引车以氢气燃料为主要动力，动力电池为辅助动力，采用增程式技术路线，以小功率燃料电池匹配大容量动力电池，燃料电池产生的电能仅供给动力电池。该车加氢时间仅需 3~5min，动力电池几乎不需要补电，避免了纯电动汽车长时间充电的问题。

图 1–143　中国重汽推出国内首台氢动力港口牵引车

2019 年 10 月，江铃重汽推出威龙 4×2 氢燃料牵引车，该车于 2020 年 3 月向上海智迪成功交付首批，成为国内第一款下线的氢燃料重卡。江铃威龙氢燃料重卡的技术路线为"电电混合"的混合功率模式，燃料电池系统功率为 95kW，整车最高速度达 85km/h，满载续驶里程突破 400km。与此同时，大运推出 6×4 燃料电池牵引车，燃料电池系统功率为 87kW，续驶里程为 400km。

2019 年 11 月，上汽红岩推出的 8×4 燃料电池自卸车，搭载上汽集团自主研发的燃料电池系统，采用混合功率技术路线，并通过优化电堆结构设计、优化系统策略，实现自增湿功能，降低了燃料电池系统成本。与此同时，陕汽推出了搭载 120kW 燃料电池系统的旗舰重卡 X5000。

2019 年 12 月，上汽跃进正式下线全国首台 18t 燃料电池货车——FKC500-D18。该车搭载的是捷氢科技 P390 系统，加氢时间不到 10min，续驶里程超过 400km。

2020 年 1 月，飞驰汽车成功研发其首款氢燃料电池牵引车，并完成整车制造，正在进行相关测试。该车搭载 15 个储氢瓶，续驶里程达到 400km。

2020 年 3 月，由新源动力、洺源科技与东风汽车深度合作研发的燃料电池重型运输车在大连展开路试。该车燃料电池系统额定功率超过 90kW，满载总质量最大可达 36t，续驶里程大于 450km。

2020 年 7 月，重塑科技携手合作伙伴与宁东能源化工基地签署氢能重卡示范试点运营合作协议，以具体落实宁东基地内的氢能源重卡商业化运营项目。

2020 年 12 月，苏州金龙成功交付 50 辆氢燃料电池重卡。该车是苏州金龙与中国宝武、上海杰宁等企业合作研发的 42t 氢燃料电池重卡产品，也是全球批量最大的氢燃料电池重卡商业化运营项目

2021 年 2 月，深兰科技在上海总部大厦举行自动驾驶及氢能重卡项目签约仪式，将在两年内实现 1000 台以上自动驾驶＋氢能重卡的交付。同月，上汽红岩氢燃料电池重卡在黑龙江黑河地区通过极寒测试，该车最大续驶里程可超过 1000km（图 1-144）。

2021 年 4 月，美锦能源旗下飞驰科技与国家能源集团旗下多家相关单位签约年产 5000 台氢燃料电池整车生产项目，并承诺 2024 年前在宁夏推广至少 2400 台氢燃料电池车辆。

从表 1-19 可以看到，在国家政策的推动作用和企业的积极响应和自主研究下，我国的燃料电池重卡在近几年得到了大力发展。2021 年 1 月，工信部发布了《新能源汽车推广应用推荐车型目录》。在 2021 年新上榜的车型中，新能源重卡（含 18t 及以上）上榜车型为 17 款，占比为 30%。

图 1-144　上汽红岩氢燃料电池重卡通过极寒测试

表 1-19　国内部分燃料电池重卡车型

车企及合作公司	车型	燃料电池功率 /kW	续驶里程 km
中国重汽	氢动力港口牵引车	—	—
江铃重汽	威龙 4×2 氢燃料牵引车	95	400
上汽红岩	8×4 燃料电池自卸车	—	—
陕汽	重卡 X5000	120	—
上汽跃进	18t 燃料电池货车 FKC500-D18	—	400
飞驰汽车	氢燃料电池牵引车	—	400
新源动力、洺源科技与东风汽车	燃料电池重型运输车	90	450

从整体数据来看，2022 年全年，燃料电池重卡累计实销 2456 辆，同比大增 215%。其中，2022 年 12 月，氢燃料电池重卡销售 772 辆，环比增长 87%，同比增长 294%。值得注意的是，燃料电池重卡市场在 2022 年 12 月也创造了历史最高月销量纪录。

可以看出，车企目前正着力在新能源重卡领域布局产品，而且布局的力度越来越大，说明新能源重卡或将成为未来新能源专用车的新蓝海市场。

下面我们再来看看国外燃料电池重卡的发展现状。

丰田和美国肯沃斯联合开发的丰田 FCET 氢动力货车，采用丰田燃料电池系统（TFCS），搭载了 2 个 114kW 的燃料电池，续驶里程 480km。此外，丰田与日野汽车共同开发的燃料电池重型货车，以 Hino Profia 为基础，动力系统搭载 2 个丰田的燃料电池堆。该车采用日野研发的可用于重型混合动力汽车的车辆驾驶控制技术，续驶里程约 600km。

现代发布的 2021 款现代 XCIENT Fuel Cell 氢燃料电池重卡以"创虎重卡"为原型，搭载了 2 个 95kW 的燃料电池，该车加满氢气大约需要 8~20min，最大续驶里程约为 400km（图 1-145）。现代和瑞士氢能公司 H2 Energy 达成谅解备忘录，拟从 2019—2023 年投放 1000 辆燃料电池重卡。

2021 年 2 月，由欧洲 25 家氢能相关的公司成立了 StasHH 任务联盟，将联手定义、开发和测试重型应用燃料电池模块的第一个欧洲标准。其中包括戴姆勒集团与沃尔沃集团联合研发生产用于重型车辆及其他用途的燃料电池，目标是在 2023—2025 年间开始批量生产燃料电池重卡。

除国外企业之外，国外政府和组织

图 1-145　2021 款现代 XCIENT Fuel Cell 氢燃料电池重卡

也在努力推进燃料电池重卡的研发。2019 年，美国能源部发布了燃料电池 8 级货车发展目标，提出到 2030 年燃料电池系统寿命达到 25000 h，峰值效率超过 68%。欧盟委员会"可持续和智能交通战略"提出到 2025 年，欧洲氢燃料货车保有量达到 1 万辆的近期目标。同时"欧洲氢能路线图"提出，2030 年将推广应用 45000 辆重型载货车。

（3）工程师焦点：燃料电池重卡相应的技术路线如何？

燃料电池重卡目前主要的技术线路有增程式、混合功率模式以及全功率模式三种。

其中，增程式技术路线采用小功率燃料电池和较大电量的动力电池匹配方案，如图 1-146 所示。驱动电机需要的电能全部由动力电池提供，燃料电池产生的电只供给动力电池，不用输出给驱动电机。这种技术路线一般应用于燃料电池功率与整车功率需求差距较大的情况。

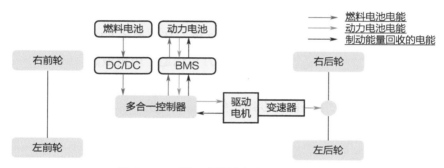

图 1-146 增程式燃料电池重卡技术路线

全功率模式下驱动电机所需的驱动电量全部由燃料电池提供（图 1-147）。这种技术路线对燃料电池的要求最高，燃料电池的额定功率基本上大于或者接近于整车的最大功率，燃料电池的动态功率变化率需要满足整车的最大功率变化需求。而动力电池只在能量回收的情况下使用。

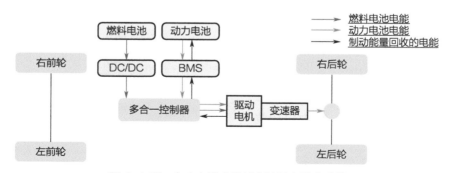

图 1-147 全功率模式燃料电池重卡技术路线

采用混合功率模式的燃料电池重卡将燃料电池工作产生的电能在整车功率需求较大时直接传输给驱动电机，参与整车驱动；在整车功率需求较小的时候，燃料电池工作产生电能传输到动力电池，存储在动力电池中（图 1-148）。混合功率模式介于增程式和全功率模式之间，在燃料电池功率进一步提升前，混合功率模式应用最广泛。

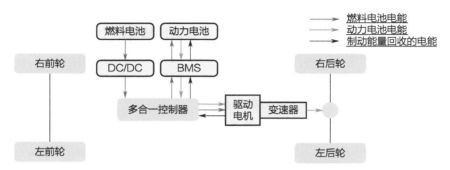

图 1-148　混合功率模式燃料电池重卡技术路线

（4）技术路线图：燃料电池重卡未来之路如何？

2020 年 10 月 27 日，由工业和信息化部指导，中国汽车工程学会牵头组织编制的《节能与新能源汽车技术路线图 2.0》正式发布（以下简称"路线图"），如图 1-149 所示。该路线图进一步研究确认了全球汽车技术"低碳化、信息化、智能化"发展方向。按照路线图中的发展目标，到 2035 年，节能汽车与新能源汽车销量各占 50%，汽车产业实现电动化转型；实现氢能及燃料电池汽车的大规模推广应用，燃料电池汽车保有量达到 100 万辆左右，完全掌握燃料电池核心关键技术，建立完备的燃料电池材料、部件、系统的制备与生产产业链，商用车实现氢动力转型；节能汽车全面实现混合动力化，汽车产业实现电动化转型。对于氢燃料电动汽车这个新的方向，路线图也提出了挑战的指

关键技术		2025年	2030年	2035年
		冷启动温度<-40℃		
	燃料电池电堆技术	商用车用电堆积体积功率密度>2.5kW/L 寿命>16500h，成本<1200元/kW		商用车用电堆积体积功率密度>3kW/L 寿命>30000h，成本<400元/kW
		乘用车用电堆积体积功率密度>4kW/L 寿命>5500h，成本<1800元/kW		乘用车用电堆积体积功率密度>6kW/L 寿命>8000h，成本<500元/kW
	基础材料技术	批量化催化剂、质子交换膜、膜电极组件、双极板生产技术及装备		高温质子交换膜及电堆技术应用，非Pt催化剂及电堆就技术应用，碱性阴离子交换膜及非贵金属催化剂电堆技术
	控制技术	阴极中高压流量压力解耦控制技术、能量综合利用技术、面向寿命优化的动态运行控制技术		无增湿长寿命技术、宽压力流量范围自适应控制技术、阳极引射泵循环泵回流控制技术
	储氢技术	供给系统关键部件高可靠性技术、储氢系统高可靠性技术		供给系统关键部件低成本技术、储氢系统低成本技术

图 1-149　《节能与新能源汽车技术路线图 2.0》中的燃料电池汽车重点领域路线图

标和科研攻关方向，重点考虑了该如何更好地解决氢的制取、运输、存储和加注等问题，并充分考虑了消费接纳和基础设施等问题。路线图指出，将发展氢燃料电池商用车作为整个氢能燃料电池行业的突破口，以客车和城市物流车（其中包括燃料电池重卡）为切入领域，重点在可再生能源制氢和工业副产氢丰富的区域推广中大型客车、物流车，逐步推广至载重量大、长距离的中重卡、牵引车、港口拖车及乘用车等。

整体来看，国内燃料电池重卡处于起步阶段，不同的应用领域需要探寻不同的技术路线。目前燃料电池重卡已基本完成燃料电池系统、动力系统和整车的集成与性能研发，进入商业化示范阶段。但偏低的燃料电池系统功率以及尚不足的车载储氢能力限制了燃料电池重卡的发展。后续的发展中，仍然有一些技术领域需要突破，如核心部件、系统集成、关键材料等领域。同时也需要推进加氢基础设施建设以及燃料电池重卡规模化的示范运行。

1.2.4.6　什么因素阻碍了燃料电池汽车商业化？

在上一小节中我们已经了解到了氢能源的诸多优点，在初中化学课本里我们也学到了氢气燃烧产物只有水，是一种非常清洁的能源，那么为什么已经到了21世纪氢能源还没有普及呢？其实早在20世纪70年代，液态氢就已经应用于美国的双子星5号太空船和阿波罗宇宙飞船上，美国也因此成为了世界上第一个应用氢能源技术的国家。

然而成本问题始终是氢能源技术发展上的最大障碍，也因为成本问题，20世纪末期到21世纪初期，氢能源的使用基本处于停滞状态，这种情况一直持续到2014年。在那一年日本燃料电池技术取得突破，丰田和东芝公司在全球首推燃料电池汽车MIRAI，它的续驶里程达到500km，同时补充氢燃料仅需3min（图1-150）。自此，氢能源在交通领域的应用又重新回到大众视野中。

图1-150　丰田燃料电池汽车2015款MIRAI

目前燃料电池已经在航天航空、家庭热电联供以及商用车等各个领域得到使用。从全球角度来看，日本的积极推动使得氢燃料电池汽车得以面世；从市场的角度看，能最大程度利用氢燃料电池的还是交通运输领域。

氢燃料电池技术的发展，为氢燃料电池在汽车上的使用铺平了道路，可是多数资本却并没有选择进军燃料电池汽车领域而选择了锂电池汽车，原因之一就在于氢燃料电池的燃料——氢气，它的制备、储存、运输的成本让燃料电池汽车的成本大大增加。毕竟传统燃油车已经发展得十分完善，加氢站也不像加油站那样普及，这一系列因素都在阻碍燃料电池汽车进军主流汽车市场的步伐。

接下来我们聊一下氢能源产业链，也就是为什么氢气作为燃料，它的成本会如此高昂。氢能源产业链包括氢气的制取、氢气的储存、液氢的运输以及最后氢气的利用（图 1-151）。氢燃料电池的发展已经可以满足最后一项——氢气的利用，然而作为氢能源产业链基础的氢气的制备，以及氢能源产业链生命线的氢气的储存和运输还亟待发展。

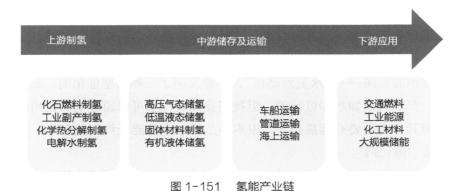

图 1-151　氢能产业链

（1）氢能产业链上游：氢气的制备

氢气的来源主要有三种：电解水制氢、天然气等化石燃料重整制氢、工业副产氢提纯制氢。

1）电解水制氢。电解水制氢是指利用太阳能、风能等可再生能源进行发电，并利用此电能对水进行分解而获得氢气的方式。通过这种方式制氢后的产物除了氢气外，仅剩纯氧，因此被评为最环保的制氢方式。但是，全世界采用水电解方式生产氢的基础设施还很不足，伴随氢气消耗量逐年增加，中长期来看，这将是有效的制氢方式。

2）重整制氢。通过天然气在高温、高压下与水蒸气发生化学反应而产生纯氢，是最普遍采用的制氢方式，占全世界氢产量的一半之多。如果天然气的供给稳定持续，就可以无障碍持续性制氢。此制氢过程中产生的二氧化碳气体可以作为饮料或灭火器等所需的生产原料加以二次利用。

3）副产氢。副产氢是指在石油化工工艺中生产主产品的过程中附带生产出氢气。在石油化工产业发达的国家，副产氢的产量很高。由于副产氢是作为副产品生产出来的氢气，其产量很有限。但由于不存在制氢设备相关的追加投资费用，副产氢具有经济性高的优点。

不同的制氢方式，优缺点也不尽相同，见表 1–20。

表 1–20 不同制氢方式的优缺点

制氢方式	优点	缺点	备注
电解水制氢	技术成熟、产氢杂质少、电力资源丰富、制氢过程碳排放量低、环境友好	能耗高、有能量损失、成本较高，减排效果受电力来源结构影响	利用核能、风能、水能、太阳能等可再生能源，电解水制氢将清洁无排放
重整制氢	技术成熟、成本低，适合大规模制氢	排放量高、气体杂质多	我国现阶段氢气主要来源
副产氢	成本低、来源广泛、提纯技术成熟、回收过程碳排放量低、环境友好，适合大规模制氢	提纯工艺相对复杂	我国氯碱工业、焦炉煤气副产氢资源丰富

电解水制氢和重整制氢这两种方法与节约能源保护环境的可持续发展目标相悖，因为用这两种方法制备氢气本身就可能造成资源的浪费与环境的污染。关于电解水产生氢气还有一个有趣的新闻——"水氢发动机"，号称发明了一种新型催化剂，车载水可以实时制取氢气，车辆只需加水即可行驶。但我们要知道，水可以通过电解作用被分解成氢气与氧气，但其中必须要有能量介入，根本不是只加水就能让汽车跑起来，这种能量也根本不是什么"催化剂"。

从表 1–21 中可以看出在制氢成本上，采用的方式不同，所需成本有较大差异。目前我国最成熟、最便宜的氢气制备方式是煤制氢，其成本大约为天然气制氢的 70% ~ 80%。虽然煤制氢产业成熟、产量大、成本低，但是其生产方式仍然消耗大量的化石燃料，在制氢过程中碳排放量较大，而且会造成一定的环境污染。

表 1–21 中国各类制氢技术成本对比

制氢种类	制氢方式	能源价格	制氢成本 /（元 /kg）
电解水制氢	低谷电	0.3 元 /kW·h	20
	大工业用电	0.6 元 /kW·h	38
	可再生能源弃电	0.1 元 /kW·h	10
重整制氢	天然气	3 元 /m³	13
	煤炭	550 元 /t	10
副产氢	—	—	8~14

就现阶段来看，选择成本较低、氢气产物纯度较高的工业副产氢制备氢气更为合理。相比较而言，工业副产氢除了生产规模上的劣势，其他主要指标均优于煤制氢。

各种化工过程，比如电解食盐制碱工业、合成氨化肥工业，会产生大量的副产气体，但是由于其中氢气浓度低等问题，在氢气回收技术不过关的年代，采取的多数办法是直接燃烧掉。我国每年 95% 以上的工业副产氢都没有得到充分的利用，氢气提纯技术还在发展之中，如果氢气回收技术与提纯技术得到发展，工业副产氢就可以作为合适的氢气来源。

电解水制氢主要是利用可再生能源如风电、光电等进行发电，将产生的电力作为动力生产氢气，其成本与电力成本高度相关。尽管电解水制氢清洁、无污染、制氢纯度高，但制氢产业不能直接利用风电或光电进行生产，其成本较高，约为 20~22 元 /kg。随着风电、光电上网规模不断扩大和技术持续进步，可再生能源制氢的成本仍有大幅下降的空间。如果利用趋于成熟的 Power to Gas（PtG）技术，将可再生能源产生的无法并网的弃电用以电解水制氢，其制氢成本颇具优势，同时还可以解决可再生能源的消纳问题（图 1-152）。

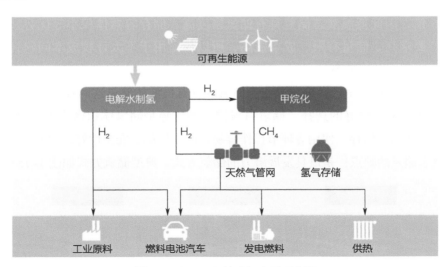

图 1-152　PtG 技术与应用示意图

（2）氢能产业链中游：氢气的储运

氢气制备成功后还需要安全的储存与运输，然而由于氢气本身的性质导致氢气的储运难度非常大，高密度储氢一直是一个世界级难题。

安全高效的储存技术是实现氢能利用的关键。目前主要分为两大类：物理储氢与储氢材料储氢。其中较为成熟且前景较好的氢气储氢方式有高压气态储氢、低温液态储氢、金属氢化物储氢以及有机液体储氢这四种（表 1-22）。对于氢气的规模化储存和运输，尽管迄今已研发出多种技术和手段，但目前工业上最可行的仍只有高压气态储氢和低温液态储氢。

表 1-22　四种储氢方式对比

储氢方式	质量储氢密度（wt%）	体积储氢密度 /（g/L）	应用领域
高压气态储氢	4.0~5.7	~39	大部分用氢工业，如车用、化工、运输等
低温液态储氢	>5.7	~70	航天、电子、运输等
金属氢化物储氢	2~4.5	~50	军用（潜艇、船舶等）、特殊用途
有机液体储氢	>5.7	~60	车用、运输等

高压气态储氢是现在最常用并且发展比较成熟的技术，储存方式是采用高压将氢气压缩到一个耐高压的容器里，其储存量与压力成正比。它的优点是结构简单、压缩氢气制备能耗低、充装和排放速度快；缺点是安全性能较差，且体积比容量很低，储氢密度受限，因此只能作为过渡阶段使用，并非理想的长期储氢选择。

低温液态储氢是一种可实用化的储氢方式，由于低温液态氢的密度是常温常压下气态氢的 845 倍，因此低温液态储氢具有储氢密度高、储存容器体积小等优势。但由于其对储存容器要求高、储量有限、成本极高，所以仅适用于不太计较成本问题且短时间内需迅速耗氢的航空航天领域。

与前两种储氢方式比较，金属氢化物储氢以及有机液体储氢这两种利用储氢材料来储氢的方式就成为未来较好的选择。储氢材料储氢的优势是储氢体积密度大、储存空间少，且氢气装载、运输、储存、使用等环节操作容易，成本较低、安全性好，弥补了高压气态储氢和低温液态储氢的缺点，是最具发展潜力的储氢方式。典型储氢方式如图 1-153 所示。

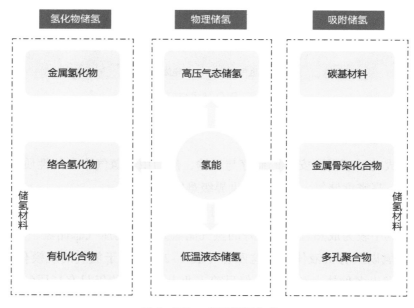

图 1-153　典型储氢方式

在氢气运输方面，主要有容器运输和管道运输两种运输方式。

氢气可以以压缩气体、液体或者存储在氢化物的形式进行容器运输。近距离的氢气运输主要采用长管拖车进行输送。洲际间的氢气运输可利用船舶集装箱液态运输，类似于当今液化天然气的运输方式。液氢的密度比天然气要低很多，因此运输成本更高。此外，氢的洲际运输还存在其他安全问题，如容器泄漏、氢气装填和卸载时发生事故以及船只碰撞等。

氢气运输的另一个主要方式就是管道运输。由于氢气与天然气性质相似，氢气在管道中的运输方式也与天然气极为类似。但是氢气的管道运输还要解决一些问题，例如，氢气的扩散损失大约是天然气的 3 倍，材料吸附氢气后产生脆性，需要增加大量气体监测仪器与设备，这也使得运输过程中的成本大大增加。

（3）氢能产业链下游：加氢站的建设

加氢站是氢能大规模应用的关键性基础设施，要实现燃料电池汽车的商业化，建设加氢站是必要的（图 1-154）。加氢站建设运营成本较高，目前，中等规模的加氢站平均建站费用约 1000 万 ~2000 万元，其中最为关键的设备压缩机依赖进口，成本占到总成本的约 27%；其次是储氢和加氢设备，分别占总成本的 20% 和 16%。建设一座固定式加氢站的投资成本按照 1500 万 ~2000 万元计算，即使扣除掉政府补贴的 300 万 ~500 万元，其投资成本仍然高达传统加油站的 2~3 倍。尽管国家及各省市均出台针对加氢站建设的补贴政策，高昂的建设成本依然是加氢站规模化发展的最大障碍。氢能市场目前以公交、物流车示范为主，需要与公交公司、政府部门协调，推动示范项目实施，但由于运营成本高，短期内赢利空间不大，目前推进动力不足。在氢燃料电池技术得以突破之后，加氢站的覆盖率也是氢燃料电池汽车步入市场的最后也是最重要的一个环节。

图 1-154　加氢站

　　总的来说，我国的氢能产业链还不够完善，尚处于初步发展阶段。从制氢、储氢运氢到氢能的多方式利用，整个产业链上中下游，我国大多数都有涉猎，但发展仍处于局限在少数地区的试点示范阶段，发展总量也比较有限，需要加快发展。随着氢能产业链的不断深入和氢能在各个领域的规模化应用，目前成本过高、技术瓶颈、技术标准不统一等制约氢能发展的瓶颈问题会逐步得以解决。随着氢能产业链建设标准更加健全、审批管理制度更加规范、发展政策更加明确，国内氢燃料电池汽车将迎来黄金发展阶段，相信随着氢能产业链越来越完善，燃料电池汽车也会迎来真正的商业化。

第2章
智能汽车

本章要点

　　我们都曾幻想过这样的场景：在一辆行驶的汽车上，并没有人掌控方向盘，所有乘客在车内办公、观影，甚至玩游戏、进餐，车内空间也不是像现在这样狭窄的两排座椅，而是像宽敞的小客厅一样桌椅俱全，人机交互不再局限于按键或者触屏控制，而是包括了语音、影像等更多样的方式。现在智能汽车已经在逐步帮助我们实现这些曾经的幻想，它采用先进的计算机科技和通信技术，使汽车具备更高级别的自动驾驶和与外部环境的实时交互能力。

　　本章将介绍智能汽车的发展历程、基本原理以及自动驾驶和车联网两个关键领域的技术与应用。

　　通过对本章的学习，你将能够全面了解智能汽车的概念、技术和应用，并深入了解自动驾驶和车联网两个关键领域的发展现状和前景。期望本章能为你提供有关智能汽车的科普知识。看完这一章，你对于未来汽车一定会有自己的见解，你认为它将是什么样的呢？和你的伙伴们交流一下吧！

2.1　自动驾驶技术

2.1.1　初识自动驾驶技术

2.1.1.1　什么是自动驾驶技术?

　　智能一词已经逐渐走进大众的生活，从手机到笔记本电脑的智能数码产品，从台灯到冰箱的智能家电，从服饰到飞机的智能材料，科技的发展赋予了人们无数便利，满足了人们更高需求。当智能放在汽车上，又会在哪些方面起作用呢？

　　智能汽车包含智能驾驶、智能交互和智能服务（表2-1）。智能交互相当于输入点，人可以主动输入需求，或是由汽车识别需求；而智能驾驶和智能服务是输出点，汽车为人提供舒适的驾驶与服务体验。

表 2-1　智能汽车的三大要素

智能交互	智能驾驶	智能服务
需求输入或主动识别需求	车辆控制及驾驶功能	与人、生活相关密切的服务
➢ 语音交互 ➢ 手势／面部识别及生物体征监测	➢ 辅助驾驶 ➢ 智能安全 ➢ 车辆智能控制 ➢ 智能地图	➢ 后市场服务 ➢ 出行服务 ➢ 社交娱乐及生活服务

　　驾驶的安全、高效和舒适性理所当然是人类的不懈追求。如何帮助驾驶员从枯燥而危险的驾驶行为中解放出来？自动驾驶技术便成了实现这一需求的必要技术。

　　自动驾驶汽车是一种通过计算机系统实现无人驾驶的智能汽车。自动驾驶不仅包括单车自动驾驶，也包括车路协同，它通过环境感知、智能决策、控制执行三个重要组成部分，实现在不需要人类干预的情况下完成驾驶任务的能力。

二维码视频 2-1
毫末智行自动驾驶
宣传片

　　智能汽车本质依然是汽车，可以是传统的燃油汽车，也可以是不同驱动形式的新能源汽车。它基于摄像头、雷达、GPS 等传感器或系统模块，通过环境感知技术获取车辆的环境信息，然后通过对道路、车辆、行人、交通标志、交通信号等信息进行识别做出决策，再通过包括方向盘、加速踏板、制动踏板等执行器执行操作，从而保障行驶的安全性和舒适性，其主要由环境感知层、智能决策层、控制执行层三个部分组成，如图 2-1 所示。

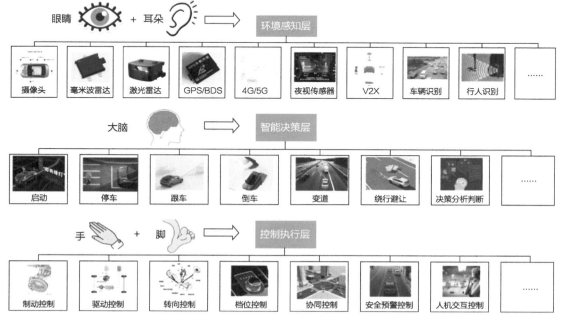

图 2-1　智能网联汽车的构成

环境感知层是智能网联汽车的"眼睛"和"耳朵"，通过雷达、摄像头等多种传感器的协调合作，实现对车辆周围环境的全覆盖。常用的传感器包括激光雷达、毫米波雷达、摄像头、超声波传感器等。激光雷达可以测量周围物体的距离和形状；毫米波雷达可以探测物体的位置和速度；摄像头可以捕捉图像信息；超声波传感器可以检测距离和障碍物等。

智能决策层是智能网联汽车的"大脑"，通过各类控制器对环境感知层输入的信息进行集中融合处理，以决策判断车辆将要执行的操作。传感器获取的数据将被送入自动驾驶系统中进行处理，算法会对传感器数据进行分析和处理，从而理解周围环境的状态和对象的位置。通过模式识别、目标检测和跟踪等技术，系统可以识别障碍物、道路标志、交通信号等，并做出相应的决策，比如避让障碍物、变道超车等。

控制执行层是智能网联汽车的"手"和"脚"，其接收智能决策层的指令并对车辆进行操作和协同控制，以保障汽车的安全行驶和舒适驾驶。自动驾驶系统通过执行机构来控制车辆的运动。执行机构包括制动系统、转向系统和加速系统等。根据感知与决策的结果，自动驾驶系统会向执行机构发送相应的指令，控制车辆的加速、制动和转向，从而实现自动驾驶。

在自动驾驶的各个环节中，都需要有硬件系统和软件系统的支持，接下来让我们一起了解它们的具体组成架构吧。

（1）硬件系统

1）主计算平台：自动驾驶需要强大的计算能力来处理大量的数据和算法。主计算平台包括高性能的处理器、内存和存储设备等。这些计算平台通常运行着复杂的自动驾驶算法和模型，包括目标检测与识别、道路拓扑建模、路径规划、动态决策等。通过对感知数据的处理和分析，主计算平台能够实现车辆的环境感知、障碍物识别、车道保持、自主导航等功能。除了处理感知和决策任务，主计算平台还需要与其他部分（如执行单元、传感器接口、通信模块等）进行高效的数据交互和协同工作，以确保整个自动驾驶系统的正常运行和协调。

2）传感器装置：自动驾驶需要多种类型的传感器来感知周围环境。这些传感器包括激光雷达、摄像头、毫米波雷达和定位传感器等。它们的工作原理和技术特性各不相同，这也就决定了其适用的场景有所不同。现在的大部分车辆都是采用多种传感器相融合的方式以应对各种可能发生的情况，从而保证较好的实际使用效果。

3）通信和传输设备：自动驾驶需要与其他车辆、道路设施和交通管理系统进行通信，通过通信设备可以获取实时的交通信息，与其他车辆进行协同控制。同时还有线控系统，就是用导线（电信号）的形式来取代机械、液压或气动等形式的连接，实现电子控制，从而不再需要驾驶员动作的输入。

（2）软件系统

1）感知与决策算法：感知与决策算法是自动驾驶的核心。它们可以分析传感器数据，识别周围环境中的物体和路况，并做出相应的决策。

2）地图与定位系统：地图和定位系统是自动驾驶的基础。它们可以提供精确的车辆定位信息和地图数据，包含地图全局车道、曲率、坡度、红绿灯、护栏情况等信息并定位到具体车道，为自动驾驶系统提供准确的参考。

3）预测和规划算法：根据感知到的信息和地图定位给出的详细数据，规划出一条到达目的地的行进路线，以及在出行过程中汽车所处位置的精细轨迹和车辆状态。

4）控制与执行算法：控制车辆硬件进行操作，将决策得出的指令通过电信号传输到执行机构，控制汽车状态的变化。

看完这么多自动驾驶相关的介绍，我们可以知道这是一种非常酷的创新，也是非常厉害的技术。然而，自动驾驶还面临着一些挑战，比如说，它需要有很多先进的技术和法规来支持它的发展。不过，我们可以相信，随着时间的推移，自动驾驶会越来越完善，变得更加普遍，给我们带来更多便利和快乐。

2.1.1.2　自动驾驶如何分级？

自动驾驶汽车是一种通过计算机系统实现无人驾驶的智能汽车。自动驾驶不是一蹴而就的，从人类完全操控汽车，到计算机系统完全操控汽车，计算机系统也需要一点一点地将车辆的操控权从人类手中接管过来（图2-2）。

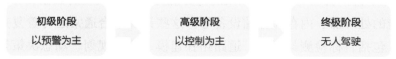

图2-2　自动驾驶发展阶段

接管的顺序自然是由浅入深、从易到难。至于如何更具体地划分，让我们来了解一下权威的标准。

从全球范围内来看，对于自动驾驶等级的判定是有不同的标准的，比较主流的判定标准来自 SAE International（Society of Automotive Engineers，国际自动机工程师学会）2014 年 1 月制定的 J3016 自动驾驶分级标准，其将自动化的描述分为 L0~L5 一共 6 个等级，用来明确不同级别的自动驾驶技术之间的差异性。随后在 2014 年 1 月的第一版、2016 年 9 月的第二版、2018 年 6 月的第三版之后，在 2021 年 5 月，SAE International 与 ISO（International Organization for Standardization，国际标准化组织）共同宣布将其更新为 J3016_202104，其中将 6 个级别的自动化驾驶进行了分类，并对相关分类进行了详细的定义，见表 2-2。由于 SAE 的分级体系较为严谨且详细，对于自动驾驶技术发展

表2-2 SAE J3016_202104 自动驾驶分级标准

分级		L0	L1	L2	L3	L4	L5
名称		无自动化	驾驶员辅助	部分自动化	有条件自动化	高度自动化	完全自动化
DDT	定义	人类驾驶员执行整个DDT①，即使通过主动安全系统得到增强	由驾驶自动化系统持续并针对ODD②执行DDT的横向或纵向车辆运动控制子任务（但不能同时执行），期望驾驶员执行DDT的剩余部分	由驾驶自动化系统持续并针对ODD执行DDT的横向和纵向车辆运动控制子任务，期望驾驶员完成OEDR③子任务并监测驾驶自动化系统	在常规操作下，在ODD范围内由ADS持续执行整个DDT，或其车辆ODD范围，当超出车ODD范围，或其车辆相关的系统中与DDT性能有关的系统故障时，期望准备DDT接管用户能接受系统发出的干预请求，并做出适当的反应	由ADS④持续并针对ODD执行整个DDT及DDT接管，不期望用户干预	由ADS持续和无条件地（即不针对ODD）执行整个DDT及DDT接管，不期望用户干预
	持续横向和纵向的车辆运动控制	人类驾驶员	人类驾驶员和系统	系统	系统	系统	系统
	OEDR	人类驾驶员	人类驾驶员	系统	系统	系统	系统
DDT接管		人类驾驶员	人类驾驶员	人类驾驶员	接管就绪用户	系统	系统
ODD		不适用	受限	受限	受限	受限	全域

① DDT: Dynamic Driving Task, 动态驾驶任务。
② ODD: Operational Design Domain, 运行设计域。
③ OEDR: Object and Event Detection and Response, 目标物和事件检测与响应，是DDT的子任务。
④ ADS: Automated Driving System, 自动驾驶系统。

的趋势有较好的预见性，因此在 2016 年被美国交通运输部确立为行业参照标准，并成为了目前最常用的自动驾驶分级标准。

表 2-2 中，L0 表示无驾驶自动化，L1 表示驾驶员辅助，L2 表示部分驾驶自动化，L3 表示有条件的驾驶自动化，L4 表示高度驾驶自动化，L5 表示完全自动化。如果简单来理解的话，L3 是个分水岭，L0~L2 三个级别被划分为驾驶员支持系统，而 L3~L5 则被划分为自动驾驶系统，划分的依据便是：驾驶员是否需要时刻监管车辆。不同等级对驾驶主体的驾驶操作、周边监控等有着不同的要求。其中，驾驶操作和周边监控被统一归类为动态驾驶任务（DDT），意思是汽车在道路上行驶所需的所有决策类的行为。支援是指动态驾驶任务支援（DDT Fallback），由于车辆可能产生故障导致系统无法工作，或是实际行驶状况超出了系统原有的运行设计范围之外，这时就需要考虑车辆控制权是否交还给人类驾驶员。运行设计域（ODD）则是自动驾驶系统被设计的起作用的条件及适用范围。

在我国，针对自动驾驶功能的国家推荐标准 GB/T 40429—2021《汽车驾驶自动化分级》于 2022 年 3 月 1 日正式实施。根据该标准，驾驶自动化系统划被分为 0 级（应急辅助）、1 级（部分驾驶辅助）、2 级（组合驾驶辅助）、3 级（有条件自动驾驶）、4 级（高度自动驾驶）、5 级（完全自动驾驶）共 6 个等级。这 6 个等级也有着对应的 6 个定义，具体见表 2-3。

它与 SAE 标准主要有以下不同点：

1）SAE 标准下将 0 级称为无驾驶自动化，在中国版标准中则是应急辅助，驾驶员能够掌握驾驶权，系统可感知环境，并提供报警、辅助或短暂介入驾驶，作为一个提升安全性的基础分支，更加便于理解。

2）针对 0~2 级自动驾驶，中国版标准中的"目标和事件探测与响应"，由驾驶员及系统协作完成，而 SAE 标准认定 OEDR 全部由人类驾驶员完成。

3）中国版标准在 3 级自动驾驶中明确增加对驾驶员接管能力监测和风险减缓策略的要求，明确最低安全要求，减少实际应用中的安全风险。

除此之外，在国际上，还有德国汽车工业联合会（VDA）、德国联邦交通研究所（BASt）也对自动驾驶等级进行了划分，但大致上与 SAE JA3016 的划分较为相近。

不过，上述的分类标准，还是过于专业了一些，我们不妨看看一个来自于国际自动机工程师学会的一个简要汇总，如图 2-3 所示，会更简单直观一些。

下面以我们较为耳熟能详的具体功能为例，对不同等级的自动驾驶汽车来做一个更直观的了解。

表 2-3　我国标准中驾驶自动化等级与划分要素的关系

等级	名称	定义	持续的车辆横向或纵向运动控制	目标和事件探测与响应	动态驾驶任务后援	设计运行范围
0 级	应急辅助 （emergency assistance）	系统不能持续执行动态驾驶任务的车辆横向或纵向运动控制，但具备持续执行动态驾驶任务中的部分目标和事件探测与响应的能力	驾驶员	驾驶员及系统	驾驶员	有限制
1 级	部分驾驶辅助 （partial driver assistance）	系统在其设计运行条件下持续执行动态驾驶任务中的车辆横向或纵向运动控制，且具备与所执行的车辆横向或纵向运动控制相适应的部分目标和事件探测与响应的能力	驾驶员及系统	驾驶员及系统	驾驶员	有限制
2 级	组合驾驶辅助 （combined driver assistance）	系统在其设计运行条件下持续地执行动态驾驶任务中的车辆横向和纵向运动控制，且具备与所执行的车辆横向和纵向运动控制相适应的部分目标和事件探测与响应的能力	驾驶员及系统	驾驶员及系统	驾驶员	有限制
3 级	有条件自动驾驶 （conditionally automated driving）	系统在其设计运行条件下持续地执行全部动态驾驶任务	系统	系统	动态驾驶任务后援用户（执行接管后成为驾驶员）	有限制
4 级	高度自动驾驶 （highly automated driving）	系统在其设计运行条件下持续地执行全部动态驾驶任务并执行自动最小风险策略	系统	系统	系统	有限制
5 级	完全自动驾驶 （automated driving）	系统在设计运行条件下持续地执行全部动态驾驶任务并执行自动最小风险策略	系统	系统	系统	无限制

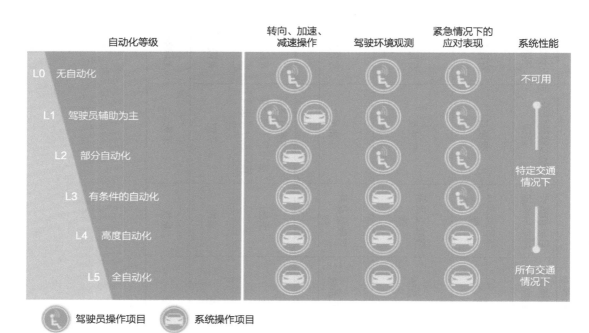

来源：国际自动机工程师学会；BCG分析

图 2-3　L0~L5 驾驶自动化的简要描述

在 L0 级别，汽车只能通过雷达等传感器进行环境探测和报警，如车道偏离预警（LDW）就能够识别车辆在未开启转向灯时偏离原车道的趋势，向驾驶员发出提醒，汽车接下来如何行驶还是全要听驾驶员的。

到了 L1 级别，自适应巡航控制系统（ACC）、自动紧急制动（AEB）可以控制车辆的加减速，比 LDW 更为高级的车道保持辅助系统（LKA）则可以控制车辆的横向运动，只要汽车具备了其中某一个功能，就认为到达了这一等级。在这一等级下，自动驾驶系统稍稍地分担了一些任务，可以在一定程度上解放驾驶员的双脚或是双手。

在 L2 级别，上述三个功能就成为了基本配置，驾驶员有了"左膀右臂"，肩上的担子更少了，关注路况、随时干预即可。除此之外，不少汽车还搭载了并线辅助、倒车侧向制动等各种主动安全辅助系统，形成了所谓的"L2+ 自动驾驶"。

接着到了 L3 级别，汽车才算是真正进入了自动驾驶的级别。之所以这么说，是因为 L2 和 L3 技术之间存在了相当大的跨度。对于 L3，一旦开始运行自动驾驶系统，汽车就能完全自动驾驶，驾驶员无需干预，只要在系统提示需要人类接管时及时介入即可。例如，奥迪 A8L 的 Traffic Jam Pilot 系统，当车速小于或等于 60km/h，并且行驶在车道线清晰、双向车道中央有隔离带的主干道或者高速公路上时，用户可以启动道路拥堵状况下的自动驾驶，实现跟车、起步和变道。从辅助驾驶到自动驾驶，汽车正变得越来越有自主意识。但在实际应用中，驾驶员虽不用驾驶汽车，却因为要保持警惕、随时待命，也不能投入娱乐活动，可能更是一种考验了。

而到了 L4 级别时，驾驶员就可以完全不关心驾驶了，且就算发生意外或系统失效，汽车自己也可以解决；但车辆只能限定区域行驶，比如封闭的工业园区。L5 级别则完全属于无人驾驶，只要有可通行的人类能够驾驶的道路，汽车自己就能行驶。

从这些定义中我们可以看出，此前部分汽车厂商大力宣传的所谓的"完全自动驾驶"，在当下的实际道路应用场景中并不存在，因为完全自动驾驶的定义是在任何道路和环境条件下，都不要求驾驶员接管驾驶。而这种级别的自动驾驶，目前只有少数厂商在封闭的测试道路上实现过。量产车型最高只停留在 L3 级别，即"功能要求时，驾驶员必须接管"。

全球首个量产 L3 级别的车型为 2018 款奥迪 A8，如图 2-4 所示。当车速低于60km/h，奥迪 A8 的自动驾驶系统可接管驾驶任务，将驾驶员的双手、双脚、双眼"解放"出来。然而不久后，奥迪便放弃了 L3 自动驾驶的推广，转而全力发展 L2 和 L4 自动驾驶技术。

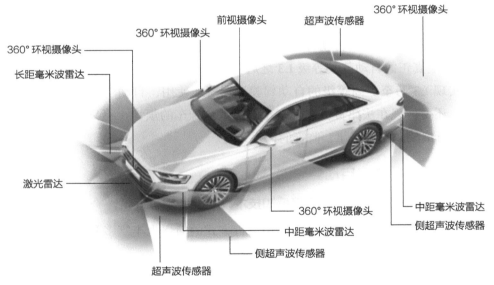

图 2-4　全球首个量产 L3 级别的车型 2018 款奥迪 A8

值得一提的是，埃隆·马斯克曾经多次宣称要在 2020 年年底实现完全自动驾驶，特斯拉搭载的 FSD 完全自动驾驶套件也已经售卖多时，但在其 2020 年年底写给美国监管机构的邮件中，特斯拉"私下"承认了所谓的自动驾驶只有 L2 级别的驾驶辅助功能。

就目前来看，L2 级别的辅助驾驶已经比较普遍，L3 级别驾驶辅助功能也已经有部分车型在尝试。但更高级别的自动驾驶能否实现，就要打个问号了，消费者在购车时应该注意甄别。

目前，我国量产汽车的自动驾驶等级正在从 L2 向 L3 过渡，L4 级别自动驾驶技术也在研发测试中。根据"百度 Apollo 智能交通白皮书"，预计 2035 年后可完全实现无人驾驶（图 2-5）。

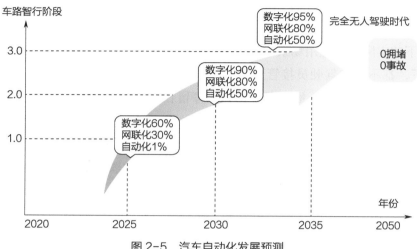

图 2-5　汽车自动化发展预测

从辅助驾驶一步步走向自动驾驶，汽车接手了驾驶员的工作，有了行驶的"生杀大权"，而在迈上真正的自动驾驶等级 L3 之后，汽车也必须接手"行驶事故责任人"这一身份。要实现 L3 乃至更高等级的自动驾驶汽车落地使用，自动驾驶的安全不仅要体现在道路上，还要体现在法律责任上。真正解决大众开车的烦恼，不只是攻克技术难题这么简单，不可或缺的还有法律、监管的携手并行。

2.1.2　环境感知：自动驾驶的"眼睛"

2.1.2.1　从自动驾驶事故看环境感知技术

技术的发展日新月异，人们对于未来出行方式的憧憬也丰富多彩。在自动驾驶热浪袭来的时代，越来越多的人将目光锁定在这片蓝海。

然而，在 2016 年 5 月 7 日，美国佛罗里达州一辆特斯拉 Model S 在"自动驾驶"模式下发生了车祸，导致车主身亡，这是首例涉及汽车"自动驾驶"功能的交通死亡事故。

事发当天，这辆 Model S 正行驶在一条双向、有中央隔离带的公路上，车主开启了特斯拉的自动驾驶系统（Autopilot），此时一辆白色的拖挂车以与 Model S 垂直的方向穿越公路。

当时日照十分强烈，车主和自动驾驶系统都未能注意到拖挂车的白色车身，因此未能及时启动制动系统。由于拖挂车正在横穿公路，且车身较高，这一特殊情况导致 Model S 碰撞拖挂车底部时，其前风窗玻璃与挂车底部发生撞击，车主当场死亡。特斯拉与白色拖挂车的车祸现场如图 2-6 所示。

图 2-6　车祸现场

这条新闻不仅给消费者带来了恐惧、不安和愤怒的情绪，还给自动驾驶这个新兴的蓝海产业带来了巨大的冲击。本节将会就该事故的技术层面来带领大家了解一下，自动驾驶安全的眼睛——环境感知技术。

首先我们来了解一下特斯拉的自动驾驶原理。它是由传感器、控制器和执行器组成。传感器负责感知周围的环境把信息传递给控制器，控制器结合各传感器的数据产生决策指令告诉执行器，让执行器执行控制请求。这样就可以通过感知路面的数据控制汽车自动行驶了。特斯拉的自动驾驶系统（Autopilot）传感器分布如图 2-7 所示。

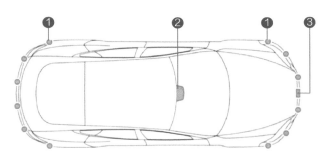

图 2-7　Autopilot 传感器分布

图 2-7 中，①为超声波传感器，位于前后保险杠附近；Autopilot 共有 8 个摄像头：前向 3 个摄像头（位于风窗玻璃后），②属于其中之一，位于车内后视镜下方，以及 2 个侧方前视摄像头（分别位于左、右 B 柱）、2 个侧方后视摄像头（分别位于左、右侧后视镜下方翼子板位置）、1 个后视摄像头（位于车尾）；③是安装在前进气格栅处的 77G 毫米波雷达。超声波传感器可以探测车周围的障碍物，探测距离约为 5m；8 个摄像头覆盖车辆周围 360° 全视野，用于识别车道线、标识、车辆速度等；毫米波雷达则负责探测车辆前端 150m 距离的障碍物。这些传感器的探测范围示意图如图 2-8 所示。

从特斯拉自动驾驶系统的硬件配置上看这个事故显得更加离奇，拥有前视摄像头和探测距离达 150m 的毫米波雷达，为何 Model S 会感知不到体型巨大的白色拖挂车？

让我们带着这个问题，一起先来看一看自动驾驶中的环境感知技术。

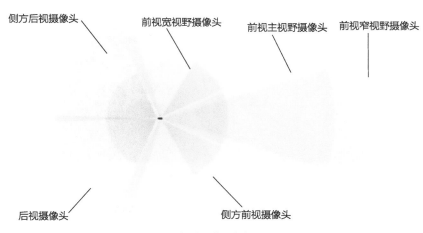

图 2-8　传感器探测范围示意图

随着技术的发展，现如今，自动驾驶系统包含环境感知、决策规划和执行控制三个方面，整个自动驾驶的技术架构如图 2-9 所示。

自动驾驶技术架构

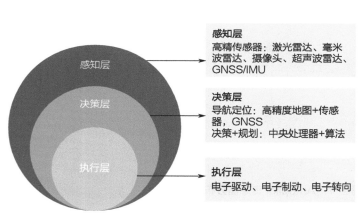
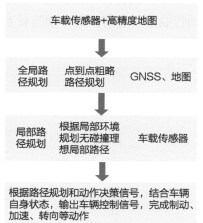

图 2-9　自动驾驶技术架构

而环境感知技术主要分为两种：纯视觉控制技术和多传感器融合技术。其中纯视觉控制是自动驾驶环境感知的最主要的方式，也是我们首先介绍的一种技术。

纯视觉控制方案以特斯拉为代表，仅依靠车载单目、双目或夜视摄像头搜集环境信息，从不同角度全方位拍摄车外环境，再通过图像识别技术识别近距离内的车辆、行人和交通标志等，完成车道线检测、障碍物检测和交通标志识别等任务。将采集到的图像传输到汽车控制系统中进行分析，就是将 2D 图像映射到 3D 空间中，就像是用人眼睛来捕捉周围环境的信息然后传输给大脑进行决策一样。

二维码视频 2-2
理想 ONE 交通信
号灯识别

摄像头一般提供 RGB（颜色值）数据，没有深度信息，虽然可以利用双目摄像头获取一些深度信息，或者用算法基于单目摄像头做一个深度信息的融合，但是在实际使用过程中误差是很大的，而且单目摄像头在每次使用前都需要做一次标定，非常麻烦，因此业界一般只使用摄像头的 RGB 信息。

摄像头工作的时候，对光照的条件要求比较高，需要一个好的、稳定的光照条件。从前述的特斯拉事故中我们就可以发现，当天的太阳特别刺眼，严重影响了摄像头的识别。其他一些恶劣条件下，比如大雪、大雨、大雾天气以及前方车辆遮挡视线等，如图 2-10 中的情况，同样会干扰甚至致盲摄像头。

图 2-10　大雪、大雨、大雾和遮挡视线等恶劣条件

在能见度较低时，摄像头的效果并不理想，其测距精度远不如毫米波雷达和激光雷达，但它能够提供边缘识别，具有扩展对象的姿势和分类的巨大潜力。作为外部环境感知技术手段，视觉感知是智能驾驶环境感知领域不可或缺的重要组成部分。

正因为视觉感知具有上述缺陷，所以自动驾驶车辆往往还会配置雷达，即多传感器融合方案。多传感器融合方案以 Waymo、百度、华为等为代表，其通过车载摄像头、毫米波雷达、激光雷达等传感器一起收集车辆的周边环境的二维或三维距离信息，其中的重点之一便是引入了激光雷达，可以辅助快速构建环境 3D 模型。举个例子，针对激光雷达扫描到的物体，它可以先计算出远近，相当于眼睛看到的物体直接就带有远近距离的信息，这样可以减少计算机的很多计算工作。

纯视觉控制方案与多传感器融合方案的对比见表 2-4。

二维码视频 2-3
小鹏 P5-360 全景
影像系统双重感知

表2-4　纯视觉控制方案与多传感器融合方案的对比

方案	纯视觉控制方案	多传感器融合方案
代表厂家及产品	特斯拉 Model 3	谷歌 Waymo
传感器配置	毫米波雷达 ×1 超声波传感器 ×12 摄像头 ×18（环绕车身）	车顶自研激光雷达 ×1 短距离激光雷达 ×4（前后车牌处、前轮轮拱处） 全车摄像头 ×29（车顶、车身四周等） 自研毫米波雷达 ×4（车顶四角、前轮轮拱处） GPS、IMU 等传感器 传声器阵列 ……
感知效果	最远探测距离 250m 强大的视觉处理能力	全新激光雷达检测距离达 300m 全新摄像头可识别 500m 外的交通标识 成本较上一代降低 50%

在当下，选择多传感器融合方案的车企占多数。从表面上来看，二者只是在传感器的选择上存在较大的差别；从本质上来看，主要还是当前传感器技术、传感器成本、数据计算性能等的现状与车规级要求之间存在较大的差距。因此，"傻瓜才用激光雷达"这一说法在当下是无法成立的，两种不同路线之争并无高低之分，但可以肯定的是，恰恰是这样的思辨过程，极大地促进了汽车科技的飞速发展。

了解了纯视觉控制和多传感器融合后，我们再回过头来看特斯拉的事故。

那天太阳十分刺眼，强光导致前视摄像头致盲，影响了图像识别；白色拖挂车是对向而行的，道路是双向四车道，毫米波雷达不会识别行驶中对向的车辆，所以 150m 时没有监测到拖挂车；当拖挂车转弯时，毫米波雷达被拖挂车的车厢面积给遮挡住了，没有办法判断前方有几辆车，因为在毫米波雷达内部的天线矩阵发出去信号都有回波，会造成毫米波雷达测量不出有几辆汽车，从而不显示内容，最终酿成惨案。

以上介绍的两种环境感知技术都涉及不同的传感器，传感器只是为了收集数据，何谓感知，"感"这部分就是由传感器完成，先"感"后"知"，"知"也就是对收集到的数据进行处理，也就是多传感器融合技术（Multi-sensor Information Fusion，MSIF）。

多传感器信息融合技术又称为多传感器数据融合技术，指的是基于计算机技术将来自多个不同种类的传感器或多源的信息和数据按照一定的准则加以自动分析整合，以完成所需要的决策和估计而进行的信息处理的过程。在多传感器信息融合中，按其在融合系统中信息处理的抽象程度可分为 3 个层次：数据级融合、特征级融合和决策级融合，如图 2-11 所示。

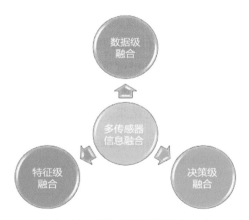

图 2-11　多传感器信息融合技术

多传感器信息融合是广泛存在于人类和其他生物系统中的一种基本功能,以人类为例,我们可以通过将身体上眼睛、鼻子、耳朵等各个器官所获取的画面、气味、声音等信息汇总到大脑中,并结合大脑中的既有知识进行比对,以便于对当下的环境情况、当前发生的事件情况等进行评估,从而进行下一步的决策。

在当下,一辆智能网联汽车上可能使用的传感器主要有超声波雷达、毫米波雷达、激光雷达、摄像头、夜视传感器、热成像传感器等,不同传感器的都有其特殊性,应用环境不同,作用不同,采集到的信号亦有区别。然而,任何一种传感器在单独使用时都不能很好地感知周围的环境,如果仅基于单一传感器的信号输入而进行决策,难免会带来很大的局限性和不确定性,甚至对自动驾驶的安全性构成极大的威胁。多传感器信息融合技术则可以将多个不同的信息来源进行综合处理,在复杂的情况下能够弥补单一传感器的局限性,显著提高目标识别率,增强系统的鲁棒性、冗余性、容错性。

在信息融合处理的过程中,根据对原始数据处理方法的不同,信息融合系统的体系结构主要有三种:集中式、分布式和混合式。

1)集中式:将各传感器获得的原始数据直接送到中央处理器进行融合处理,可以实现实时融合,如图 2-12 所示。

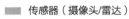传感器(摄像头/雷达)

中央处理单元

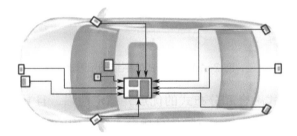

图 2-12　集中式体系结构示意图

集中式的信息融合体系的结构简单，数据处理的精度较高，算法灵活并且融合的速度较快。但是各传感器的信息流向是由低层向融合中心单向流动，各传感器之间缺乏必要的联系，并且中央处理器计算和通信负担过重，系统容错性差，系统可靠性较低。

2）分布式：先对各个独立传感器所获得的原始数据进行局部处理，然后再将结果送入中央处理器进行融合处理以获得最终的结果，如图 2-13 所示。

自带处理器的传感器（摄像头/雷达）

中央处理单元

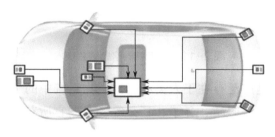

图 2-13　分布式体系结构示意图

分布式的优点在于每个传感器都具有估计全局信息的能力，任何一种传感器失效都不会导致系统崩溃，系统可靠性和容错性高。而且它对通信带宽要求低，计算速度快，可靠性和延续性好。但分布式信息融合系统的传感器模块需要具备应用处理器，这样的话自身的体积将更大，功耗也就更高；此外中央处理器只能获取各个传感器经过处理后的对象数据，而无法访问原始数据。

3）混合式：集中式和分布式的混合应用，即部分传感器采用集中式融合方式，剩余的传感器采用分布式融合方式，如图 2-14 所示。

不带处理器的传感器（摄像头/雷达）
自带处理器的传感器（摄像头/雷达）
中央处理单元

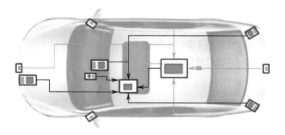

图 2-14　混合式体系结构示意图

混合式兼顾了集中式融合和分布式的优点，稳定性强，且具有较强的使用能力，但对通信带宽和计算能力要求较高。三种信息融合系统结构的对比见表 2-5。

表 2-5　三种信息融合体系结构对比

体系结构	分布式	集中式	混合式
信息损失	大	小	中
精度	低	高	中
通信带宽	小	大	中
融合处理	容易	复杂	中等
融合控制	复杂	容易	中等
可扩充性	好	差	一般
计算速度	快	慢	中等
可靠性	高	低	高

环境感知技术涉及太多太多的知识，在此无法尽述。这就好像自动驾驶成熟前要走过的路，还很长很长。希望不要再出现类似特斯拉的这种事故，不要让事故毁了这个行业。

未来的环境感知技术，作为智能驾驶的智慧之眼，一定会变得更加明亮，更加坚定地望向自动驾驶的未来。

2.1.2.2　自动驾驶汽车如何拥有"视力"？

一个人在城市的道路上行走，他依靠自己的双眼，能够看清周围的道路环境；依靠自己的大脑，可以决定要走哪一条路，要向左还是向右；依靠自己的双腿，最终走到目的地。而一辆自动驾驶汽车其实也是如此。总的来说，自动驾驶分为三个层次：环境感知、智能决策、控制执行。环境感知由汽车的"眼睛"完成，智能决策由汽车的"大脑"负责，而控制执行则交给了汽车的"四肢"。

可想而知，环境感知是实现自动驾驶的第一步。让汽车捕捉到周围的环境信息是关键的一环，是实现后续智能决策与控制执行的基础，如果汽车不能正确地感知周围环境，那么其他环节也都是空中楼阁。对于传统汽车而言，环境感知这一环节是由驾驶员负责完成，那么对于自动驾驶汽车而言，环境感知是靠什么来完成的呢？

答案就是：感知传感器。目前，企业应用于自动驾驶汽车上主流的感知传感器有以下几种：摄像头、激光雷达、毫米波雷达与超声波传感器（图 2-15）。

此时可能你的心里会产生各种各样的疑惑：它们分别是什么？都有什么样的功能？应用于什么样的场合？各自的优缺点是什么？价格贵不贵？它们在不同的汽车上有怎样的组合？我开的车上有这几种东西吗？

别急，本文将会带你详细了解这几种传感器。

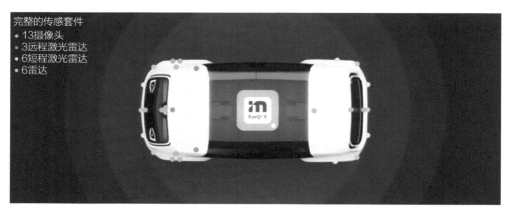

图2-15　自动驾驶汽车上的感知传感器

（1）摄像头

摄像头就像人类驾驶员的眼睛，通过摄像头，自动驾驶汽车可以观察周围的道路，识别道路上的物体。如果在各个方位配备摄像头，自动驾驶汽车就可以获得360°的外部环境视野，提供周围交通情况更广阔的画面信息。如今摄像头技术已经很成熟，既能够识别道路上的其他车辆、行人或小动物这样的物体信息，又能识别交通标志、信号灯或道路标记这样的文字图形信息（图2-16）。

二维码视频2-4
蔚来汽车搭载的
800万像素的高清
摄像头

图2-16　Mobileye公司摄像头视觉监测效果，系统完成了对车道线、障碍物、交通标志牌和地面标志、可通行空间、交通信号灯等各种环境信息的感知

从形式上区分，摄像头包括单目、双目和三目等类型；根据安装位置，摄像头又可以分为前视、后视、侧视和内置监控摄像头等。它们可以实现多种ADAS（高级驾驶辅助系统）功能，如车道偏离预警、交通标志识别、泊车辅助等，是视觉影像处理系统的基础（表2-6）。对于驾驶员和乘客来说，影像信息往往也更为直观，便于处理意外情况。

表 2-6　不同位置的摄像头在 ADAS 各方面的应用

ADAS 功能	使用摄像头	具体功能简介
车道偏离预警（LDW）	前视	当前视摄像头检测到车辆即将偏离车道线时，就会发出警报
前向碰撞预警（FCW）	前视	当前视摄像头检测到与前车距离过近，可能发生追尾时，就会发出警报
交通标志识别（TSR）	前视、侧视	识别前方道路两侧的交通标志
车道保持辅助（LKA）	前视	当前视摄像头检测到车辆即将偏离车道线时，就会向控制中心发出信息，然后由控制中心发出指令，及时纠正行驶方向
行人碰撞预警（PCW）	前视	前视摄像头会标记前方道路行人，并在可能发生碰撞时及时发出警报
盲点监测（BSD）	侧视	利用侧视摄像头，将后视镜盲区内的影像显示在驾驶舱内
全景泊车（SVP）	前视、侧视、后视	利用车辆前后左右的摄像头获取的影像，通过图像拼接技术，输出车辆周边全景图
泊车辅助（PA）	后视	泊车时将车尾的影像显示在驾驶舱内，预测并标记倒车轨迹，辅助驾驶员泊车
驾驶员注意力监测	内置	安装在车内，用于检测驾驶员是否疲劳、闭眼等

　　摄像头捕捉的信息虽然清楚直观，但是在很多情况下，它的使用都存在较大的局限性。例如，仅凭摄像头难以获取准确的三维信息；此外它受环境因素限制较大，摄像头的识别率在遇到遮挡、强光或者处于黑夜等条件下通常都处在很低的水平。

　　为了解决这些问题，就需要引入其他传感器，例如雷达。雷达的原理是通过发射电磁波照射目标物体并且接收其反射的回波，由此获得与目标物体的距离、目标物体的径向速度、大小及方向等信息。随着汽车智能化的发展，雷达渐渐应用于汽车上，实现测距和测速的功能。汽车雷达可分为毫米波雷达、激光雷达以及超声波传感器（行业内习惯上把超声波传感器也称为"超声波雷达"），用处各有不同。

　　（2）超声波雷达

　　超声波雷达原理是向目标物体发射超声波来测量目标物体的位置和速度等特征量。它可以产生 40kHz 的超声波，其成本较低，探测距离近，精度高。但因为超声波是一种机械波，它的作用效果受传播介质影响很大，比如天气状况的影响、汽车高速行驶的影响等，这些影响都会导致较大的测量误差。

　　综合这些因素考虑，超声波雷达主要用于近距离探测障碍物，使用场景通常为辅助倒车、自动泊车等（图 2-17）。

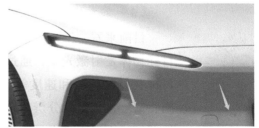

图 2-17　黄色箭头处的圆点即为车载超声波雷达的安装位置

（3）毫米波雷达

毫米波雷达的工作原理是向目标物体发射电磁波（即毫米波），通过计算目标物体反射脉冲回来所用的时间，来实现对目标物体的探测。毫米波是指波长为 1~10mm 的电磁波，介于厘米波和光波之间，具有波长短、频带宽、穿透能力强的特点。它兼具微波制导和光电制导的优点，因此毫米波雷达可以弥补激光雷达、超声波雷达和摄像头等其他传感器在某些使用场景的局限性。毫米波雷达也是 ADAS 的核心传感器，在辅助变道、自适应巡航、碰撞预警等方面发挥着至关重要的作用（图 2-18）。

图 2-18　车载毫米波雷达

应用于自动驾驶领域的毫米波雷达主要有三个频段，分别是 24GHz、77GHz 和 79GHz。不同频段的毫米波雷达有不同的性能和成本。其中 24GHz 是短距雷达，多用于感知车辆近处的障碍物，实现盲点检测、变道辅助等 ADAS 功能；另外两个为长距雷达，多用于实现紧急制动、高速公路跟车等 ADAS 功能。

毫米波雷达相比于激光雷达有更强的穿透性，能够轻松地穿透保险杠上的塑料，因此常被安装在汽车的保险杠内。这也是很多配备 ACC（自适应巡航）的车上明明有毫米波雷达，却很难从外观上发现它们的原因。

尽管毫米波雷达性能稳定，性价比高，但是它也有一定的挑战：一是在实际开发中，毫米波雷达获取的数据不稳定，对后续软件算法要求较高；二是毫米波雷达发出的电磁波对金属极为敏感，实际行驶中道路上的铁钉、远距离的金属广告牌都会被认定为障碍物，从而干扰汽车的行驶；三是无法像激光雷达那样提供高度信息。

（4）激光雷达

二维码视频 2-5
理想 L9 装备的激光雷达

目前来看，激光雷达是无人驾驶传感器的最佳技术路线。它的原理是向目标物体发射激光束，通过计算目标物体反射脉冲回来所用的时间，来测量目标物体的位置和速度等特征量。激光雷达性能精良，可以获得极高的距离、速度、角度的分辨率，这意味着它能利用多普勒成像技术获得十分清晰的图像。而由于激光具有直线传播、方向性好、弥散性极低、抗干扰性强等特点，激光雷达的精度也很高。

　　按照使用场景的不同激光雷达有一维、二维和三维之分。一维激光雷达主要用于测距测速；二维激光雷达主要用于物体轮廓测量、区域监控等；三维激光雷达主要用于对三维空间的实时建模。

　　其中，三维激光雷达在部分车型上安装于车顶，也有部分车型安装在前保险杠上。它在工作时保持高速旋转的状态，获取车辆周围空间的点云数据，实时绘制车辆周边环境的三维空间地图；同时，激光雷达可以测量车辆前方、左方、右方其他车辆的距离、速度、加速度、角速度等信息，结合 GPS 地图计算出这些车辆的位置，这些信息交给计算机控制系统分析处理后，便可得到车辆接下来的行车规划（图 2-19、图 2-20）。

图 2-19　全新的奥迪 A8 为实现 L3 级别的自动驾驶，在汽车的进气格栅下布置了四线激光雷达 ScaLa

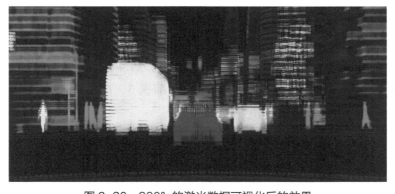

二维码视频 2-6
小鹏 P5 搭载的激光雷达效果展示

图 2-20　360° 的激光数据可视化后的效果

　　当然，激光雷达也有一定的局限性。如果在激光可视范围内有障碍物遮挡，那么就会对目标物的测量与识别带来严重的干扰。而由于激光雷达靠激光的反射进行识别，所以无法完成对文字、标志等信息的识别。此外，激光雷达的成本造价较为昂贵，单个激光雷达的造价通常在 1 万元左右。不过，随着激光雷达行业的快速发展，激光雷达的成本呈现降低的态势，2023 年 11 月，首款搭载华为自研激光雷达的汽车智界 S7 上线，其激光雷达造价大约在数百美元，而华为表示，未来计划将该成本进一步压缩至 200 美元。

（5）多传感器融合

可想而知，每一种传感器都不是全能的，它们都有各自擅长的应用场景，也都存在着一定的局限性。所以我们可以将这些传感器技术以不同的方式在不同的车辆上进行合理组合，尝试得到最佳的自动驾驶汽车感知方案。

当前，智能汽车多传感器融合环境感知技术路线主要有以下两种：

一个是以特斯拉智能汽车为例的纯视觉方案："摄像头＋毫米波雷达＋超声波雷达"的多传感器融合环境感知系统。该系统由 8 个摄像头、1 个毫米波雷达和 12 个超声波雷达组成，主要依靠摄像头采集路况信息。优势是成本相对较低，劣势是因摄像头易受环境光照影响，目标检测的准确度不高。

另一个是以谷歌的 Waymo 智能汽车为代表的多传感器融合方案："激光雷达＋毫米波雷达＋超声波雷达＋摄像头"多传感融合环境感知系统。主要依靠激光雷达作为主动视觉传感器，优势是目标检查准确度较高，劣势是缺少颜色、纹理等数据信息，同时成本较高。

智能网联汽车到底需要多少个环境感知传感器？

当前智能网联汽车的自动驾驶正处在 L2 向 L3 级别进阶的关键时期，结合全球各大车企自动驾驶量产计划来看，L3 甚至更高级别的自动驾驶也在逐步推进，相应的传感器数量也在不断增加。据德勤 2019 年 4 月的分析报告显示，L4 级别自动驾驶的传感器数目约 29 个，L5 级别时将有约 32 个。但实际上，按照目前最新的行业技术发展来看，L4 及以上等级的自动驾驶，想要通过传感器做到无盲区，且能适应各种天气，基本需要 37 个甚至更多的传感器，其中，超声波雷达 12 个（前 4、后 4、侧 4）、毫米波雷达 6 个（角 4、前 1、后 1）、摄像头 12 个（鱼眼 4、周视 4、前视 3、后 1）、激光雷达 5 个（主 1、补盲 4）、高精度定位 2 个（RTK、惯导）。

从技术的角度来看，L1~L2 级别的自动驾驶需要有 1 个前向长距毫米波雷达和 1 个摄像头，用于自适应巡航控制、紧急制动辅助和车道偏离警告 / 辅助等；2 个后向的中距毫米波雷达可实现盲点检测；外加 4 个摄像头和 8~12 个超声波雷达用于实现 360° 视角的泊车辅助功能。

L3 级别的自动驾驶需要在 L1~L2 级别的配置基础上，外加 1 个前向的远距离激光雷达；此外，对于高速公路领航系统（Highway pilot）而言，通常还需要增加 1 个后向的远距离激光雷达，预计会使用 7~12 个摄像头（鱼眼 4、前 3、周视 4、后 1），8~12 个超声波雷达和 4~8 个毫米波雷达以及 1~2 个激光雷达。因此，预计 L3 级别的传感器总数量为 20~34 个。

到 L4~L5 这个级别之后，我们便需要通过多种传感器进行 360° 视角的交叉验证，以消除每种传感器的弱点，预计会使用 12~15 个摄像头，8~12 个超声波雷达和 6~12 个毫米波雷达，外加 3~5 个激光雷达。因此，预计用于 L4~L5 级别的传感器总数量会达到 30~44 个。

不同等级的自动驾驶汽车所需要的传感器数量如图 2-21 所示。

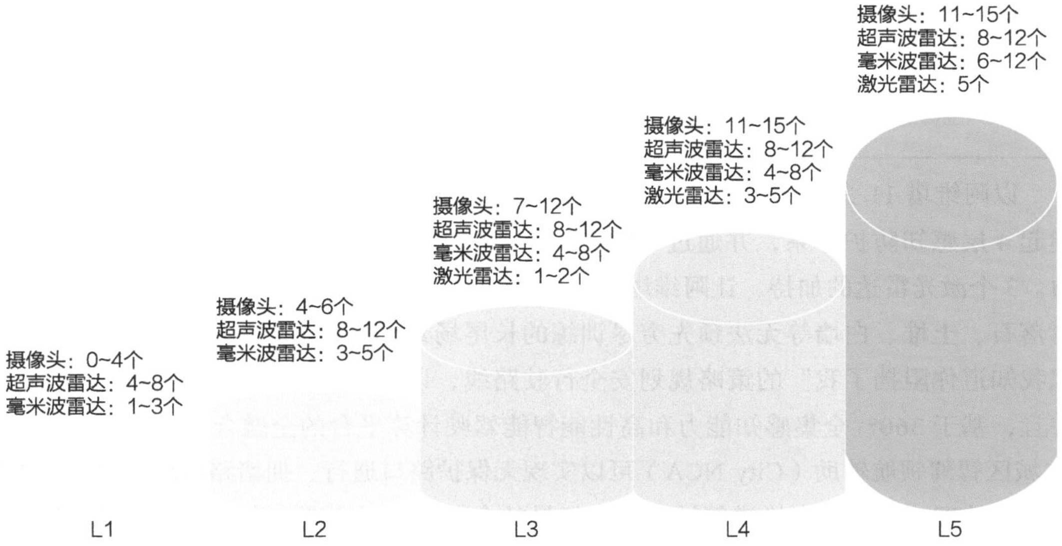

摄像头：11~15个
超声波雷达：8~12个
毫米波雷达：6~12个
激光雷达：5个

摄像头：11~15个
超声波雷达：8~12个
毫米波雷达：4~8个
激光雷达：3~5个

摄像头：7~12个
超声波雷达：8~12个
毫米波雷达：4~8个
激光雷达：1~2个

摄像头：4~6个
超声波雷达：8~12个
毫米波雷达：3~5个

摄像头：0~4个
超声波雷达：4~8个
毫米波雷达：1~3个

L1　　L2　　L3　　L4　　L5

图 2-21　不同等级自动驾驶汽车所需传感器数量

表 2-7 所列是目前市面上几款热门的智能网联汽车搭载的传感器数量和传感器类型汇总。

表 2-7　几款热门的智能网联汽车传感器数量和传感器类型（截至 2023 年 06 月）

车型	传感器数量	传感器类型
极狐阿尔法 S 先行版（华为 Hi 版）	34	激光雷达 ×3，毫米波雷达 ×6，高清摄像头 ×13，超声波雷达 ×12
阿维塔 11	34	激光雷达 ×3，毫米波雷达 ×6，高清摄像头 ×13，超声波雷达 ×12
小鹏 G6	31	激光雷达 ×2，毫米波雷达 ×5，高清摄像头 ×12，超声波雷达 ×12
蔚来 ET7	29	激光雷达 ×1，毫米波雷达 ×5，高清摄像头 ×11，超声波雷达 ×12
理想 L9	26	激光雷达 ×1，毫米波雷达 ×2，高清摄像头 ×11，超声波雷达 ×12
极氪 001	28	毫米波雷达 ×1，高清摄像头 ×15，超声波雷达 ×12
智己 L7	29	毫米波雷达 ×5，高清摄像头 ×12，超声波雷达 ×12（兼容激光雷达软件硬件架构冗余方案）

（续）

车型	传感器数量	传感器类型
飞凡 R7	29	激光雷达 ×1，毫米波雷达 ×4，高清摄像头 ×12，超声波雷达 ×12
特斯拉 Model S/Model 3	21	毫米波雷达 ×1，高清摄像头 ×8，超声波雷达 ×12
宝马 iX	28	激光雷达 ×1，毫米波雷达 ×5，高清摄像头 ×10，超声波雷达 ×12

以阿维塔 11 为例，其搭载了包括 3 个半固态激光雷达在内的 34 个智驾传感器，构建起 4 层感知防护体系，并通过 AI 算法的训练实现了对周围环境的 360° 全集感知能力。3 个激光雷达的加持，让阿维塔 11 可以主动精准探测与周围障碍物的距离，即便面对落石、土堆、白墙等无法预先穷尽训练的长尾场景，也能通过"我不知道你是什么，但我知道你阻挡了我"的策略规划安全行驶路线，以此来提升车辆的主动安全可靠性。并且，基于 360° 全集感知能力和高性能智能驾驶计算平台的全融合感知算法，阿维塔 11 城区智驾领航辅助（City NCA）可以实现无保护路口通行、拥堵路段跟车启停、近距离加塞处理、主动超车换道等城区典型场景的全覆盖，只需要在车机上输入目的地，车辆就可根据导航规划，辅助驾驶员更轻松、更安全地完成全场景智能驾驶（图 2-22）。

二维码视频 2-7
阿维塔 11 搭载的 34
个传感器的超感系统

二维码视频 2-8
阿维塔 11 AVATRANS
智能领航系统视频

图 2-22　搭载 34 个智驾传感器的阿维塔 11

由于多样的感知传感器各有不同的特性，单一种类的传感器肯定无法解决在 L4/L5 级别自动驾驶情况下面临的复杂路况适应与所需的安全冗余，因此将来必然会走向多传感器搭配融合的方案。未来的高级算法与机器学习将增强传感器性能和可靠程度，再辅以越来越强大的传感器技术，可以想象，未来的自动驾驶汽车将会更加"心明眼亮"。

2.1.2.3　视觉 SLAM 技术能为无人驾驶带来什么？

如今机器人与人工智能技术蓬勃发展，无人驾驶在各行各业中体现出了巨大的应用价值和发展潜力。而要让无人驾驶走进大众生活，需要更多的前沿技术支持，比如作为无人驾驶核心技术之一的 SLAM。

好奇的你可能要问：SLAM 技术是什么？

SLAM 是 Simultaneous Localization and Mapping 的缩写，可译为"同时定位与地图构建"。它是指搭载特定传感器的主体，在对周围环境未知的情况下，在运动过程中建立周围环境的模型，同时估计自己的运动。就不同的传感器而论，SLAM 技术分为两类：如果传感器是激光雷达，则称为激光 SLAM；如果传感器为摄像头，则称为视觉 SLAM。

我们可以打一个通俗的比方，当你去外地旅游，为了迅速熟悉周围环境，找到挑选好的餐馆吃饭，并且找到预定好的宾馆入住，你需要完成以下事情：

1）用眼睛观察周围的地标建筑，如学校、银行、便利店等，并且记住它们的特征——特征提取。

2）根据眼睛所观察到的环境信息，在脑海里构建一个包含这些标志性建筑物的地图，对它们的方位有一定的掌握——三维建图。

3）在行进的过程中，会遇到新的地标建筑，如咖啡馆、餐厅、商场，根据获取到的它们的方位信息，校正自己脑海里的地图模型——状态更新。

4）根据之前行进过程遇到的地标建筑，确定自己所处的位置——路径规划。

5）当无意中行进了很长的一段路以后，与脑海中的标志性建筑进行匹配，查看自己是否走回了原路——回环检测。

上述你做的这些事情，就是视觉 SLAM 的五个重要组成部分。

视觉 SLAM 是 21 世纪 SLAM 技术的研究热点之一，一方面是因为视觉非常直观，另一方面，CPU、GPU 等硬件的飞速进步为视觉算法的实现带来了新的可能。

首先，按照工作方式的不同，摄像头可以分为单目（Monocular）摄像头、双目（Stereo）摄像头和深度（RGB-D）摄像头三大类。直观看来，单目摄像头只有一个摄像头，双目摄像头有两个，而深度摄像头通常携带多个摄像头。其中，深度摄像头的原理较为复杂，与普通摄像头不尽相同，它不仅可以采集到彩色图片，还能读出每个像素与摄像头之间的距离（图 2-23）。

单目摄像头

双目摄像头

深度摄像头

图 2-23　各种摄像头

于是，基于不同的摄像头，视觉 SLAM 研究也分为了对应的三大类。

只使用一个摄像头进行 SLAM 的做法称为单目 SLAM。因其具有结构简单、成本低的特点，所以单目 SLAM 非常受研究者的关注。我们每个人都见过单目摄像头的数据，那就是照片。而照片，本质上是三维世界在摄像头平面上形成的一个投影。在生成照片的过程中，丢掉了一个维度，即深度，所以我们无法通过单目摄像头来计算所摄物体与摄像头的距离（图2-24）。因为近大远小的透视关系，在单张照片中，你没办法确定一个看上去小的物体，是由于它离你的距离特别远而显得小，还是它离你不远只是本身的尺寸就非常小。

图2-24　"深度错觉"：远处天空的云朵像是雕像用喇叭吹出的云雾

为了得到深度信息，人们开始研究双目摄像头以及深度摄像头。

使用双目摄像头和深度摄像头的目的是通过特定的手段测量物体与摄像头间的距离，克服单目摄像头无法得到距离的缺点。尽管都是为了测量距离，但双目摄像头和深度摄像头测量深度的原理却是不一样的。

双目摄像头由两个单目摄像头组成，这两个单目摄像头之间的距离称作基线，基线的长度已知。我们可以通过这个基线来估计像素的空间位置。这其实和人眼极为相似！人左右两眼之间有一定的距离，这个距离使得双眼看到的视觉形象有些许差别，而我们的大脑正是通过对左右眼捕捉到的两个有差异的视觉信号进行处理，获得空间感与立体感，从而判断一个物体的远近（图2-25）。

双目摄像头所能测量的深度范围与基线长度有关。基线越长，能够测量的物体就越远，因此，无人车上搭载的双目摄像头通常是个大家伙。拓展开来，还有多目摄像头，其原理与双目摄像头没有什么大的不同。但

图2-25　左右双眼产生的"视觉差异"

是，双目和多目摄像头需要经过大量的计算才能估计每一个像素点的深度。复杂的配置与标定、对计算资源的高要求，使它们的使用受到了一定的限制。

RGB-D深度摄像头则是2010年前后兴起的一种摄像头，它利用主动发光测距的原理，向物体主动发射光并接收返回的光，以此计算物体与摄像头之间的距离（图2-26）。与双目和多目摄像头相比，深度摄像头使用物理的手段而不是依赖软件的计算来测量距离，因此可以节约大量的计算资源。但是多数深度摄像头仍然存在测量范围窄、噪声大、易受日光影响、无法测量透射材质等问题，因此较难运用于室外的SLAM。

a）普通摄像头　　　　　　　　　　　　　　　b）RGB-D 深度摄像头

图 2-26　普通摄像头成像与 RGB-D 摄像头成像对比

可见，基于不同摄像头的 SLAM 技术各有优劣。根据不同摄像头的优点与适合应用的场景，我们可以将多个视觉传感器组合运用于智能网联汽车和无人驾驶汽车上，以实现不同的功能并达到理想的效果。

那么又是谁在推动视觉 SLAM 的发展呢？

如今，越来越多的车企着手于研究视觉 SLAM 导航方案。事实上，无人驾驶汽车导航技术的突破也是行业多年来的共同期盼。

视觉 SLAM 的出现，为无人驾驶汽车行业带来了新的机遇。未来机器人的李陆洋博士表示，"当前工业无人车亟待提升的是智能化程度，简单理解则是机器人应对现场不规范化的能力，而这种能力必须基于对环境的理解与学习，视觉技术是无人车智能化提升的必经之路"。

首先，与激光 SLAM 相比，视觉 SLAM 的优势在于它使用的传感器具有极高的性价比。由世界顶级工业摄像头供应商所生产的产品与同等级的激光传感器产品相比，其售价仅为 10%~20%（总成本 3000 元左右）。成本的节约意味着产品价格也能随之降低，自然也就能大大提高产品竞争力，吸引客户投资。

其次，视觉 SLAM 具有更好的信息获取能力。视觉 SLAM 可以从环境中提取语义信息，通俗来讲，就是可以利用摄像头对目标进行识别，识别出最接近人类理解的东西。例如，它可以提供对象的颜色、纹理、形状，以及某一时刻的状态。

最后，视觉导航模块具有良好的系统拓展性。在可预见的将来，通信设备 / 处理器等周边配套设施将不断完善，视觉导航模块的相关研究也在持续进行，最终可达到将视觉导航与计算机连接后实现大规模调度任务的功能，视觉导航技术与 5G 及云端系统也将进一步融合。

总体来说，相比于激光 SLAM，视觉 SLAM 的应用场景要丰富很多。视觉 SLAM 在室内外环境下均能开展工作，但是对光的依赖程度高，在暗处或者一些无纹理区域是无法进行工作的。

例如特斯拉的 AutoPilot 功能曾经闯祸，一段特斯拉 Model 3 车祸视频曾经在网上热播。车祸发生时，一辆非常醒目的白色厢式货车侧翻在高速公路上，而出事的特斯拉 Model 3 几乎没有任何减速径直撞了上去，车辆自身的自动辅助驾驶系统并没有任何减速制动措施（图 2-27）。

经过初步判断，可能是侧翻货车白色的车身以及其静止状态，影响了 Model 3 的摄像头和雷达识别。特斯拉采取的摄像头与雷达的组合是以摄像头为主，雷达为辅，由于前方侧翻货车白色油漆反光的缘故，一定程度上让特斯拉 AutoPilot 摄像头产生致盲反应，雷达也误认为前方是无障碍，从而产生了视觉错误。

可见，在实际环境中视觉 SLAM 的图像处理技术、相关算法，以及现有的视觉 SLAM 框架还有非常大优化和改进的空间。

当然，在过去的数十年里，视觉 SLAM 技术取得了重大的突破。无论是在无人驾驶、无人机等领域，还是在最新走进我们生活的 AR（增强现实）技术中，都有非常广泛的应用。尽管在室外复杂的现实环境下，视觉 SLAM 技术还面临较大

图 2-27　特斯拉 AutoPilot 摄像头产生致盲导致撞上前方侧翻白色货车

挑战，但相信随着视觉 SLAM 技术在无人驾驶车辆上的应用日臻成熟，视觉 SLAM 导航将会有更加光明宏大的发展前景！

2.1.2.4　深度学习在环境感知中的应用

人工智能（Artificial Intelligence，AI）就像长生不老和星际漫游一样，是人类最美好的梦想之一。

2012 年 6 月，《纽约时报》披露了 Google Brain 项目，吸引了公众的广泛关注。这个项目是由著名的斯坦福大学的机器学习教授 Andrew Ng 和在大规模计算机系统方面的世界顶尖专家 Jeff Dean 共同主导，用 16000 个 CPU Core 的并行计算平台训练一种称为"深度神经网络"（Deep Neural Networks，DNN）的机器学习模型，在语音识别和图像识别等领域获得了巨大的成功。该网络内部有 10 亿个节点，虽说不能与有着 150 亿个神经元的人脑相提并论，但也确确实实在 AI 的路上踏出了坚实的一步。

项目负责人 Andrew 称："我们没有像通常做的那样自己框定边界，而是直接把海量数据投放到算法中，让数据自己说话，系统会自动从数据中学习。"就比如图 2–28 中的这只猫，在训练模型的时候科学家不会告诉机器这是一只猫，"猫"这个概念其实是由机器自己领悟或者发明。

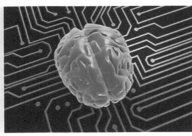

图 2-28　Google Brain 项目

2013 年 4 月，《麻省理工学院技术评论》杂志将"深度学习"列为 2013 年十大突破性技术之首。如今，深度学习这个名词也随着自动驾驶的热潮，而为越来越多的人所知晓。

那么，什么是深度学习？为什么要引入深度学习？它在自动驾驶环境感知中究竟能发挥何种作用呢？

深度学习是使用了深度神经网络的机器学习，一般指根据已知的海量数据通过训练出一个多层网络结构，从而实现对未知数据的分类或者回归。

首先解释一下什么是神经网络。神经网络是一种模仿动物神经网络行为特征，进行分布式并行信息处理的算法数学模型。这种网络依靠系统的复杂程度，通过调整内部大量节点之间相互连接的关系，从而达到处理信息的目的。在神经网络中有一些基本的术语，如图 2-29 所示。

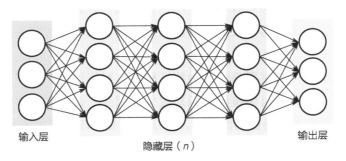

图 2-29　神经网络结构图

神经网络与深度神经网络的区别在于图 2-29 中的隐藏层层数，通常三层或三层以上隐藏层的网络叫做深度神经网络，图 2-30 中左边为神经网络，右边即为深度神经网络，"深"体现在隐藏层层数。

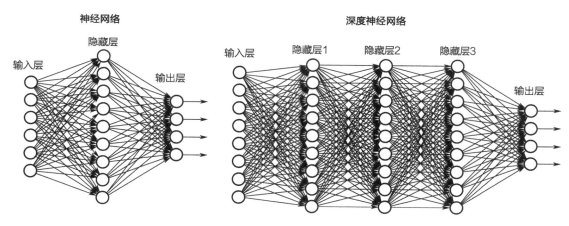

图 2-30   神经网络和深度神经网络

在神经网络与深度神经网络之间，深度神经网络要优于神经网络，因为对某个特定问题而言，隐藏层越多，精确度越高。在其他许多任务和领域中同样可以观察到这个现象。

了解了深度学习的一些概念后，我们来聊聊为什么在自动驾驶环境感知技术中，我们需要引入深度学习。

在环境感知中有许多核心技术，这里以目标检测为例。传统的目标检测与识别算法分为三部分：目标特征提取、目标识别以及目标定位。其中，最典型的算法就是基于组件检测的 DPM（Deformable Part Model）算法。该算法的步骤是先产生多个模板，整体模板以及不同的局部模板，然后拿这些不同的模板和输入图像"卷积"产生特征图，接着将这些特征图组合形成融合特征，最后对融合特征进行传统分类，回归得到目标的位置。这个算法的优点在于它简单直观，运算较快；但其缺点则大大制约了环境感知技术的发展，尤其是它的激励特征是人为设计的，这种方法不具有普适性。因为用来检测人的激励模板不能拿去检测小猫或者小狗，所以在每做一种物件的探测的时候，都需要人工来设计激励模板，为了获得比较好的探测效果，需要花大量时间去做一些设计，工作量很大。

由于传统目标检测算法主要基于人为特征提取，对于更复杂或者更高阶的图像特征很难进行有效描述，限制了目标检测的识别效果。因此，通过集联多层神经网络形成很深的隐藏层从而提取出丰富特征的深度学习方法也就成为环境感知技术中的"新宠"。

在深度学习中，人们把特征提取和分类合到一起，这两部分都是通过以目的为驱动的训练的方式。这时，其实我们不清楚到底训练出来的这个特征是什么样的一个结构，或者是具有什么样的物理意义，因为它完全是大数据训练出来的。这就相当于变成了一个黑盒子，但是这个过程在一定程度上是以目的为驱动，如果数据量足够的话，它会训练出来在一定程度上表现这个物体最好的特征。因此如果数据量足够大，而且网络结构也相对合理，其准确率可以达到 99.9% 以上，而传统的视觉算法检测精度的极限在 93% 左右。传统机器学习与深度学习的分类对比如图 2-31 所示。

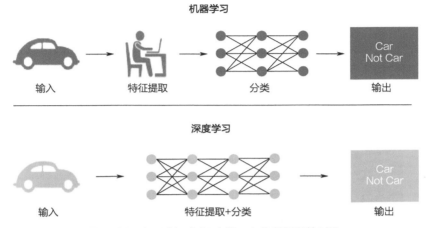

图 2-31　机器学习与深度学习在分类问题的对比

我们了解到深度学习的优势后，自然会将其应用在实际问题中。接下来本文将就深度神经网络在汽车环境感知中的环境物体检测、语义分割和目标跟踪等核心技术中的应用展开介绍。

1）环境物体检测。如图 2-32 所示，自动驾驶待检测的环境物体包括本车周围的机动车、行人、骑车人、车道线、路面标识、路侧标识、红绿灯等具有形状特征的物体。传统物体的识别一般包括三个步骤：似物性区域提取、目标特征提取、目标分类器设计。第一步是指从大幅图像（或者点云）中提取出局部的感兴趣区域，以降低处理数据的总量，第二步一般由工程师手动构造，再由第三步结合经典的机器学习分类器 AdaBoost 或 SVM 来实现物体的检测。

图 2-32　自动驾驶场景的环境物体检测

与之不同，深度神经网络（DNN）可自动学习特征，而不需要工程师手动设计特征，简化了介入难度，提升了检测性能。所涉及的传感器主要包括摄像头和激光雷达，前者仅输出高分辨率的二维图像，后者输出带有深度信息的三维点云，远距离区域点云比较稀疏。

2）语义分割。语义分割是计算机视觉中的基本任务，在语义分割中我们需要将视觉输入分为不同的语义可解释类别。语义的可解释性，即分类类别在真实世界中是有意义的。例如，我们可能需要区分图像中属于汽车的所有像素，并把这些像素涂成蓝色，如图 2-33 所示。

图 2-33　语义分割后的场景

在深度学习统治计算机视觉领域之前，有随机森林、Texton Forest 等方法来进行语义分割。深度学习的方法兴起以后，在图像分类任务上取得巨大成功的卷积神经网络同样在图像语义分割任务中得到了非常大的提升。最初引入深度学习的方法是 patch classification 方法，它使用像素周围的区块来进行分类，由于使用了神经网络中使用了全连接结构，所以限制了图像尺寸且只能使用区块的方法。2014 年出现了 FCN（Fully Convolutional Networks），FCN 推广了原有的 CNN 结构，在不带有全连接层的情况下能进行密集预测。因此 FCN 可以处理任意大小的图像，并且提高了处理速度。后来的很多语义分割方法都是基于 FCN 的改进。

3）目标跟踪。目标跟踪是指在给定场景中跟踪特定感兴趣对象或多个对象的过程。传统上，它在视频和现实世界的交互中具有应用，在初始对象检测之后进行观察。现在，它对自动驾驶系统至关重要，例如优步和特斯拉等公司的自动驾驶车辆均应用了该技术。

物体跟踪方法可以根据观察模型分为两类：生成方法和判别方法。生成方法使用生成模型来描述表观特征并最小化重建误差以搜索对象，例如 PCA。判别方法可用于区分对象和背景，其性能更加稳健，逐渐成为跟踪的主要方法。判别方法也称为检测跟踪

（Tracking-by-Detection），深度学习属于这一类。为了通过检测实现跟踪，我们检测所有帧的候选对象，并使用深度学习从候选者中识别所需对象。可以使用两种基本网络模型：堆叠式自动编码器（SAE）和卷积神经网络（CNN）。其追踪对象如图 2-34 所示，不同的对象在不同时刻都被识别并锁定。

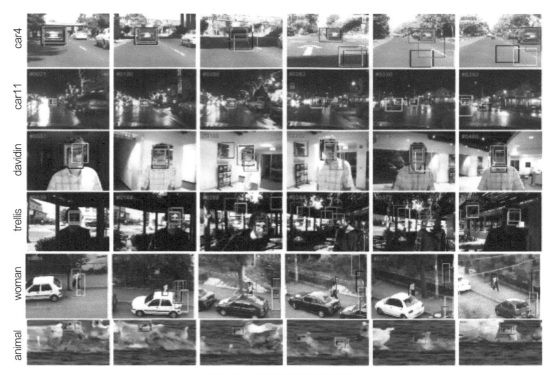

图 2-34　不同物体跟踪结果

近年来，深度学习在人工智能领域掀起了浪潮，但在实践和应用中也面临着诸多挑战，比如黑盒不可解释性、安全等一系列问题，这些问题仍然是值得关注的焦点问题。深度学习的发展及其与环境感知技术的融合，仍将是自动驾驶行业的一大热点，让我们拭目以待。

2.1.3　智能决策：自动驾驶的"大脑"

2.1.3.1　什么是智能决策技术?

2020 年 2 月，国家发展改革委员会等 11 部委联合印发了《智能汽车创新发展战略》，提出了 2025 年实现有条件智能驾驶汽车的规模化生产（L3 级别），2035 年全面建成中国标准的智能汽车体系的愿景。美国和欧洲也推出了多项政策、法案支持自动驾驶技术的发展。

可以说，2020—2030 年将成为自动驾驶发展的"黄金十年"，要抓住这"黄金十年"，跨越式地发展自动驾驶技术，环境感知、智能决策与控制执行这些架构性技术是根本动力。在本节内容中我们将进一步介绍智能决策在自动驾驶中的地位，以及常见的应用场景。自动驾驶测试场景如图 2-35 所示。

图 2-35　自动驾驶测试场景

日产汽车公司曾在一份报告中指出，超过 90% 的交通事故是由于驾驶员失误造成的，自动驾驶将占据主流地位的重要原因之一，便是它能帮助驾驶员做出更准确的决断与控制。而这个功能的基础，就是**自动驾驶的"指挥官"——智能决策技术**。

在一套完整的自动驾驶系统中，如果将感知模块比作人的眼睛和耳朵，那么智能决策就是自动驾驶的大脑。大脑在接收到传感器的各种感知信息之后，对当前环境做出分析，然后对底层控制模块下达指令，这一过程就是智能决策模块的主要任务。

我们都知道，自动驾驶共分为从人类驾驶员驾驶到完全自主驾驶的 L0~L5 六个等级。由于真实道路具有复杂性和不可预测性，区分这些等级的一项重要标准，便是无人驾驶车辆的智能水平等级。**智能决策模块可以处理场景的复杂程度，是衡量和评价自动驾驶能力最核心的指标之一。**

目前很多主流的汽车所搭载的自动驾驶辅助系统都为 L2 级别自动驾驶，对于搭载了全速域自适应巡航的车辆来说，厂家更喜欢称之为 L2.5 或 L2.99 自动驾驶。虽然理论上 L2.5 或 L2.99 具备的功能可能会多于 L2，但从安全程度来看，其智能决策水平还远未达到 L3 级别的能够让驾驶员双眼"小憩"的标准。

也就是说，想要彻底解放驾驶员的双手，目前智能决策在环境预测、路径规划这两个主要应用场景的技术提升方面仍有很长一段路要走。

环境感知往往是智能决策的上层模块，也是决策中的预测模块的直接数据来源之一。而环境预测，则负责根据感知层所输出的位置、速度、方向等物理信息，对感知层所识别到的物体进行行为预测，并且将预测的结果转化为时间空间维度的轨迹，或者关联并融合多传感器的数据，建立周边环境模型（图 2-36）。

图 2-36　环境预测示意图

如此建立的环境模型，不仅是结合物理规律对物体做出预测，更是结合物体和周边环境以及积累的历史数据信息，对感知到的物体做出更为宏观的行为预测。

二维码视频 2-10
FCTA 前方横向碰撞预警 -FCTB 前方横向碰撞制动

尽管驾驶员也可以根据历史驾驶习惯与先前的经验积累做出判断，但车辆可以通过其具备的各种敏锐的传感器、雷达、摄像头，包括防碰撞雷达系统和防撞相关传感器的设置和控制等，对车身进行实时的监测与检测，并对车辆的状态进行深度的探测与分析，相比人眼有更广的感知范围，可以比驾驶员更快地做出反应以及决策。

同时，环境预测不仅针对外部行驶环境，也包括座舱内对驾驶员的行为监测和预测。

谷歌在一个内部试验项目中发现，即便被严厉告知不能脱离驾驶，驾驶员还是会在高速行驶中的自动驾驶车辆上分神、玩手机甚至睡大觉，因此 L3 级别以上的自动驾驶一定要配合完善的驾驶员监测系统（Driver Monitor System，DMS）才能保证安全。

DMS 可以对驾驶员的驾驶状态进行实时监测，对于 L0~L2 级别的自动驾驶工况，任何的分神和左顾右盼都会收到警告，而对于 L3~L5 级别的自动驾驶工况，尽管条件会放宽一些，不能及时接管进行人工驾驶的行为仍会收到及时预警（图 2-37）。

在兼顾车内外状况的情况下，

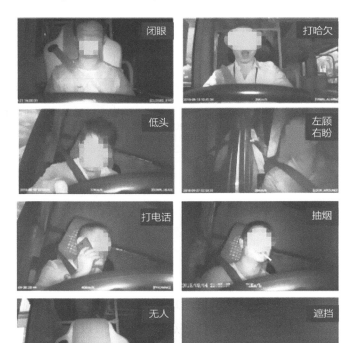

图 2-37　驾驶员监测系统（DMS）

149

环境预测结合驾驶员状态对危险态势进行预判，并基于车内情况及对车外探测进行态势分析，基于设定路径的预判，在判断路况的同时，进行危险态势预警分析，通过故障预警和预留安全机制，保障车辆安全行驶。

自动驾驶的最终目的是出行，环境预测只是智能决策的必要手段，最终想要让车辆智能、快速地到达目的地，需要的是成熟的路径决策规划功能。作为自动驾驶智能决策的核心，路径规划主要分为全局路径规划、行为决策和局部运动规划三个层次（图2-38）。

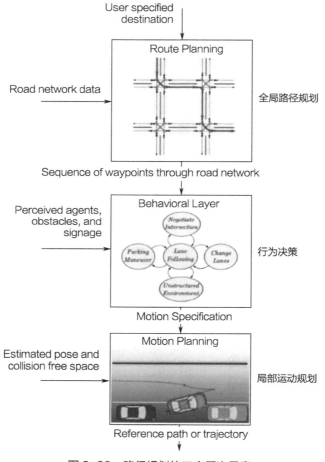

图2-38　路径规划的三个层次示意

（1）全局路径规划

从驾驶员设定了目的地开始，就进入了路径规划的决策过程。全局路径规划就是指在给定车辆当前位置与终点目标后，通过搜索选择一条最优的路径，这一点和人类驾驶员使用"导航"功能的原理是一样的，最优的路径可以实现路径最短、耗时最短、拥堵最少等行驶条件。

　　但和"传统导航"所使用的地图不同的是，部分自动驾驶会使用高精地图（图 2-39）。它涵盖了摄像机识别的车道线、斑马线、交通信号灯等道路信息，并对道路网络如路面的几何结构、道路标示线的位置、周边道路环境的点云模型等有精确的三维表征，可以延伸传感器的感知范围，去标定车辆在地图上的精确位置，并提前告知车辆前方的道路信息及交通状况信息。

　　然而，全局路径规划只提供了一条粗略的路径，路径的刷新与频率较低，且只包含了静态障碍物等信息，因此仍然需要行为决策和局部运动规划进行下一步的决策。

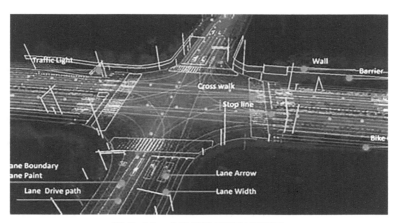

图 2-39　自动驾驶高精地图示意

（2）行为决策

　　在接收到全局路径后，行为决策模块需要结合从感知模块得到的环境信息，包括其他车辆、行人、障碍物以及道路上的交通规则信息等，做出具体的行为决策，例如选择变道超车还是跟随。

　　也就是说，行为决策模块在自动驾驶决策中扮演着"副驾驶"的角色，汇集了所有重要的车辆周边信息，不仅包括自动驾驶汽车本身的实时位置、速度、方向，还包括车辆周边一定距离以内所有的相关障碍物信息以及预测的轨迹，并在知晓这些信息的基础上，决定自动驾驶汽车的行驶策略。

　　由于需要考虑多种不同类型的信息，行为决策的问题往往并不能用单一的数学模型来求解，而是需要融合不同算法的优点来设计算法系统，结合环境预测模块的结果，输出宏观的决策指令供后续的规划模块去具体执行。

（3）局部运动规划

　　有了具体的行为决策并确定具体的驾驶行为之后，我们需要做的是将"行为"转化成一条更加具体的行驶"轨迹"，生成实施的"精确"路径与行驶状态，比如如何转弯、如何超车、路口如何会车等，保证车辆按照规划目标行驶（图 2-40）。

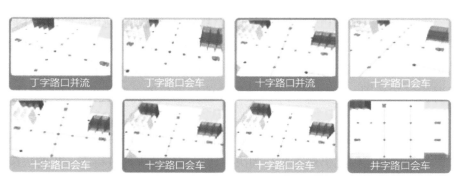

图 2-40　常见的局部运动规划场景工况

如此，才能生成对车辆的一系列具体控制信号，在车道保持、车道偏离预警、车距保持、障碍物警告等情况下，通过不同的条件触发行驶状态的切换，在保证车辆动力学、乘客舒适性等约束条件的前提下，对短期甚至瞬时的转弯、避障、超车动作进行规划。

在这样逐层递进的流程下，全局规划提供低频刷新的"粗略"路径，在环境感知的前提下进行实时预测与动态决策，再通过局部运动规划对周围环境进行瞬时响应，智能决策便能够在自动驾驶工况下起到一定的"类人脑"的核心作用。

由此可见，智能决策的根本优点在于可以更全面、更迅速地感知环境，并代替人类驾驶员做出决策，但局限性也在于，人工智能的发展在很长一段时间内依然无法完全模拟人类大脑。

首先，真实的驾驶场景是一个多智能体决策环境，类人脑的驾驶决策算法的优化仍然需要更加完善与高效的人工智能模型；其次，即使是自动驾驶车辆，对于环境信息也不可能做到完全的感知；最后也是最关键的一点，真实的驾驶场景千变万化，想要预测行驶环境内的其他要素在未来一段时间内的状态，需要大量的经验数据作为基础，这些数据需要尽可能地覆盖到各种罕见的路况，这也是驾驶决策发展的最大瓶颈所在（图 2-41）。

图 2-41　智能驾驶决策场景

随着人工智能和算法技术的飞速发展，自动驾驶的智能决策模块可以越来越类人脑，但是想要真正做到全面感知和全场景覆盖，依旧道阻且长。但相信随着覆盖的场景越来越多，数据库越来越完善，即使全自动驾驶难以实现，在不久的将来，能够更长时间地"解放双手"的半自动驾驶必然会成为大势所趋。

2.1.3.2　智能决策技术能否取代人类驾驶员？

随着智能网联技术的发展，越来越多新鲜的名词出现在智能汽车的领域中，比如说智能决策技术，这项技术是以环境探测技术积累为基础的，进行智能决策并做出控制执行是核心，利用后台丰富的大数据以及车辆监测的道路反馈信息形成整合力，进一步提升安全与舒适性，也就是解放人类驾驶员的工作。智能决策技术包含信息融合技术、危险态势分析技术、路径轨迹规划技术、行为决策技术、危险预警技术等，是智能网联汽车领域的重要技术分支，其应用领域较宽，具体来说有自适应巡航系统、车道偏离系统、碰撞系统、路径规划系统、车道保持系统等。

只要是机器，那么事故是不可避免的。人们都会生出这样的疑问：智能决策技术能否取代人类驾驶员？网络上有的文章中有类似这样的话语——"智能决策技术能达到人类驾驶员的 90% 水平"——这个 90% 的数字怎么来的却没有体现，缺乏数据支持和泛泛而谈的百分比显然是不值得信任的。实际上，在某些领域，智能决策技术已经体现了它的价值。

2019 年 3 月 10 日，埃塞俄比亚航空公司一架载 157 人的 737MAX 8 型客机坠毁，机上人员全部遇难（图 2-42）。实际上，该航班并没有遇到异常艰难的挑战，只是飞机机载雷达上显示有典型风暴区，而在他们之前途经此地的航班大多选择绕过风暴区。但这一风暴有些特殊，其高度达 60000ft（约 18300m），大大超出了商用飞机的飞行上限，等驾驶舱中的两个飞行员意识到风暴的程度时，已经无法避开了，而且经验丰富的机长此时正在轮换休息中。当客机进入高耸的积雨云时，遭遇了冰冻，冻结了空速管传感器，在无法获取飞行速度的情况下，机上的计算机自动驾驶功能关闭，控制权交回给了两位

图 2-42　失事飞机残骸

飞行员，然而他们也同样无法知道飞机当时的速度。因此，其中一位飞行员试图在不确定速度的情况下保持飞机高空飞行的状态，但他做了一件最不该做的事情：他拉了操纵杆试图让飞机实现爬升，但这个操作恰好让飞机失速。

事实上几分钟之后，飞机的空速管传感器就恢复了工作，此时如果将飞机的操控权重新交给自动驾驶系统，那么飞机的智能决策系统就能够做出正确的选择并保证整机人员的性命。可惜两位副机长并没有做到这一点，甚至忽略了计算机给出的多达 75 次的失速警告。在这种突发事件中，拥有大量数据作为基础的智能决策系统毫无疑问能够发挥更大的作用，它甚至能在短短的几分钟内模拟出成千上万次的结果从而择优选择，这往往是人类驾驶员无法做到的，他们的操作更多是依据亲身体验过的经历和模拟练习。

在安全系数更高的飞机上，智能决策技术都如此得重要，那么将其应用到智能汽车上，显然是相当正确的一个选择。甚至可以说，一部分对于自身安全极其看中的人非常迫切地希望智能决策系统运用到日常出行更加常用的汽车上。

那么目前汽车智能决策技术发展状况如何呢？首先我们需要了解的是，汽车的智能决策依赖于自动驾驶芯片、域控制器、软件计算平台等，其核心是自动驾驶芯片和 AI 算法。

通常人们提到的汽车芯片主要指计算芯片，按集成规模可分为 MCU 芯片和 SoC 芯片。MCU 是芯片级芯片，即常说的单片机，一般只包含 CPU 这一个处理器单元；SoC 是系统级芯片，包含多个处理器单元。随着自动驾驶等级的升高，其决策层算力需求不断提升，因此汽车芯片正从 MCU 芯片向 SoC 芯片进化。SoC 芯片是可实现高级别自动驾驶功能的自动驾驶芯片，通常为多核结构，需要集成除了 CPU 以外的一个或多个 XPU 来做 AI 运算，XPU 可选择 GPI/ASIC/FPGA 等处理器芯片，目前市场上的主流架构方案有"CPU+ASIC"、"CPU+ASIC+GPU"和"CPU+FPGA"，代表企业如图 2-43 所示。其中，"CPU+ASIC+GPU"是目前使用最多的架构方案，2022 年占据大约 58.5% 的市场份额。

据统计，2022 年全球自动驾驶芯片市场规模为 724 亿元，比上年增长 12.77%，预计在 2025 年将超过 1000 亿元，2023 年将超过 2000 亿元。自动驾驶芯片市场头部效应显著，英伟达、英特尔 Mobileye 等外资品牌占据了超过 80% 的市场份额，不过中国芯片企业正在奋力追赶。特别是 2021 年汽车行业缺"芯"导致车辆减产，国产芯片供应商越发重视自

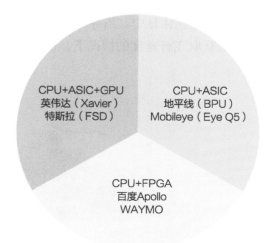

图 2-43　主流智能驾驶芯片方案及代表企业

主研发能力的提升。2021 年地平线 J3 芯片实现量产，开始逐步抢夺低算力（30TOPS 以下）市场的份额。2022 年，在中国市场乘用车前装标配智能驾驶域控制器芯片的出货量中，地平线已跃居第二。目前，地平线借助征程系列芯片成为了目前市场上唯一提供两种高低版本芯片解决方案的供应商。2023 年 4 月黑芝麻智能推出了"武当"系列芯片，是国内首个智能汽车跨域计算芯片平台。华为海思也在自主研发智能驾驶芯片，并在奥迪、沃尔沃、北汽极狐等品牌车辆上成功搭载。

　　汽车能够针对当前行驶状况做出正确决策是 AI 算法的功劳。自动驾驶问题是高维度空间中的非凸问题，自动驾驶汽车如何通过环境感知传感器的反馈正确理解外部环境和自身行驶状态，如何预测周围障碍物的意图及轨迹，又如何找到一条集安全、舒适和省时为一体的最优路径，都是至关重要且富有挑战的。这其中涉及轨迹预测算法和路径规划算法等。目前，随着 AI 技术的发展，深度学习技术在智能驾驶领域广泛应用。2021年特斯拉在 AI Day 上第一次提出将"BEV+Transformer"的算法形式引入自动驾驶，开启了自动驾驶的崭新时代。BEV 的全称是 Bird's Eye-View（鸟瞰图），即通过神经网络将各个摄像头和传感器获取的信息（2D 图像）进行融合，生成基于俯视的"上帝视角"的鸟瞰图（3D 空间），特斯拉引入 Transformer 算法大模型实现了这一转换。2022 年 AI Day 上，特斯拉推出了升级的 Occupancy Network（栅格网络），环境中的物体无法用模型穷举实现识别，Occupancy Network 将空间分割为体积不等的栅格，预测其是否被占用，从而解决了通用障碍物的识别的问题，其感知结果可以直接指导后续的路径规划。特斯拉表示，在大模型助力下，目前已经实现在 100μs 内生成一个候选规划路径。

　　在可预见的未来，智能决策技术依然会保持高速发展态势，越来越多的学者和企业投入到相关研究中，市场也会保持活力，新的技术和新的产品将不断涌现。

　　各国的汽车智能决策技术都实现了不错的应用。例如，由法国初创公司 Navya 研发，法国专用客车运输公司 Keolis 出品的穿梭巴士在市中心地区免费搭载乘客，可实现环绕 1km 的既定路径运行（图 2-44）。毫无疑问该车搭载的硬件都足够先进，可惜在决策方面对突发情况应对仍然不足够，仅在运行 1h 后，车头与另一辆从车位倒出的货车的车尾相撞，而被迫停止运行。

图 2-44　法国 Navya 与 Keolis 研发的小型无人驾驶穿梭巴士

在日本，SB drive 在日野汽车平台基础之上，对车辆进行了自动驾驶改装，安装了前向激光雷达与 360° 环视系统，实时感知行驶环境，同时以 GPS 高精度定位与移动互联网结合实现车辆自动驾驶导航（图 2-45）。软银（SB）公司在自动驾驶小巴试验方面起步较早，目前已经能够实现从乡村到城市道路的公交线路运行，具备较强的自动驾驶研发与工程应用能力。

图 2-45　软银公司 SB drive

所以说目前仍然有较多的智能决策技术问题等待解决，决策环境的不确定性，信息的不完全、不精确性，决策信息的分布性特点等，都给智能决策支持系统带来新的挑战，更高智能的智能决策支持系统需要这些方面的研究进展，比较突出的有如下几个问题。

首先是对于决策过程的理解。人脑是十分精密的器官，就目前而言，智能对人类决策过程的理解还仅限于具有明确过程性和可计算性的部分，对更高级的人类决策过程还缺乏明确的认识。未来智能决策系统如何在复杂多变的环境中，在具有不完备、不确定甚至是错误信息的情况下，像人脑一样做出正确的决策，显然仍有较长的路要走。

其次是时空与多维决策过程方面。比如在决策的实时性要求较高的场合，时间可能就是最重要的决定因素，空间则用来观察外部世界。如何将各种各样的因素有效结合，这些都是新的挑战。

智能决策技术的未来可以说是无限宽广的，在资金投入和研究相辅相成的推动下，现有的问题都将被研究解决，让我们一起期盼未来能够完全依靠智能决策的智能汽车吧。

2.1.4　控制执行：自动驾驶的"手脚"

2.1.4.1　控制执行的功能分类

在上一小节中，我们介绍了自动驾驶的"指挥官"——智能决策的发展现状和应用场景，并在路径规划中对全局和局部运动规划进行了区分。全局规划就如同"地图导航"一般，通常只需要形成一个粗略的路径；局部运动规划却需要实施生成精确的路径，具体到如何转弯、如何超车等等，从而保证车辆按照规划目标行驶。

但是，在做出具体的决策和指令之后，又如何才能保证车辆根据指令进行运动和行驶呢？这就是本节我们要学习的内容——控制执行模块。

环境感知模块如同自动驾驶技术的眼睛，负责采集并处理环境信息和车内信息，理解自身和周边的驾驶态势；智能决策相当于大脑，依据感知信息来进行决策判断，制定相应控制策略，替代人类驾驶员做出驾驶决策；而控制执行就相当于驾驶员的手脚，在系统做出决策后按照决策对车辆进行控制，反馈到底层模块执行任务（图 2-46）。

因此，尽管决策规划一直是自动驾驶最核心和最需要突破的技术之一，但"不能脱离手脚谈大脑"，如果把规划决策和控制执行剥离开来，自动驾驶就会无从做起。

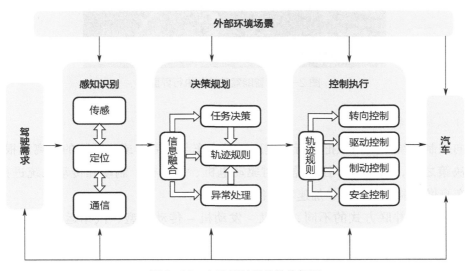

图 2-46　自动驾驶系统结构框图

具体来说，控制执行功能包括哪些部分呢？

控制执行是汽车安全和平稳行驶的基础，在传统的驾驶汽车的过程中，驾驶员可以通过踩踏加速踏板、转动方向盘、拉起驻车制动等动作直接对车辆的驾驶进程进行控制，那对于自动驾驶来说，又该如何实现呢？

"驾驶员"角色的缺乏，使得车辆需要把各个操控系统直接通过总线与决策系统相连接，才能够按照决策系统发出的总线指令精确地控制加速程度、制动程度、转向幅度、灯光控制等驾驶动作，以实现车辆的自主驾驶。

控制执行的功能分类也很直观，分为纵向控制和横向控制技术。纵向控制通常是指对车辆的驱动与制动控制，对应的是驾驶员对加速和制动踏板的操作，实现车速的精确控制；横向控制则是指方向盘角度的调整以及轮胎力的控制，对应的是驾驶员的转向和路径调整动作。

由于道路条件和车上控制系统性能的限制，目前考虑的自动驾驶结构几乎都是手动自动可转换的，且通常仍然需要在智能驾驶汽车上配置各种对应的系统，才能实现其复杂的功能（图 2-47）。

图 2-47　智能驾驶控制执行界面

（1）纵向控制系统

纵向控制系统需要精准把控行车速度以及本车与前后车或障碍物的距离，根本上是在做出决策之后，通过整车控制器，对驱动电机、发动机、制动和传动系统进行控制，从而使车身做出制动、起步、加速等动作。

系统之间串并联方式的不同，电机 – 发动机 – 传动模型、汽车运行模型和制动过程模型的不同，所结合的控制器算法的不同，都会造成纵向控制系统结构的差异（图 2-48）。

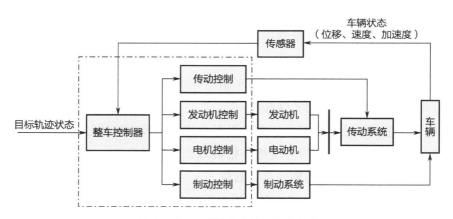

图 2-48　典型的纵向控制系统结构

相比驾驶员的人脑决策来说，自动驾驶的纵向控制系统对危险场景的反应速度更快，避撞控制更加精确、有效，因此被认为是最重要的控制系统之一，也是自动驾驶解决交通堵塞、降低交通事故发生率的有效方式之一，可以最大限度避免交通事故的发生以及人员的伤亡。

同时，由于机器的决策结果更精细，控制精度更高，纵向控制系统在保证自动驾驶行驶安全的前提下，还可以相对缩短车间距离，从而有效提高道路通行率，降低交通拥堵概率，并减轻因此产生的环境污染。

目前，实现 L1 以上级别的自动驾驶汽车几乎都配备了自适应巡航控制系统（ACC）和紧急制动系统（AEB），可以使车辆和前方车辆始终保持安全的距离，确保汽车的安全性，同时在车辆遇到紧急情况时，能够进行充分有效的制动，及时将决策和控制权交还给驾驶员（图 2-49）。

图 2-49　通过 ACC 和 AEB 可以自动保持安全的跟车距离

（2）横向控制系统

横向控制，顾名思义就是指垂直于运动方向上的控制，因此，横向系统同样需要对电机、制动系统的控制，除此之外，还需要通过线控转向来控制车辆的正常转向。

横向控制不仅能在功能上使汽车根据上层运动规划输出的路径、曲率等信息进行跟踪控制，保持期望的行驶路线，减少跟踪误差，同时也可以保证车辆行驶的稳定性和舒适性，保证乘客在不同的车速、载荷、风阻、路况下均有良好的乘坐体验（图 2-50）。

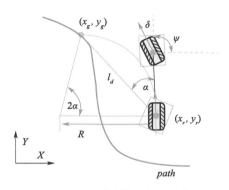

图 2-50　横向控制的相关参数

对于人类驾驶员来说，转向控制本身就需要丰富的驾驶经验与累积的驾驶技巧，因此自动驾驶中横向控制的实现，很大程度上依然依赖于模拟驾驶员的行为，比如直接基于简单的运动力学模型和驾驶员常用的一些控制操作规则来设计控制器，尽管运动力学模型会比较全面地考虑到路况、行驶状态、舒适性等指标的约束，但依旧存在着模型不够精确、场景不够全面的缺点。

因此，随着大数据和云计算技术的越发成熟，机器学习越来越多地被应用在控制系统中，直接使用驾驶员操纵过程的数据来训练控制器获取控制算法，相当于将驾驶员的成熟的驾驶工况与应对策略让机器进行学习，让控制系统的学习场景更加全面，在面对复杂的行驶工况中也就会更加智能。

通过纵向和横向控制系统的配合，自动驾驶汽车能够按照按给定目标和约束，跟踪目标轨迹准确稳定行驶，同时在行驶过程中能及时、准确地进行车速调节、车距保持、换道、超车等基本操作（图 2-51）。

图 2-51　通过纵向和横向控制系统的配合，实现自动驾驶

但要真正实现点到点的自动驾驶运行，车辆控制系统必须获取道路和周边交通情况的详细动态信息和具有高度智能的控制性能。完善的交通信息系统和高性能、高可靠性的车上传感器及智能控制系统，依旧是实现自动驾驶的重要前提。

2.1.4.2　真正的自动驾驶还有多远？

前面介绍了许多控制执行系统的分类，那么，现有的控制执行是如何运作的呢？传统的汽车控制系统中，往往需要依赖于结合动态信号传输、建立运动方程、最优化模型等技术进行复杂的计算，而智能化的控制方法，主要体现在对控制对象模型的运用和综合信息学习运用上。

自动驾驶的核心不在车，而在人，是物化驾驶员在长期驾驶实践中，对"环境感知—决策规划—控制执行"过程的理解、学习和记忆，因此，**神经网络和深度学习逐渐成为应用在智能控制系统中的算法基础**。

神经控制通过研究和利用人类驾驶员的大脑结构机理以及知识和经验，把控制问题拆封为模式识别问题，将被识别的模式映射成"行为"信号的"变化"信号，而深度学习可以进一步免除人工选取信号特征存在的高维数据和繁复冗杂的问题，在特征提取和模型拟合方面都更具有优势（图 2-52）。

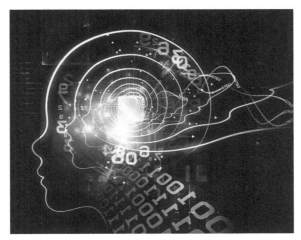

图 2-52　研究人类驾驶员的大脑

而根据从环境感知到最终控制决策的映射过程的差异，自动驾驶控制技术可以分为间接控制和直接控制两种不同方案。

间接控制往往会根据当前车辆的行为需求，在满足车辆自身运动学和动力学约束条件下，规划出一条空间上可行且时间上可控的无碰撞安全运动轨迹，然后设计适当的控制律跟踪生成的目标轨迹，从而实现自主驾驶，是目前比较主流的控制方法。

直接控制则对应了上文我们说到的"模拟人类驾驶员"的方法，是基于人工智能的智能驾驶车辆自主控制决策方法。虽然直接控制不需要建立数学模型，具有较强的机动性和实施性，但对于控制对象和环境状态的确定性要求较高，也就是说对于不确定性、不可预测和不可穷尽的真实行驶环境来说，目前依然很难实现。

我们距离自动驾驶完全自主地进行控制执行还有多远？

完全的自动驾驶意味着车辆具有和人类驾驶员完全对等甚至更胜一筹的决策大脑，以及过硬的控制执行系统和驾驶操作能力。也就是说，无论在简单道路场景还是复杂的道路环境下，自动驾驶系统不仅能及时察觉、判断车内外环境的变化，还能够据此选择正确的方位和反应动作，从而有效地防止道路交通事故的发生。

正如上文所说，人工智能的控制执行系统本质上是模拟人脑对外界环境信息和车体本身信息的感知，通过对驾驶员驾驶样本数据的统计分析和系统辨识技术来建立模型，但这种基于人工智能的控制方法需要较多的先验知识，对环境的适应性差。

同时，驾驶行为具有异常复杂的模型，其分类方法也不尽相同。例如，有些方法将驾驶员模型分为跟车模型、转向模型、驾驶负担模型和安全模型等，都是基于某些固定的场景，且更多是为了研究汽车闭环操纵稳定性以及汽车动力学优化设计等，距离工程

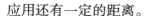

应用还有一定的距离。

更重要的是，人工智能算法通过在与环境的交互过程中根据反馈信号实现决策的优化，并进一步发布指令给到控制执行系统，但是在过于复杂的行驶环境中，算法的收敛速度直接影响自动驾驶对路况相应的实时性。因此，如何提高学习算法的算力与速度，也是当前的一个研究难点。

2.1.5 自动驾驶技术的常见功能

2.1.5.1 自动泊车帮你"一把入库"

提起倒车入库，不少人都会惊起一身冷汗，回想起当年学车时被科目二倒车入库支配的恐惧，教练的哀其不幸怒其不争仿佛还历历在目。就连知名的职业赛车手韩寒也在他执导的电影《飞驰人生》中借天才赛车手林臻东之口调侃起了自己当年的经历："科目二是挺难的，我当时也没过。"

而当自己好不容易拿到驾照成功上路后，倒车入库依然是不少新手的噩梦。方向盘左打打右打打，车子一会儿前一会儿退，磨磨蹭蹭十多分钟终于有惊无险地停入了车库，还没来得及夸夸自己，扭头一看旁边的车，人家停车、挂倒档、打方向一气呵成，不禁感慨："我何时才能像老司机那样一把入库啊！"

正常来说，想要成为一名熟练的驾驶员，是需要数年经验的积累，但随着近年来自动泊车技术的发展，新手想要一把入库也不再是难事。

那什么是自动泊车呢？自动泊车顾名思义，就是由智能汽车自己来完成泊车（图2-53）。此时驾驶员只需要将车开到车位附近，通过车载显示屏甚至是手机App从智能汽车为你提供的几个可停车位中选择想要停入的车位，确认后智能汽车便会自己控制方向盘与踏板，成功一把入库。在此过程中，驾驶员甚至可以全程下车欣赏智能汽车这个"老司机"的车技。

图2-53 自动泊车示意图

目前自动泊车技术有智能泊车辅助（IPA）、自动泊车辅助（APA）、远程遥控泊车辅助（RPA）、自动代客泊车（AVP）、固定车位无人记忆代客泊车（HAVP）、公共停车场无人免学习代客泊车（PAVP）等。

智能泊车辅助（Intelligent Parking Assist，IPA）功能可以在车辆泊车时，自动检测泊车空间并为驾驶员提供泊车指示和 / 或方向控制等辅助功能，如图 2-54 所示。

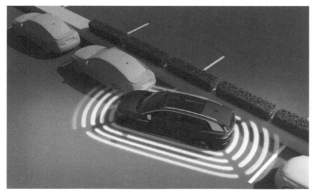

二维码视频 2-11
大众 ID.6X 搭载的
ID 泊车管家

图 2-54　智能泊车辅助（IPA）

泊车时，系统将监测车辆周围的广阔区域，如有可能接触到车辆前部或者后部的静止物体，或有可能接触从后侧方接近的车辆，系统会发出蜂鸣提醒，并将启动驱动力控制和制动控制，从而避免轻微碰撞并降低损失，对于误踩加速踏板或者踩得过深等情况也能有效缓解。

如大众 ID.6X 搭载的 ID 泊车管家，可以在车辆需要停车时，主动识别附近车位并自动换档、控速、制动、停车；当系统识别到已记录的行车路线时，将接管停车操作并引导车辆到目标位置。

自动泊车辅助（Auto Parking Asist，APA）是目前市面上比较常见的泊车辅助系统，它主要使用车辆的环视摄像头与超声波传感器的融合方案来辅助驾驶员完成停车操作。系统能够检测并测量停车位的大小，然后根据检测到的空间信息，决定是否启动泊车操作，如图 2-55 所示。一般而言，在 APA 工作过程中，驾驶员需要控制档位和踏板，APA 系统则负责执行精确的转向操作，帮助车辆安全停入指定的停车位。

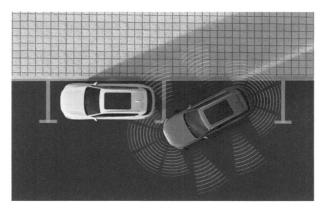

二维码视频 2-12
APA 自动泊车辅助

图 2-55　自动泊车辅助（APA）

以奔腾 B70S 为例，其搭载的自动泊车系统通过超声波传感器，可自动搜索道路两侧的停车位，选定停车位后，系统会自动计算泊车轨迹；驾驶员长按 APA 开关，不需要踩制动踏板、加速踏板以及换档和转向，系统会自动完成车辆的"一键"全自动泊车，可实现水平车位泊入、垂直车位泊入和水平车位泊出三种功能模式。

远程遥控泊车辅助（Remote Parking Asist，RPA）是一种在 APA 基础上进阶的泊车辅助系统，主要特点便是引入了远程遥控泊车功能。该系统允许驾驶员在车辆外部使用钥匙、智能手机或其他遥控设备来远程控制车辆的泊车操作，驾驶员可以通过远程操作启动和停止车辆，同时控制车辆的转向和加速，以完成自动泊车，如图 2-56 所示。

图 2-56　威马 W6 搭载的远程遥控泊车辅助（RPA）

RPA 可以解决的痛点包括：新车停车不会操作方向盘、制动和档位，狭窄车尾上、下车不方便，泊车过程中容易造成剐蹭事故等。

自动代客泊车（Automated Valet Parking，AVP）是一种高度自动化的泊车系统，它结合了先进的传感器技术、摄像头、雷达和通信系统，以实现全面的环境感知和自主决策能力，从而允许车辆在没有驾驶员的情况下，在垂直车位、水平车位、斜面车位等环境下进行自主的泊车操作，如图 2-57 所示。

二维码视频 2-13
星途瑶光 AVP 代客泊车辅助

二维码视频 2-14
极狐阿尔法 S 全新 HI 版 AVP 代客泊车辅助

图 2-57　自动代客泊车（AVP）

　　在搭载 AVP 功能的车辆中，驾驶员只需选择适当的停车位，并将车辆停放在泊车场入口附近的指定区域，然后，驾驶员可以离开车辆，通过使用智能手机应用程序或其他控制装置发送指令，激活 AVP 系统。激活后，AVP 系统会利用车载传感器和摄像头感知周围环境，并根据环境信息进行路径规划和决策。系统会自主控制车辆的加速、制动、转向和停车操作，以确保车辆安全、准确地驶入指定的停车位。在停车完成后，车辆可以自动停车锁定，确保稳定停放。

　　AVP 系统还能够通过与停车场的基础设施进行通信，以获取实时的停车位信息和指导。这种通信技术可以使车辆在复杂的停车场环境中更加准确地执行泊车操作，并提供更高的安全性和效率。

　　目前，AVP 系统仍处于不断发展和改进的阶段，并在部分智能化程度较高的汽车品牌中进行研究和应用。

　　固定车位无人记忆代客泊车（Home Automated Valet Parking，HAVP）多用于家或办公室这种起点与终点路线都固定的泊车场景，前期需要人工驾驶学习泊车路线，车辆会通过毫米波雷达、摄像头及超声波传感器等记录相关数据并传至云端服务器，之后便可通过手机操作车辆无人驾驶泊入、泊出车位（图 2-58）。

图 2-58　固定车位无人记忆代客泊车

　　HAVP 可以实现两个动作：被叫出车位和独立找到车位停车。第一次使用 HAVP 时，车辆需要一个学习过程，即用户需要手动驾驶从停车位到取车点和从落车点到停车位。所谓"学习过程"，可以理解为"人坐在车上指导车辆学习停车路线"，即记录车辆停车的行驶轨迹信息并上传用户的行驶路线；然后，当车辆实际自动停放时，车辆会复制用户之前的行驶路线，从而完成自动停放的入库和入库动作。当然，用户在车辆"学会路线"时需要注意保证合规驾驶，避免自动泊车时出现不必要的危险。

　　公共停车场无人免学习代客泊车（Public Automated Valet Parking，PAVP）多用于商场、写字楼等这种起点与终点路线不太固定的泊车场景，也被称作高精地图泊车。通过高精地图和云端百万级算力，PAVP 在特定停车场环境内可帮助车辆进行自动过匝道、排队

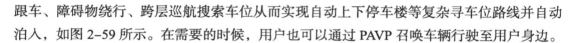
跟车、障碍物绕行、跨层巡航搜索车位从而实现自动上下停车楼等复杂寻车位路线并自动泊入，如图 2-59 所示。在需要的时候，用户也可以通过 PAVP 召唤车辆行驶至用户身边。

二维码视频 2-15
威马汽车公共停车
场无人免学习代客
泊车系统

图 2-59　公共停车场无人免学习代客泊车

相比较而言，PAVP 确实更加智能，然而，PAVP 对高精地图有强烈的依赖，它需要利用高精地图中的数据来提供车辆的准确定位和环境感知。通过将车辆的实时位置与地图数据进行比对，系统可以确定车辆所处的道路和停车位，并计算最佳的泊车路径。另外，高精地图所包含的停车场的结构和布局信息，包括停车位的位置、尺寸和可用性等对于 PAVP 自主泊车操作也至关重要。所以，它只能应用于开放有高精地图的停车场，这限制了它的使用范围。对比来看，HAVP 虽然只能到固定车位，但是它不限停车场，同时有些厂商甚至可以根据图像识别做到不需要固定停车位。

JD.POWER 中国消费者自动驾驶信心指数调查发现，停车场景（即自动泊车）是超四成消费者期待最先实现无人驾驶技术落地的场景。因此，自动泊车自然成为厂商特别是高端智能电动车的"标配"。近几年，越来越多的车型都提供了自动泊车的功能，从奔驰、宝马、奥迪等老牌车企，再到小鹏、蔚来等新兴车企，无一例外都在尝试将自动泊车的功能搬上自家的汽车，许多车主也都开始积极尝试这一新鲜的功能。但当下各品牌自动泊车技术的先进性参差不齐，仍需要进一步的优化。

那么，为什么自动泊车这项技术近几年突然开始广泛发展了呢？

其实自动泊车这项技术早就不是什么新鲜玩意了，早在 1992 年，大众公司就已经在他们的概念车 IRVW（Integrated Research Volkswagen）上采用了自动泊车技术。IRVW 是一款具有全自动泊车功能的汽车，其行李舱中安装了一个如同个人电脑大小的计算机来控制整个自动泊车系统。大众当时估计这一功能会使汽车售价提高约 3000 美元，所以后来并没有将这套系统投入生产。

尽管早年由于成本和技术的限制，自动泊车系统难以应用到市面上的乘

二维码视频 2-16
自游家 NV 自动泊
车辅助视频

用车上，但倒车入库这一难题始终萦绕着广大新手驾驶员，因此催生出了自动泊车系统的前身——辅助泊车系统。

（1）成功的尝试——辅助泊车系统

辅助泊车系统主要是靠在车身边缘附件安装雷达传感器，通过雷达传感器帮助驾驶员识别视野盲区内的障碍物，通过警报声频率的变化提醒驾驶员当前车辆与障碍物之间的距离。

到了 21 世纪初，许多车型都配备上了倒车摄像头，日产公司更是率先在车上装了好几台摄像头，通过图形拼接推出了全视野泊车系统。同时随着车载 DVD 影音系统的发展，众多的乘用车上都配上了一块显示器，两者相互配合，使得驾驶员能够在显示器上更为直观地看到车辆附近的情况，促进了泊车辅助系统的发展。

辅助泊车系统是汽车发展史上一项十分成功的发明，它不仅能帮助新手放心大胆地尝试停车，也能帮助"老司机"确保万无一失，直到现在绝大部分的车辆都依然搭载着辅助泊车系统。

（2）失败的进步——半自动泊车辅助系统

经历了辅助泊车系统的成功后，汽车工程师备受鼓舞，在此基础上更进一步，研发出了半自动泊车辅助系统。

半自动泊车辅助系统可谓是不忘初心，继续在努力实现全自动泊车的道路上渐行渐远，只可惜当时技术发展不够，无法做到整个泊车过程全自动，只好退而求其次，由汽车和驾驶员合作完成整个泊车过程。

它的操作过程是这样的：在停车位附近保持低速行驶，汽车通过雷达识别出附近的可停车位，驾驶员选择想要停入的车位，接着由车辆自动控制方向盘，而驾驶员则根据仪表盘上的提示进行挂档、踩加速踏板、踩制动踏板等操作，反复几次后，便能顺利停入车位（图 2-60）。

图 2-60　哈弗 H7 自动泊车辅助系统

然而，尽管整个过程听起来很美好，但实际的用户体验却是天差地别。一方面是车位识别问题，许多车型的半自动泊车辅助系统设计得过于谨慎，稍窄一点的车位都无法识别；另一方面是驾驶员的配合问题，驾驶员对汽车发出的操作提示指令执行得总是存在一些偏差，一旦出现误操作自动泊车系统便中断了，还需要出来重新扫描车位、重新操作，非常麻烦。

因为这些使用过程中的种种问题，半自动泊车辅助系统与它的前身——辅助泊车系统同根不同命，被众多车主纷纷吐槽不好用，更有人称其为汽车发展史上"最鸡肋的发明"。不过也难怪，半自动泊车辅助系统，对于新手而言不仅用起来麻烦，注意力还需要高度集中，稍有不慎就容易撞车，对于老手而言更是完全没有任何作用。

（3）胜利的曙光——全自动泊车系统

到了近几年，随着谷歌、百度对无人车的大力投入，再加上特斯拉的高光表现，掀起了一股无人驾驶的热潮。而汽车工程师心心念念的全自动泊车系统也终于迎来了技术上的突破。

但目前各家车企的全自动泊车系统还有些良莠不齐，作为一种新兴技术，奔驰、奥迪、大众等老牌车企相比于特斯拉、蔚来、小鹏等新势力并没有显现出优势，尤其是成立没几年的小鹏汽车，自动泊车作为其一大卖点也确实没让消费者失望。

那么小鹏汽车等新兴车企为什么能在自动泊车这一技术上赶超众多老牌车企呢？自动泊车技术又为何一直到近几年才正式投入使用呢？接下来就向大家简要介绍这一技术的原理。

1）车位识别。正如人类驾驶员停车时第一步是找车位一样，自动泊车系统的第一步也是车位识别。早期的车位识别利用超声波传感器特性，识别车位的边缘形状，但这种方法仅局限于具有广辐射角的传感器；随着摄像头与人工智能技术的发展，工程师开始通过视觉识别目标车位标识线，计算目标车位的尺寸，同时通过建立训练目标车车位图像样本集，进行车位的匹配识别；同时由于激光雷达的高准确性，通过扫描目标车位轮廓信息，构建二维图像，进行车位建模，计算车位尺寸的方法也逐渐应用于车辆上。

通过超声波传感器、摄像头、激光雷达等"眼睛"看完后，就由车载计算机这个"大脑"来判断车位是否满足需求。目前常用的识别算法有基于机器学习的算法，比如卷积神经网络等，还有基于特征匹配的算法，比如 ORB、SIFT+SURF 等。

自动泊车技术直到近几年才投入使用，很大一部分原因也是受限于各项传感器等硬件方面以及人工智能算法等软件方面的发展。

2）轨迹规划。识别到目标车位后，就需要规划一条入库时汽车走的轨迹了。在进行轨迹规划时，有两项重要的原则：第一项当然就是安全性，必须确保整个泊车过程中不会与周围的障碍物发生碰撞；第二项则是保证轨迹的曲率连续，通俗点来说就是要使整个轨迹十分平滑，不会突然出现折角。

为了保证以上两项原则，目前常用的方法就是采用基于几何信息的圆弧和直线的组合进行轨迹规划，在进行侧方位停车时，多采用"圆弧 – 直线 – 圆弧"的组合方法（图2-61）；而在进行垂直入库时，多采用"直线 – 圆弧 – 直线"的组合方法，并通过多次多项式对轨迹进行拟合，进一步提高路径的平滑性。

图 2-61　侧方位泊车轨迹示意图

3）轨迹跟踪。规划好泊车的轨迹后，接下来便是按照所规划的轨迹进行泊车啦。轨迹跟踪的原理和人类驾驶员的操作十分相似，传感器实时向车载计算机报告当前车辆位置与理想轨迹之间的偏差，若是偏右了一点，车载计算机就控制方向盘向右打一点，若是偏左了一点，车载计算机就控制方向盘向左打一点，通过不断地检测与修正，达到跟踪目标轨迹的效果。

目前常见的轨迹跟踪控制方法有 PID 控制、LQR 控制、MPC 控制、滑模控制和模糊控制等。

尽管自动泊车技术日趋成熟，众多车型上都搭载上了自动泊车系统，许多车主也纷纷表示愿意尝试这一新兴技术，但不可否认的是当前自动泊车技术还不够完善，很多车型在进行自动泊车时成功率并不高，即使是技术最为成熟的特斯拉、小鹏等车型在进行自动泊车时成功率也并不是百分之百。但我们相信，随着科学技术的不断发展，在不久的未来我们都能享受到方便实用的自动泊车服务。

2.1.5.2　自适应巡航助你"解放右脚"

在开车过程中，最累的莫过于我们的右脚了。复杂的市区路况导致频繁的加速减速、起步制动，这使得驾驶员的右脚不得不频繁地踩下、松开踏板；而在车辆稀少的长直线路段，而为了让车辆匀速行驶，驾驶员又不得不长时间让右脚保持在一个姿势。

为了解放驾驶员疲惫的右脚，汽车自适应巡航应运而生，随着近几年自动驾驶的火热发展，自适应巡航这一技术也开始广泛地应用于各种车型。

什么是自适应巡航呢？

自适应巡航控制（Adaptive Cruise Control，ACC）系统可实时监测车辆前方行驶环境，在设定的速度范围内自动调整行驶速度，以适应前方车辆和／或道路条件等引起的驾驶环境变化（图2-62）。在这一过程中，驾驶员不需要对加速踏板或制动踏板进行操作，解放右脚，让汽车自己跟随前车行驶。

二维码视频2-17
理想ONE全速域
自适应巡航＋车道
保持辅助

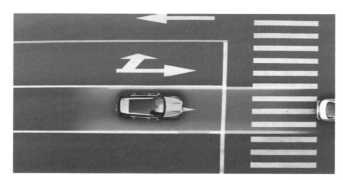

图2-62　自适应巡航示意图

近几年随着汽车自适应巡航技术的发展，这一技术不再像以前那样只是豪华车的专属了，现在我们身边的普通国产车型也都已经开始配备上了自适应巡航，例如比亚迪秦Pro、长安睿骋CC和吉利帝豪GL等。

那么为什么汽车自适应巡航这一技术近年来发展如此迅速呢？它又有着怎样的发展历史呢？

提起"巡航"两个字，很多人也许会不解："巡航"不是航空、航海领域的专业名词吗？怎么汽车也用起了"巡航"？

没错，"巡航"一词的确是来源于航空航海领域，自动巡航技术最早也是应用在航空领域。飞机在飞行过程中，在航道已经被规划好的情况下，如果没有什么突发情况或是特殊原因，飞机便能沿着规划好的航道自己飞行，不再需要飞行员的控制。

这一黑科技很快被汽车领域相中了：连飞机这么复杂这么庞大的交通工具都能实现自动巡航，我们这一个小小的汽车岂不是更不在话下？于是众多汽车工程师开始了对自动巡航技术的研究。

（1）自适应巡航的前身——定速巡航

说起自适应巡航，就不得不提它的前身——定速巡航（Cruise Control System，CCS）。汽车发明不久后，工程师就有了想让汽车自己保持匀速行驶的构想，为了实现这一构想，定速巡航这一概念被提出，其功能很简单，让汽车保持在设定的车速一直匀速行驶。

早在1910年，汽车工程师就首次对定速巡航功能进行了尝试，Peerless汽车公司采用了蒸汽发动机上的离心调速器来控制车速，调速器采用重力感应的方式，在汽车上坡时自动增大发动机节气门开度，在汽车下坡时则自动减小节气门开度，以此来控制汽车的速度。这个设计提升了车辆匀速行驶的能力，但由于其控制方法过于粗糙，还不能解放驾驶员的右脚。

到了 1945 年，美国盲人发明家 Ralph Teetor 研制出了世界上首台自动定速巡航控制器——没错，发明者的的确确是一位盲人。这台自动定速巡航控制器通过发动机的转速计算出车辆的行驶速度，然后通过电磁螺线管调整节气门开度从而控制车速，是第一套真正意义上的定速巡航装置。

然而，首台自动定速巡航控制器发明后，迟迟都没有得到汽车厂家的青睐，直到1958 年克莱斯勒顶级车型"帝国"首次配备上了定速巡航（图 2-63）。定速巡航真正流行起来的契机是 1973 年爆发的中东石油危机，定速巡航系统节省燃料的优势充分体现出来后被各个汽车厂所接受，于是美国的很多厂商都提供了定速巡航配置选装。

定速巡航的出现，让驾驶员在高速公路以及车很少的城市路段无须再控制加速踏板，极大地解放了驾驶员的右脚。然而好景不长，随着汽车制造业的蓬勃发展以及人们生活水平不断提高，汽车的保有量也不断增加，行驶在路面上的车辆越来越多，留给定速巡航使用的场景越来越少，人们逐渐开始认为定速巡航是汽车上一个鸡肋的功能。

然而，对于汽车巡航的研究，也一直没有停滞。

图 2-63　首次搭载定速巡航装置的克莱斯勒帝国轿车

（2）定速巡航的进化——自适应巡航

前文说到，由于路面上的车辆越来越多，一旦前方出现车辆减速或是有旁边车变道，驾驶员就不得不关闭定速巡航功能进行减速操作，这使得定速巡航越来越难以派上用场。大家不禁感叹：要是车辆能自动跟着前车变速巡航就好了！

正是出于这样的想法，自适应巡航技术得到了深入研究。随着雷达、摄像头等感知设备逐渐应用于汽车上，汽车自适应巡航技术也终于不再是纸上谈兵。1999 年，奔驰公司率先推出了基于毫米波雷达的自适应巡航功能，装备于 S 级（W220）和 CL 级轿车。

自适应巡航使得车辆可以自动跟随前车加速减速，与前车保持一定安全距离，这一技术的突破让驾驶员在更多的路况下能享受到"解放右脚"的快乐。

（3）自适应巡航再进化——全速自适应巡航

虽然自适应巡航各方面都很优秀，但却存在着一个难以忽视的弊端，那就是当车速低于一定值（一般为 30km/h）后，为确保安全，自适应巡航就会自动关闭。随着市区路面上的汽车越来越多，拥堵情况也越来越多，自适应巡航的这一弊端也被逐渐放大。

为了避免自适应巡航再次沦为鸡肋功能，汽车工程师苦心研究，终于为自适应巡航配备了一件大神器——自动启停。

自动启停的加入使得自适应巡航再次进化成为全速自适应巡航（Full Speed Range Adaptive Cruise Control，FSRA），即自适应巡航正常使用的车速下限降为 0。它实时监测车辆前方行驶环境，在设定的速度范围内自动调整行驶速度并具有减速至停止以及从停止状态自动起步的功能，以适应前方车辆或道路条件等引起的驾驶环境变化，如图 2-64 所示。

图 2-64　全速自适应巡航控制

例如，福特的 CO-Pilot 360 技术就包含有带交通标识识别、自动跟车启停和车道居中辅助功能的 iACC 全速智能自适应巡航控制系统，系统一经启动，便可根据限速标识自动调整巡航的最高车速。如遇前方车辆频繁启停或骤停骤减，它将自行让车辆减速或停下，待前方情况正常后，立即恢复用户原始设定的车速。同时，用户还可以使用车道居中辅助功能，通过扫描车道标识，确保行车路径始终如一。当然，此功能不可代替正常双手驾驶，若停止时间超过 3s，驾驶员需轻踩加速踏板或按"恢复"按钮以确保车辆再次正常行驶。

又如丰田 DRCC 动态雷达巡航控制系统（带全速域跟车功能），通过毫米波雷达和单目摄像头监测前方车辆，保持与车速相对应的车距，辅助跟车行驶。当前方车辆停止时自身车辆也会停止，并保持停滞状态；当前方车辆起步时，由驾驶员操控起步并再次进行跟车行驶。弯道情况下，在启用动态雷达巡航控制系统时，如系统判断认为必要，会在转向开始时控制速度，同时显示屏会显示系统正在运行。

全速自适应巡航控制系统又被叫作 ACC S&G 停走式自适应巡航控制系统，它是在自适应巡航控制系统基础上升级而来，最大的技术特点是：可以跟随前车至完全静止，再从静止跟随前车直接起步，目前一些量产车的 FSRA 工作速度范围是 0~150km/h，基本可以实现自适应巡航、跟车及车辆停车控制。

许多车型搭载的全速自适应巡航控制针对的是驾驶员在高速公路等直线道路上设置和维持车辆的巡航速度，但在弯道上需要驾驶员主动调整车速或转向。于是，自适应弯道巡航（Adaptive Curve Cruise Control，ATC）功能应运而生，它通过结合车辆的传感器和摄像头，可以感知并分析道路的弯曲程度、半径和曲率等信息，以实现自动调整车速和转向角度，使车辆更加平稳地进入和离开弯道。图 2-65 所示为小鹏 P7 搭载的 ATC 自适应弯道巡航功能。

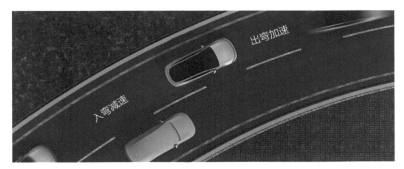

图 2-65　小鹏 P7 搭载的自适应弯道巡航功能

自适应弯道巡航（ATC）可以提高驾驶的舒适性和安全性，减轻驾驶员在弯道驾驶时的负担。它可以更精确地控制车辆的速度和转向角度，适应不同的弯道条件，提供更平稳的驾驶体验，并减少驾驶员在弯道上的操作和调整。然而，驾驶员仍然需要保持警觉，并随时准备接管车辆的控制，以应对紧急情况或系统无法处理的特殊情况。

那么自适应巡航究竟是怎样解放驾驶员的右脚的呢？巡航功能目前还有什么局限性呢？接下来就向大家介绍介绍自适应巡航技术的原理。

在了解自适应巡航的原理前，我们先来聊聊它的基础——定速巡航的原理。

CCS 通过闭环控制保持车辆速度的恒定，其原理结构如图 2-66 所示，其中，定速巡航控制器根据驾驶员设定的车速以及当前车辆的实际车速进行控制，并向动力装置输出期望转矩后传递到车辆的驱动轮，从而实现对车速的控制。

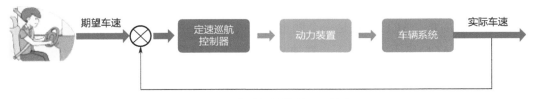

图 2-66　定速巡航控制原理简图

CCS 一般适用于高速且路况较好的情况下，当在畅通无阻的高速公路上长时间行车时，启动 CCS 功能后，驾驶员就不用再去控制加速踏板，减轻了疲劳，同时也减少了不必要的车速变化，可以节省燃料，提升燃油经济性。

部分车型的 CCS 需要车辆有一定的速度之后才能进入（例如有些车的 CCS 需要车速大于 30km/h 才能激活），速度可以通过按钮进行调节，踩制动时功能便会退出。在蜿蜒曲折的道路上或交通拥堵时，不建议使用定速巡航控制；湿滑路面轮胎牵引力的急剧变化，车辆可能会失控，也不建议使用定速巡航控制。另外，在坡道上行车时CCS能否被激活取决于车速、负载以及坡道的坡度，爬陡坡时可能需要踩住加速踏板以保持车速，下坡时可能需要制动或降到低档位以保持车速，当制动器启用时，巡航控制会关闭。

自适应巡航控制系统实际上是定速巡航控制系统（CCS）和车辆前向撞击报警系统（Forward Collision Warning，FCW）结合而来，其既可以设定本车速度以及与前车的车辆间隔，同时还可以通过车载雷达、前视摄像头等传感器去监测车辆前方的交通环境，并及时对车辆的速度进行动态调整，实现自动跟随前车。其工作原理简图如图 2-67 所示。

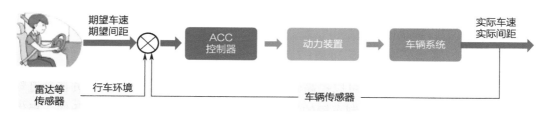

图 2-67　ACC 自适应巡航控制系统原理简图

汽车上的雷达、摄像头等感知元件会识别前方车辆的距离、速度等参数，将其传输给自适应巡航控制器，并将这些参数与自车的速度等参数进行比较，从而计算出一个自适应巡航目标车速，将其传递给定速巡航控制器。当然，驾驶员自己也需要设定一个驾驶员目标车速，当前方没有车辆时，自适应巡航控制器传输给定速巡航控制器的就将是驾驶员目标车速。

例如，在高速公路上行车时，如果车辆前方畅通，ACC 将保持设定的最大巡航速度向前行驶；如果检测到前方有车辆，ACC 将根据本车与前车之间的相对距离、相对速度等信息进行车速的调整，以达到与前车保持一定的安全距离的目的。

需要注意的是，ACC 仅仅是一个侧重于舒适性的驾驶辅助系统，而并非自动驾驶系统。因此，在 ACC 启用的情况下，驾驶员仍需始终保持手握方向盘，目视前方，并在必要时介入制动。该功能还支持自动跟随前车停止和自动起步功能。此外，目前市场上部分车型使用的 ACC 技术，需要在 30km/h 以上才能完全启动，且不能制动至完全停止，也不能由静止状态直接跟随前车起步，需要驾驶员手动介入。

近年来随着自适应巡航技术的普及，一些问题也暴露出来，一些因为自适应巡航功能而引发的车祸纠纷受到了大众的广泛关注。这时就不得不提到自适应巡航的天敌——静止物体。

自适应巡航用来感知前方障碍物的"眼睛"是雷达和摄像头，目前常用的雷达为毫米波雷达。而对毫米波雷达来说，几乎无法区分龙门架、道路侧面的金属标牌或道路上停放的静止汽车，因为雷达的空间分辨率很差，在算法上只能通常忽略相对于路面不移动的雷达回波。否则，每次经过路标等静物时，系统都会忙作一团。

这种情况下就只能依靠摄像头来识别前方的静止障碍物，但摄像头视觉识别受限于机器学习的样本，一旦遇到样本库外的障碍物，就难以识别出来了。同时摄像头的识别还容易受到天气、环境等因素的干扰。

因此，现在众多配备自适应巡航功能的车辆都会在说明书中提醒驾驶员，自适应巡航功能无法识别静止车辆。驾驶员在使用自适应巡航功能时切不可掉以轻心。

自适应巡航的出现使得驾驶员体验到了解放右脚的快感，目前市面上的很多车型都配备上了这一功能。尽管现在这一功能还不够完善，对静止物体无法识别等问题还没有完美的解决方案，但汽车工程师也从未停下研究的脚步，例如最近提出的"4D 成像雷达"技术有望彻底解决这一问题。我们相信在不久的将来，自适应巡航技术能够应对任何复杂的情况，真正彻底解放驾驶员的右脚。

2.1.5.3　车道保持辅助系统助你"解放双手"

大多数新手驾驶员都被教导过，开车时不要一直紧紧地握住方向盘反复修正方向，要学会放轻松。但对新手而言，这件事说起来容易做起来难。由于对车辆和路面的感觉都不够熟悉，新手在遇到长距离直道行驶时，难免会出现频繁小角度打方向盘的情况，好不容易找到一个能完美沿车道直线行驶的角度，路面一个小弯道让一切又回到了原点，让人心力交瘁。

而经验丰富的驾驶员也别高兴得太早，想想你们在高速公路上长时间驾驶时，为了使车辆保持在车道内，你们手中的方向盘想必也没有闲着，时间长了必然也是疲惫不已。

为了帮助驾驶员从"车道保持"这样一个看似简单却又无比重要的操作中解放双手，汽车工程师苦心研究，终于推出了车道保持辅助系统。

什么是车道保持辅助系统？顾名思义，车道保持辅助系统就是帮助驾驶员在进行直道行驶的过程中，完成车道保持这一任务。不需要驾驶员对方向盘进行操作，全靠车辆本身就能稳稳当当地行驶在车道中央，成功解放了驾驶员的双手（图 2-68）。

二维码视频 2-18
车道保持辅助系统
视频

图 2-68　车道保持辅助系统示意图

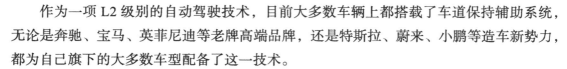
作为一项 L2 级别的自动驾驶技术，目前大多数车辆上都搭载了车道保持辅助系统，无论是奔驰、宝马、英菲尼迪等老牌高端品牌，还是特斯拉、蔚来、小鹏等造车新势力，都为自己旗下的大多数车型配备了这一技术。

那么作为一项自动驾驶技术，它是如何一步一步走进大众视野的呢？

提起车道保持，很多人可能不以为意，认为没能保持得那么好、稍微偏离车道一点点也没关系，然而实际上，这却是一个关乎性命的重要驾驶行为。来自美国高速公路安全管理局（NHTSA）的数据显示，每年有 53% 的道路死亡事故是由车道偏离造成的，这个数字实在令人触目惊心。

因此，为了降低由于车道偏离导致的交通事故，汽车工程师开始探索如何从车辆的功能上解决这一问题。

（1）车道保持的前身——车道偏离预警系统

大多数的车道偏离并不是驾驶员故意为之，而是由于长时间驾驶疲劳、打电话、拿东西等行为使驾驶员分心，导致驾驶员无意识地发生了车道偏离。因此汽车工程师的想法很简单：既然你自己没发现车道偏离了，那我就来提醒你。车道偏离预警系统（Lane Departure Warning，LDW）应运而生。

1997 年，美国卡内基梅隆大学机器人学院成功研制出了 AURORA 系统，这是一款由便携工作站、带广角镜头的摄像头以及数 - 模转换器组成的车道偏离预警系统。在工作时通过安装在车身侧的摄像头实时检测车辆旁边的车道线，并通过数 - 模转换器输出给便携工作站，从而完成车道的识别。

2000 年，由德国的 Daimler-Chrysler 公司和美国的 Iteris 公司联合开发的 AutoVue 系统首次得到了实际应用。这款车道偏离预警系统由立体音响、摄像机、显示设备和控制单元组成。其工作原理是通过检测车辆在当前车道中的位置，判断车辆是否将要发生偏离，并通过立体音响提醒驾驶员。

而国内对于车道偏离预警系统的研究则起步较晚，直到 2003 年才开始有吉林大学交通学院智能车辆课题组对其开展研究，经过几年不懈地努力，终于研制出了 JLUVA-LDWS 车道偏离预警系统。

车道偏离预警可以实时监测车辆在本车道的行驶状态，并在出现或即将出现非驾驶意愿的车道偏离时发出警告信息。图 2-69 所示为长安 CS75PLUS 搭载的 LDW 功能，当车速大于 65km/h 时，系统将自动识别车道标线，当前轮压过车道线时，仪表会发出警告信息或方向盘进行振动，从而实现车道偏离预警功能。

丰田威尔法搭载的车道偏离警示系统（LDA）通过单眼摄像头识别道路上的白线（或黄线），如果车辆未打开转向信号灯，且有可能在一定速度范围内行驶偏离车道时，

图 2-69 长安 CS75PLUS 搭载的车道偏离预警

系统会通过警示音和仪表显示的信息提醒驾驶员，避免偏离车道。此外，根据检测到的车辆摇摆状态，系统可以通过警示音和屏幕显示敦促驾驶员进行适当休息。

　　然而，车道偏离预警系统毕竟只能通过提醒驾驶员来保证安全性，对于驾驶的舒适性和便利性并没有明显提升。这时，"偷懒"的驾驶员不禁会说："你都能提醒我偏离了，要不你再顺便帮我把车开回去呗？"

　　（2）帮忙帮到底——车道保持辅助系统

　　没办法，毕竟顾客是上帝，既然驾驶员有需求，那汽车工程师就得尽力满足。得益于线控转向系统技术的快速发展，再加上汽车工程师的不懈努力，终于将线控转向系统技术和车道偏离预警系统成功"合体"，开发出了车道保持辅助系统。

　　车道保持辅助系统（Lane Keeping Assist，LKA）是在原有的车道偏离预警系统的基础上"帮忙帮到底"。当车辆接近识别到的标记线并可能偏离行驶车道时，方向盘就会自动小角度转动，使得车辆保持在原车道内，如图 2-70 所示。当然，若是驾驶员长时间没有主动操作方向盘，车辆就会发出警告信息来提醒驾驶员，毕竟车道保持辅助系统只是L2 级别的自动驾驶技术。

二维码视频 2-19
车道保持辅助

图 2-70　车道保持辅助

提起车道保持辅助系统的发展，可能很多人会觉得是老牌欧美车厂最早起步，然而实际上最早配备车道保持辅助系统的量产车是日产公司在 2001 年推出的第四代 CIMA（代号 F50，即日本国内版的英菲尼迪 Q45），其不仅拥有车道偏离时发出警告的功能，还能够主动进行转向，回到原本的车道上（图 2-71）。

图 2-71 日产的 ProPilot 系统

21 世纪初，很多日本车厂都推出了带有车道保持辅助系统的车型，反观欧美车厂则起步较晚，还停留在车道偏离预警的阶段。不过近几年随着技术的发展，无论是对于日系车、欧美系车还是国产车，车道保持辅助系统都不再是什么稀奇玩意。那么车道保持辅助系统的工作原理是什么呢？又是什么原因才导致它直到近几年才广泛进入大众的视野呢？

车道保持辅助系统的工作主要分为以下三个步骤，首先是进行车道线识别，然后若是将要发生车道偏离则对驾驶员进行警告，最后若是驾驶员没有对方向盘进行任何操作，则车辆通过转向系统主动干预，使其回到原本车道（图 2-72）。

图 2-72 车道保持辅助系统工作原理示意图

1）车道线识别。无论是车道偏离预警还是车道保持辅助，都是针对车道而言的，因此如何准确地识别出车道线是最为重要的一环，否则一切都是空谈。

在早期对车道线识别研究的过程中，由于当时的摄像头还无法获取高分辨率的道路图像，同时车载计算机的算力也不够大，只好将摄像头置于车轮上方，垂直于路面拍摄得到局部车道线信息，构成俯视车道线检测系统。这种方法计算简单，但是获取的车道信息有限，无法识别车辆远处及侧向信息。

现如今随着硬件与软件的升级，俯视车道线检测系统逐渐被前视车道线检测系统代替。前视系统的摄像头安装在后视镜的前方，如图 2-73 所示。相比于俯视系统，前视系统能获取更多的车道信息，进行更为准确安全的判断。

图 2-73　前视车道线检测系统

2）车道偏离预警。得到车道线的信息后，就可以进行车道偏离预警了。车道偏离预警系统是通过车辆自身状态与车道线信息结合，分析出车辆当前与车道的相对位置，从而进行车道偏离判断，根据判断结果决定是否需要向驾驶员发出预警。

而车道偏离预警的关键就在于如何判断车辆是否发生了偏离。目前针对车道偏离判断的研究主要涉及以下六种算法：跨越车道线距离、跨越车道线时间、基于未来偏移距离、基于汽车当前位置、基于知识的车道环境感知和路边振动带算法。

前五种算法都是根据车辆传感器获取车道线信息后，对车辆行驶状态进行判断，而最后一种路边振动带算法则不需要视觉系统，但需要改装通行道路，通过在路肩设置振动带，车辆偏离驶入时，车辆会发生颠簸从而提醒驾驶员行车偏离，这种方法属于被动偏离预警方案。

3）主动转向干预。当检测到车辆发生车道偏离，且驾驶员没有对方向盘进行操作时，就需要车道保持辅助系统主动进行转向的干预了。系统根据车辆偏离的程度，通过内置的算法计算出此时方向盘应该转过多少度，再通过线控转向系统控制方向盘自动转动，从而完成车道保持。

在整个主动转向干预过程中，最为核心的技术就是设计计算方向盘转角的算法。目前其设计思路大致分为两种，分别是补偿跟踪控制和驾驶员预瞄控制。补偿跟踪控制根据汽车运动学和动力学搭建汽车与行驶路径的几何关系，控制器根据车辆行驶状态信息，使其预期轨迹与实际轨迹偏差最小化；预瞄控制则是通过参考驾驶员的预瞄行为，设定前视预瞄距离或时间，得到期望轨迹，由预估得到的汽车位置和汽车的期望位置间的差值控制车辆侧向运动。

车道保持辅助系统的出现，大大减少了由于车道偏离而发生的交通事故，提高了车辆的行驶安全性，目前市面上的很多车型都配备上了这一功能。但在使用过程中也千万不可掉以轻心，毕竟车道保持辅助只是一项 L2 级别的自动驾驶功能，距离真正的自动驾驶还有相当长的一段路要走。希望未来真正的自动驾驶能早日出现，实现真正意义上

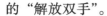

的"解放双手"。

在 LKA 的基础上，还有一个智能辅助驾驶功能叫紧急车道保持（Emergency Lane Keeping，ELK），它通过前毫米波雷达、智能前视控制模块及左右盲点雷达探测目标。在探测到测试车辆的偏移将要超出当前行驶车道边线，同时对向有来车或者在临近车道有超车时，车辆自动对其做出反应而施加的方向修正，如图 2-74 所示，如果扭矩不足以使车辆避免碰撞等危险情况发生，则会触发车道偏离预警。

图 2-74　紧急车道保持

例如，当驾驶员无意中偏离车道，同时对面有来车时，"相向来车自动避让功能"会开启，提供自动转向辅助，使车辆驶回自己的车道，避免事故发生。系统可识别道路边界，如果驾驶员无意偏向道路边界时，该系统会自动提供转向辅助帮助车辆回到原车道。激活后当驾驶员并线或无意中偏离车道时，如果后视镜盲区有车辆驶来，该系统会提供自动转向辅助，帮助车辆回到原车道。

4）其他的车道保持辅助功能。除以上介绍的功能外，其他的车道保持辅助功能还有车道偏离抑制、车道居中控制等。

①车道偏离抑制（Lane Departure Prevention，LDP）可以实时监测车辆与车道边线的相对位置，在车辆将发生车道偏离时控制车辆横向运动，辅助驾驶员将车辆保持在原车道内行驶（图 2-75）。

二维码视频 2-20
车道偏离抑制

图 2-75　车道偏离抑制

从定义上看，LDP 和 LKA 有些相近，实则还有以下不同之处：LKA 的目的是提醒和辅助驾驶员，当检测到车辆偏离车道时，LKA 会提供轻微的转向输入，以引导车辆回到车道中心帮助驾驶员保持车辆的稳定性；而 LDP 不仅能够监测车辆是否偏离车道，还可以主动采取措施来预防车辆偏离，当 LDP 系统检测到车辆即将偏离车道时，它会通过转向输入和制动控制来纠正车辆的行驶轨迹，使车辆保持在车道内。这种主动干预可以帮助驾驶员更好地保持车辆的稳定性和安全性，其难点在于修正方向时的平稳性。

②车道居中控制（Lane Centering Control，LCC）可以实时监测车辆与车道边线的相对位置，持续自动控制车辆横向运动，使车辆始终在车道中央区域行驶，如图 2-76所示。

图 2-76　车道居中控制

LCC 不只是让车辆保持在车道线以内，而是让车辆盯准车道的中线，不偏不歪，正常行驶，跑得甚至可以比驾校的教练还要标准。

以别克旗下车型搭载的车道居中智能巡航系统为例，在 0~140km/h 车速范围内，自动调整车速并稳定跟随前车，使车辆在车道中央居中行驶，或在无法识别车道线时跟随前车向前方行驶（本车速须小于 100km/h）；LCC 可跟随前车至完全停止（跟车车距 3 档可调），并支持最多 3min 的自动跟车起步；若既无前方车辆又无法识别车道线，LCC 则会自动进入蓝色 Auto-Override 状态并请求驾驶员立即控制方向盘，直到再次成功识别车道线，LCC 会自动恢复进入绿色激活状态。

2022 年 6 月 30 日，小鹏 P5 开放了全新版本的 OTA 升级，升级点之一便是 LCC-L道路居中辅助增强版。对比常规 LCC 在没有标线的路口便会要求驾驶员接管车辆而言，LCC-L 可以根据前车的位置和行驶方向进行跟随然后通过路口，如图 2-77 所示。除此之外，对于加塞、环岛路等情况而言，LCC-L 也可以更好地去应对，这除了与激光雷达的加持有关之外，也是小鹏全栈自研能力优势的一个体现。

图 2-77　小鹏 P5 搭载的 LCC-L 道路居中辅助增强版

2.2　智能网联技术

2.2.1　什么是智能网联汽车？

2.2.1.1　智能网联汽车如何与外部进行交互？

关于智能网联汽车的定义，目前业内也有不同的表达。

根据工信部的定义，智能网联汽车（Intelligent & Connected Vehicle，ICV）是指搭载先进的车载传感器、控制器、执行器等装置，并融合现代通信与网络技术，具备复杂环境感知、智能化决策、自动化控制功能，使车辆与外部节点间实现信息共享与控制协同，实现"零伤亡、零拥堵"，达到安全、高效、节能行驶的下一代汽车。

根据智能网联汽车分标委组织制定的《智能网联汽车术语和定义》推荐性国家标准征求意见稿，智能网联汽车指的是利用车载传感器、控制器、执行器、通信装置等，实现环境感知、智能决策和/或自动控制、协同控制、信息交互等功能的汽车的总称。

整体来看，智能网联汽车的主要特征便是在智能汽车的基础上加了"网联"二字，对应的网联功能便是车辆利用通信技术实现与外界（如穿戴设备、行人、路面基础设施、交通环境内的其他车辆等）信息交互的功能，如图 2-78 所示。

近年来，随着城市化的不断发展，大中小城市中的汽车数量都在激增，这导致了严重的交通拥堵，产生了巨大的经济成本以及环境问题。2011 年美国 498 个城市因拥堵而产生的额外旅行时间和燃料成本已经达到 1210 亿美元，在英国因拥堵而产生的成本为 560 亿英镑，而这两个数据在 1982 年分别为 240 亿美元和 100 亿英镑。中国汽车工程学会的研究表明，智能网联汽车技术的广泛应用可以使普通道路的交通效率提高 30% 以

图 2-78　智能网联汽车

上。美国国家公路交通安全管理局（NHTSA）的官方数据显示，车辆与车辆通信技术的广泛应用能帮助避免高达 81% 的轻型碰撞事故。此外，不论是驾驶员还是乘客，近年来对高速移动互联网服务的需求也在急剧增加。人们越来越希望在自己的汽车中能做与在家和办公室相同的事情，以求在快节奏的生活中提高做事效率，从那些机械的形式中解放出来。而智能网联汽车不仅可以满足移动数据的需求，还有丰富的安全功能，如在线诊断、智能防盗跟踪等。

　　智能网联车辆依赖于 V2X 技术。V2X（Vehicle to Everything）的含义是"车辆对万物"，指的是车辆与整个驾驶环境内的所有相关方之间以无线通信方式进行的信息交互，目的是减少事故发生、减缓交通拥堵、降低环境污染以及提供其他信息服务。说得再直白些，V2X 相当于驾驶员的"第二双眼睛"，可以帮助驾驶员识别难以注意到的区域，从而降低由于注意力分散、能见度低等情况造成的交通事故率。V2X 包含有 V2V（Vehicle-to-Vehicle，车 – 车）、V2I（Vehicle-to-Infrastructure，车 – 交通管理基础设施）、V2P（Vehicle-to-Pedestrian，车 – 行人）、V2N（Vehicle-to-Network，车 – 互联网）、V2H（Vehicle-to-Home，车 – 家）等几种基本的通信模式，如图 2-79 所示。

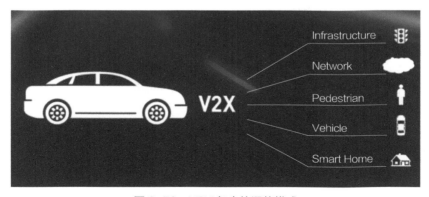

图 2-79　V2X 包含的通信模式

从技术上而言，V2X 分为 DSRC-V2X（Dedicated Short-Range Communication-Vehicle to Everything）和 C-V2X（Cellular-Vehicle to Everything）两种，其中，由中国主导推动的 C-V2X 技术逐步成为了全球范围内的行业标准，并且，在 C-V2X 的基础上也演变出了基于 LTE 蜂窝网络的可以实现辅助驾驶的 LTE-V2X 和基于 NR 蜂窝网络的 NR-V2X（也称为 5G-V2X，网络类型 NR 是 New Radio 的简写，意为新空口，主要应用于 5G 领域），如图 2-80 所示。

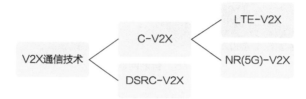

图 2-80　V2X 按通信技术分类

在实际的应用场景中，摄像头采集红绿灯信号，雷达监测车辆或障碍物信号本身就是车辆与其他物体间的交互，但现在未被纳入 V2X 技术范畴，这或许是因为，摄像头/雷达采集周边信息就像两个不说话陌生人之间直观的"猜测"，由于没有进行沟通，其中一个陌生人只能根据其动作行为来判定其意图，有时难免出现误判。而目前我们常说的 V2X 技术更像两个熟人间默契的眼神、语言的交流，车与物体之间"无话不谈"，误判、漏判的概率大大降低。V2X 的部分应用场景如图 2-81 所示。

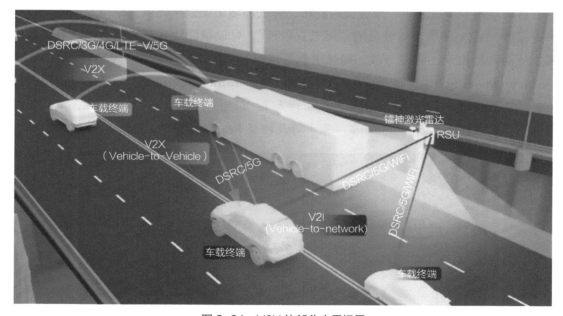

图 2-81　V2X 的部分应用场景

如图 2-82 所示，这些 V2X 交互建立了一个多层次的车内与车辆间的信息交互系统，增强了车辆的姿态感知，并为驾驶员以及乘客提供了一个信息丰富的环境。

那么智能网联汽车中车辆的内部以及外部信息交互通信是如何实现的呢？又面临着哪些挑战与机遇呢？

（1）无线传感器网络：车辆内部交互的最强辅助

图 2-82　智能网联汽车概览

随着汽车智能化的发展，在汽车上配备了越来越多的传感器，例如用于检测道路状况和驾驶员疲劳程度的传感器，用于监测轮胎压力和水温的传感器等。现如今，汽车上的车用传感器数量多达几百个，如此大量的传感器元件就构成了车内通信网络（图 2-83）。

与一般的无线传感器网络不同，车内无线传感器网络具有其独特性：首先，传感器是固定的，因此网络拓扑不会随时间而改变；其次，传感器连接到 ECU，就会产生简单的星形拓扑；此外，与车辆的能源系统直接相连的传感器不存在能量约束，即无需再进行额外的能量输入，只要汽车正常运行就能正常工作。

图 2-83　无线传感器网络

尽管有很多优势，但车内无线传感器网络的设计和部署仍面临着很大的挑战。首先，由于在车内的空间非常有限，信号极易发生严重的散射，这是车内无线传感器网络亟需着重解决的一大难题。数据传输要求低延迟和高可靠性，以满足实时车内控制系统的严格要求。但是，在车流量高度密集的城市道路中，来自邻近车辆的干扰是不容忽视的。此外，安全性对于保护车载网络和控制系统免受恶意攻击也是至关重要。为解决这些车载无线传感器网络所面临的挑战，一些无线技术逐步走进了人们的视野。构建车内无线传感器网络，不同无线技术选项在车内环境应用的可行性一直是研究重点。

1）蓝牙：蓝牙是一种基于 IEEE 802.15.1 标准的短距离无线技术，工作频率为 2.4 GHz。它允许便携式设备之间以高达 3Mbit/s 的速率进行通信，在电子产品上可以进行高度商业化的应用。蓝牙在目前汽车中的应用很常见，如蓝牙耳机、后视镜等。但是蓝牙传输需要很高的功率水平，因此可能不适用于车载电池驱动传感器。

2）ZigBee：ZigBee 是非常适用于 V2S 连接的一种无线技术，该技术基于是 IEEE 802.15.4 标准并在 ISM 无线电频谱（868 MHz、915 MHz 和 2.4GHz）上运行的。ZigBee

的成本低，可以提供可接受的数据速率（2.4 GHz 频带中的 250 kbit/s），可用于实现车载无线传感器网络的搭建（图 2-84）。但是 ZigBee 传感器的挑战是对抗来自蓝牙设备的噪声和干扰。此外，车载传感器应用的数据延迟也是一个重要的网络设计考虑因素。

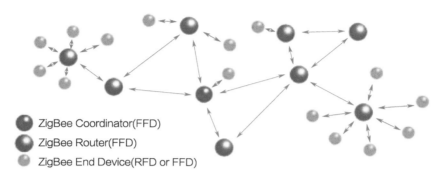

图 2-84 Zigbee

3）无线射频识别：无线射频识别技术（Radio Frequency Identification，RFID）是自动识别技术的一种，通过无线射频方式进行非接触双向数据通信，利用无线射频方式对电子标签或射频卡进行读写，从而达到识别目标和数据交换的目的。无源 RFID 的优势是成本低，RFID 标签无需供电。但是 RFID 也存在着一些缺陷：若在同时传输之时发生了冲突，可能会难以保证关键数据传输；由于超高频 RFID 电子标签具有反向反射性特点，使其应用领域会受到限制。RFID 应用在车上的基本原理是每个传感器都配备一个 RFID 标签和一个连接到 ECU 的阅读器，ECU 通过向每个标签发送激励脉冲来定期检索感测数据。

得益于 RFID 技术对高速移动目标的快速识别的特性，在汽车领域，它可用于汽车无钥匙进入\启动系统、汽车电子标识等，此外，其在交通信息采集与监管、交通信号灯优化控制等领域有着更多更广的应用。目前已经有车型将 RFID 技术应用在了无线电池管理系统（wireless Battery Management System，wBMS）之中，如图 2-85 所示，在提高系统可靠性、安全性的同时，也能提高电池包装配效率，减少电池包相关线束的用量，降低电池包的技术复杂性和整体成本。目前，搭载这一技术的凯迪拉克 LYRIQ 锐歌已经量产。

4）超宽带：超宽带（UWB）是指工作在 3.1~10.6 GHz 频段的无线电技术，可以支持高达 480 Mbit/s 的数据速率以及能在非常低的能量水平状态下工作。UWB 系统具有许多优势，例如可以抗严重的无线信道衰落和阴影，适用于定位和跟踪应用的高时域分辨率，以及低成本和低处理复杂性。在 WiMedia 联盟指定的 ECMA-368 标准中，UWB 已被用作关键物理（PHY）层技术。对于车内通信的运用，广泛的研究证明了 UWB 技术满足车载传感器网络严格的可靠性和能量需求的可行性要求。

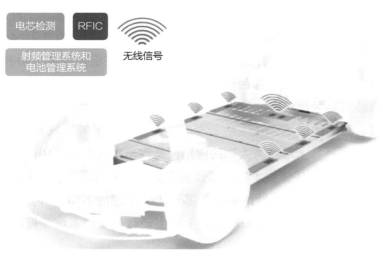

图 2-85　基于 RFID 技术的无线电池管理系统

5）Wi-Fi：Wi-Fi 中文翻译为"行动热点"，是一种基于 IEEE802.11 标准发展而来的短距离无线通信技术，迄今为止已发展至第 7 代，见表 2-8。最新版本的 Wi-Fi 也常被写成"WiFi"或"Wifi"，但这是没有被 Wi-Fi 联盟认可的表达方式。

表 2-8　不同版本的 Wi-Fi 对比

Wi-Fi 版本	Wi-Fi 标准	发布时间	最高速率	工作频段
Wi-Fi 7	IEEE 802.11be	2022 年	30 Gbit/s	2.4GHz，5GHz，6GHz
Wi-Fi 6	IEEE 802.11ax	2019 年	11 Gbit/s	2.4GHz 或 5GHz
Wi-Fi 5	IEEE 802.11ac	2014 年	1 Gbit/s	5GHz
Wi-Fi 4	IEEE 802.11n	2009 年	600 Mbit/s	2.4GHz 或 5GHz
Wi-Fi 3	IEEE 802.11g	2003 年	54 Mbit/s	2.4GHz
Wi-Fi 2	IEEE 802.11b	1999 年	11 Mbit/s	2.4GHz
Wi-Fi 1	IEEE 802.11a	1999 年	54 Mbit/s	5GHz
Wi-Fi 0	IEEE 802.11	1997 年	2 Mbit/s	2.4GHz

2.4GHz（802.11b/g/n/ax），5GHz（802.11a/n/ac/ax）

Wi-Fi 技术具有覆盖范围广、传输速率快、辐射小、无需布线、容易组建等优势，但同时其也有一定的劣势，比如其信号会随着与接入点距离的增加而减弱，其信号也会由于遇到障碍物而发生不同程度的折射、反射、衍射等，从而让信号传输受到干扰。此外，Wi-Fi 信号传输也比较容易受到同频率颤簸的干扰，从而导致信号的不稳定。Wi-Fi 技术在汽车领域的应用包括 Wi-Fi 投屏、Wi-Fi 上网等。

6）红外技术：IrDA（Infrared Data Association）[○]，红外技术是一种由红外线数据标准协会指定的利用红外线（波长在 750nm 至 1mm 之间、频率为 0.3 ~ 400THz 的电磁波）进行点对点信息传输的通信方式。IrDA 红外技术具有稳定性高、功率低、成本低、连接方便等特点，但与此同时，这种信号传输方式比较容易受到墙壁等障碍物的阻碍。另外，其收发端必须要尽量对准才能提高通信效率（红外线发射角度一般不超过 30°），因而适用于小型、封闭的区域，在生活、军事、医学、汽车等领域有较为广泛的应用。在汽车领域，IrDA 红外技术最广为人知的应用便是汽车夜视系统（Night Vision System，NVS），这是一种利用红外成像技术辅助驾驶员在黑夜中看清道路、行人和障碍物等，从而减少事故发生、增强主动安全性的系统。基于工作原理的不同它可分为两种：被动红外夜视系统（远红外 FIR，Far Infrared Ray）和主动红外夜视系统（近红外 NIR，Near Infrared Ray）。

7）汽车电子标识：ERI（Electronic Registration Identification of The Motor Vehicle）即汽车电子标识，俗称"电子车牌"。就像是汽车的身份证一样，它是基于 RFID 射频识别技术，通过在汽车上安装一个芯片，以实现高速状态下对车辆身份的识别、动态的监测已经汽车流量的监测等功能。其工作原理如图 2-86 所示。

图 2-86　基于 RFID 的汽车电子标识工作原理

在使用寿命方面，电子车牌要求芯片中的数据保存时间不少于 10 年，数据可擦写次数不小于 10 万次。它的主要功能和作用可以分为四个方面：防伪、防借用、防盗用、防拆卸。其主要应用场景包括：交通违法（违章）行为的识别、快速辨别假牌 / 套牌、故

○ 红外线数据标准协会，成立于1993年6月。

意遮挡号牌、逾期未年检车辆及逾期未报废车辆等违法行为、不合法上路车辆的识别、违停识别、动态监测道路交通状况、实施公交信号优先控制和停车诱导服务等。

8）可见光通信技术：可见光通信技术（Visible Light Communication，VLC）是指利用可见光波段（380~780mm）的光作为信息载体而不使用光纤等有线信道的传输介质实现在空气中直接传输光信号的一种通信方式，其核心便是在 LED 灯内加入微小芯片使其成为通信基站，甚至还具备精准定位功能。其技术原理如图 2-87 所示。VLC 技术具有响应时间短、无辐射、高速率、宽频谱、低成本、高保密性、高实用性、寿命长等优点，在智能交通、车联网等领域中有所应用。例如，在智能交通系统中，可以利用车灯、路灯、交通灯、广告牌等 LED 载体为信息的发送端，在不影响原功能的情况下，实现车辆对车辆（如车辆 A 的车灯作为信息发送端，车辆 B 的光电探测器作为信息接收端）、车辆对交通设施（如车辆的车灯作为信息发送端，固定在交通设施上的光电探测器作为信息接收端）、交通设施对车辆（路灯交通灯作为信息发送端，固定在车辆上的光电探测器作为信息接收端）之间的可见光通信，从而实现信息的交互，带来更好的出行体验。但同时，VLC 技术也有着信号易被遮挡（比如无法穿墙）、传输距离短、数据难回传、无专用探测器、产业化推广难等缺点，因此在目前 VLC 技术的应用并不算太广泛，离真正的产业化还需要一段时间。

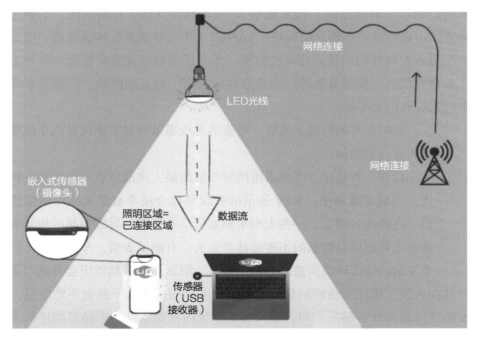

图 2-87 VLC 技术原理及应用示意

各种短距离无线通信技术的主要特点对比见表 2-9。

表 2-9　各种短距离无线通信技术特点对比

技术名称	工作频率	传输速率 /（Mbit/s）	通信距离 /m	发射功率 /MW	安全性	成本	应用范围
蓝牙 5.3	2.4GHz	4	300	1~100	高	适中	无线个域网
ZigBee	0.868/0.915/2.4 GHz	0.02~0.25	10~100	1~3	中	较低	
Wi-Fi	2.4/5 GHz	600	300~900	100	低	较高	
UWB	0.5~7.5 GHz	500~1000	<10	<1	高	较高	
60GHz	57~66 GHz	>1000	1~10	10~500	高	较高	
IrDA	0.3~400THz	16	0.1~1	<40	高	较低	
RFID	0.125/13.56/433/915 MHz	0.001	<10	10	高	较低	
NFC	13.56 MHz	0.424	0.2	10	高	较低	
VLC	400~800 THz	0.01~500	1000~2000	—	—	—	

（2）无线通信网：车间通信的最大助力

车间通信的发展将重塑道路运输系统的未来。在未来，相互连接的车辆不再是一座座信息孤岛。通过车辆间通信（V2V 通信），由车载计算机、控制系统、车载传感器或来源于乘客的信息可以在车辆自组网络（VANET）中有效地进行传递交流，以此与附近的车辆甚至更远距离外的车辆进行交流组网。无需任何基础设施的帮助，多种主动安全的应用（如碰撞检测、变道警告等）和信息娱乐应用（如互动游戏、信息共享等）都可以通过车际无线通信来实现。

如何在车辆间建立高效、可靠的无线通信网是智能网联汽车能顺利实现车间通信的关键。

目前，有效建立车间自组网所面临的最大挑战应该就是对抗各种通信干扰。在城市道路中，V2V 通信的视线路径会经常被交叉路口的建筑物所阻挡。在高速公路上，一些大型车辆如货车等可能会导致明显的信号衰减，严重时可导致信号数据的不连续甚至丢失。有测试表明，车辆的高度机动性以及复杂的城市环境所造成的多径衰落、阴影和多普勒效应会导致严重的无线

二维码视频 2-21
V2V 应用场景

损耗，并且在大量车辆同时传输信息的情况下，车辆间的相互干扰也不能忽视。对应用环境的准确建模是设计可靠的车间自组网通信系统的首要条件。但是目前还缺乏可以适用于所有场景（如城市、农村和高速公路）的统一模型，现有的模型都是仅针对特定场景所建立的，不具有普遍应用性。与车内通信类似，智能网联汽车也会借助一些相应的无线技术来帮助建立车间自组网，更好地实现车辆间的通信。

1）DSRC/WAVE：专用短程通信（Dedicated Short-Range Communication，DSRC）是实现 V2V 和 V2R 通信的关键无线技术。美国联邦通信委员会（FCC）在 5.9 GHz 频段为 DSRC 分配了 75 MHz 带宽。专用带宽被进一步划分为了七个通道，以同时支持安全和非安全业务。DSRC 的使用规范在 IEEE 车载环境无线接入标准（WAVE）中，包括用于 PHY 和 MAC 层的 IEEE 802.11p 以及用于上层的 IEEE 1609 系列。

2）DSA：动态频谱接入技术（Dynamic Spectrum Access，DSA）系统由三个子系统组成：两层控制通道子系统、多跳数据通信子系统、频谱感知和信道切换子系统。虽然有 DSRC 频谱，但 V2V 通信仍然面临频谱短缺的问题，这是因为人们日益增长的信息娱乐需求，如看视频、电影等，需要大量的频谱资源，仅靠专用带宽是很难满足的。其次，在城市环境中，车辆密度高，频谱稀缺的情况就更加严重了。因此，动态频谱接入技术（DSA）正成为除 DSRC 外的一种选择。DSA 允许车辆在空间和时间的空闲频谱上与其他通信系统进行通信。其中，空闲频谱是指 54~698 MHz 之间未使用的频谱，与 DSRC 频段相比，它具有更好的传播和建筑渗透能力。DSA 在空闲频段上的巨大潜力可以有效解决频谱短缺问题，例如，利用 DSA 技术可以很好满足高速公路上车辆的通信需求。DSRC/WAVE 与 DSA 技术的对比见表 2-10。

表 2-10　DSRC/WAVE 与 DSA 对比

无线技术	DSRC/WAVE	DSA
频谱	5.850~5.925GHz	476~494MHz
信道带宽	10MHz	1MHz
数据速率	3~27Mbit/s	1Mbit/s
发射功率	33dBm	16dBm

智能网联汽车实现了车辆与内部和外部环境之间的通信。虽然其发展面临着诸多挑战，但是这也是汽车行业发展的一个新的前沿，也是人类社会向下一代智能交通系统进化的关键步骤。

2.2.1.2　5G 如何助力车联网更上一层楼？

智能网联汽车发展的首要目标就是让汽车联上网，也就是完成车联网的构建。现如今航空运输、铁路运输都自成体系，让本来速度就慢于高铁、飞机的汽车无力追赶，再加上汽车保有量的逐年增加，城市交通越来越拥堵，公路运输和城市道路运输的效率降低也就可想而知了。

因此，我们就需要一个"最强大脑"来指挥汽车，让它们各行其道、有条不紊地出行，提升安全性的同时也提高效率。就目前的技术水平看来，5G 堪当"最强大脑"的重任。

在讨论 5G 和车联网前，我们先来了解一下什么是物联网。

物联网是将所有物品通过射频识别（Radio Frequency IDentification，RFID）等信息传感设备与互联网连接起来，进行信息交换，实现智能化识别、定位、跟踪、监控和管理等应用。物联网不仅是一个网络，更是一个系统。物联网把人们生活中的各类物品连到互联网中，形成一张更大的网络。通过网络可以得到各类事物的信息，对这些信息的处理、提取以及合理运用将为我们的生产和生活带来前所未有的便利，比如小米公司旗下的智能家居产品，那句标志性的"你好，小爱同学"，正是物联网时代便捷性的缩影。

而车联网正是物联网的一种，装载在车辆上的电子设备通过无线技术，实现在信息网络平台上对所有车辆的静、动态信息进行提取和有效利用。人们将根据不同的功能需求对所有车辆的运行状态进行有效的监管，同时提供综合服务。更准确来讲，车联网并不只是简单地把车与车连接在一起，还把车与行人、车与路、车与基础设施（交通信号灯等）、车与网络、车与云端连接在一起，即上一节提到的 V2X。

目前，V2X 技术在国际上存在两大技术阵营，一种是比较成熟的由 IEEE 主导的 DSRC 方案，另一种是由 3GPP 主导的 LTE-V 方案。

据《通信产业报》记者了解，DSRC 方案是基于 IEEE 802.11p 标准（Wi-Fi 基础）的通信技术，是由美国在 1998 年提出。随后，欧盟、日本、新加坡、韩国等相继推出不同频段的通信标准。同时，经过了多年发展，DSRC 方案的低时延、高可靠性等特性已经得到验证，其主推者主要是传统车企和芯片企业。

其实大家对于这项技术应该并不陌生，它是现代生活中不可或缺的专用短程通信技术。例如，高速公路上的 ETC 专用通道，它就是实现车辆身份识别、电子扣费，实现不停车、免取卡，建立无人值守车辆通道的关键。另外，在小区停车场遇见的电子栅栏也有与之相同的技术应用。简单来说，就在每辆车上装一个 Wi-Fi 模组，路边每隔一段距离装一个信号发射器。DSRC 的优点是技术成熟，可以迅速推广实施。但因为其传输距离短，所以信号容易被建筑物遮挡，这就需要重复建设很多的信号发射器，在基础建设方面带来不便（图 2-88）。

此外，考虑到 DSRC 技术的弊端，一种新的通信技术应运而生且有后来居上的势头。它就是基于蜂窝通信技术的 LTE-V2X 技术，起始于 2010 年。LTE-V2X 技术包括集中式（LTE-V-Cell）和分布式（LTE-V-Direct）两个工作模式。LTE-V-Cell 需要基站作为控制中心，实现大带宽、大覆盖通信；而 LTE-V-Direct 不需要基站作为支撑，可直接实现车辆与周边环境节点低时延、高可靠通信

图 2-88　DSRC 技术示意图

（图 2-89）。相比之下，该技术更先进，不需要
重复建设，在车上装一个接收模组就可以使用。
但是有一项指标，目前的 LTE-V 是不如 DSRC
的，那就是时延。时延在车联网里，就意味着生
死，尤其是在高速公路这种"生死时速"的场景
下，如果速度达到 120km/h，也就是 33m/s，制
动哪怕只是晚了零点几秒，也会多出几十米的制
动距离。

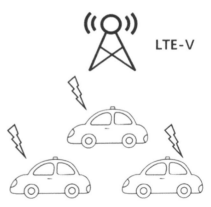

图 2-89　LTE-V 技术示意图

车联网说了这么多年，一直都不温不火，问
题就在于车辆的对外通信能力。汽车制造商善于
造车，精通车内网的相关研究，但解决不了外部通信能力问题。同样，互联网企业十分
熟悉软件操作，但是拿不到车的数据，也是白费工夫。所以，在广域物联网通信技术没
有成熟之前，车联网很难有实质性的意义。

正在车联网技术瓶颈无法突破，这一概念逐渐冷下来的时候，5G（fifth-generation）
即第五代移动电话行动标准、也即第五代移动通信技术悄然来临。

5G 能给车联网的发展带来些什么呢？是速度吗？当然，速度很重要。对比我们熟悉
的 4G 来说，5G 技术传输速率高、网络容量大、时延短，网络能效提升超过百倍，网络
传输优势显著。两者对比见表 2-11。

表 2-11　技术参数对比

	4G 参考值	5G 目标值	提升倍数
用户体验速率	10Mbit/s	0.1~1Gbit/s	10~100
峰值速率	1Gbit/s	20Gbit/s	20
流量密度	0.1Tbit/s·km^{-2}	10Tbit/s·km^{-2}	100
连接数密度	10^5/km^2	10^6/km^2	10
空口时延	10ms	1ms	0.1
移动性	350km/h	500km/h	1.43
能效	100%	10000%	100
频谱效率	100%	300%~500%	3~5

在这样的技术支撑下，可以实现实时传输汽车导航信息、位置信息以及汽车各个传
感器的数据到云端或者其他车辆的终端。所以，在一定程度上，作为新一代信息通信技
术，5G 所提供的大带宽、低时延、高速率的无线通信环境，将大幅度提升车与车、车与
云端之间的信息及数据传递。同时，随着 5G 通信网络基础设施的普及，网络宽带和低

延时能力的增强，以及与激光雷达等智能传感器设备的进一步融合，车联网将获得得天独厚的发展环境。5G-V2X方案如图2-90所示。

图2-90　5G-V2X方案示意图

但5G仅仅只有速度吗？其实这个问题我们不妨问一下十年前的自己。十年前，4G刚出现，我们觉得只不过是速度的提升。可这十年来，基于4G应用层产出的各种产品，已经极大地改变了我们的生活，手机换成了智能机，付款方式变成了移动支付，更别提电商、外卖、打车软件……数不胜数的应用实实在在地颠覆了我们的想象。车联网作为5G概念的一大重要落地点，又会有哪些应用呢？

车联网与5G的融合创新发展的典型应用有：

1）远程代客泊车：广汽通过5G技术实现了车辆高精度定位，并在远程实时监控车内的信号和车身的数据，从而方便在远程操纵汽车自动泊车。同样的自动泊车技术如今已经屡见不鲜，比如上汽荣威MARVEL X Pro的"最后一公里"功能，官方称其是全球首款达到L3智能驾驶水平的量产车型，可以实现在低速无人驾驶条件下的自动泊车和取车。不过现在车主只能等待国家相关法律法规的配套出台后才能使用该功能。

2）无人矿车：矿山环境相比于错综复杂且人流量巨大的城市工况要简单得多，这也成为5G车联网落地的一个重大应用，原因就在于从相对封闭的应用场景切入更容易实现5G车联网的产业化和相关技术的进一步发展。目前，中国联通网络技术研究院和青岛慧拓智能机器有限公司已经实现了基于5G实现矿车编队行驶，并在云端进行管控，远程调度现实世界中的生产作业，既保证了生产效率，也大大提升了驾驶的安全性。

DSRC、LTE-V2X、5G-V2X之间的差异有多大呢？DSRC、LTE-V2X与5G-V2X的相关指标对比见表2-12。

表 2-12　DSRC、LTE-V2X、5G-V2X 相关指标对比

指标	DSRC	LTE-V2X	5G-V2X
推出时间	1999 年	2016 年	
应用场景	V2V、V2I	V2V、V2I、V2P、V2N	可用于 V2X 的所有领域
传输范围	小（100m 左右）	较大（400m 左右）	大（理论可达 1000m）
传输速率	低（兆级）	较高（十兆级）	高（百兆级）
传输时延	差（百毫秒级）	较好（十毫秒级）	好（毫秒级）
通信带宽	窄	较宽（20~30M 左右）	宽（40M 左右）
适应车速	<250km/h	<250km/h	最高 500km/h
可靠性	低	较高	高
成熟度	相对成熟	目前停留在试点和示范区	相关产品还处于研发阶段

不难发现，LTE-V2X 相比较 DSRC 有着明显的优势，而且已经具备了一定的商用基础条件。目前基于 LTE-V2X 技术的车联网应用规模已经在不断扩大，无锡、长沙、北京、上海等多个城市已建设具有一定规模的 LTE-V2X 网络，助力了相关车联网应用的推广，其中无锡获得了工业和信息化部的批复，创建江苏（无锡）车联网先导区。

相比于 LTE-V2X 来看，5G-V2X 可以结合 5G NR 功能，在高吞吐量、宽带载波支持、低时延和高可靠性等优势的加持之下，实现更多的场景应用，融合更多样化的无线接入方式，可以充分利用低频和高频等频谱资源，在为道路安全类业务提供通信服务的基础上，还可以服务于远程驾驶、车辆编队驾驶、自动驾驶等更多应用场景，当然，这也对传输的可靠性与实时性提出了更高的要求。在 5G 高速车联网的加持下，5G-V2X 大多数功能的流畅程度都要比 LTE-V2X 功能更具优势，这也是未来的重点发展方向，但同样道理，发展成形时间也要更长。

当然，5G 与车联网的融合创新还在摸索阶段，5G 在车联网中的发展同样面临许多挑战。5G 首先是为公众通信而设计的，公众通信 80% 的情况是在室内，处于非移动状态；而车联网 80% 以上的情况是处于行驶状态，对移动性管理要求更高。另外，公众通信只有在使用时才占用信道，主要是点到点通信；而车联网基本是永远在线，通信为点到多点和多点到点。5G 时代的网络切片能否做到足够精准和细致是个难题。

此外，5G 时代车联网还存在标识之间互通难题、群组印证难题，以及安全风险增加等问题，运营支撑也很复杂；5G 有虚拟 NFV（网络单元虚拟化），还有网络切片，这些都是动态的，要进行动态管理，所以说实时性对 5G 也好，对车联网也好，都是很大的挑战。

5G-V2X 将是 LTE-V2X 的下一发展阶段，将主要用于满足未来高等级自动驾驶应

用场景的需求。值得强调的是，就像是在 5G 手机越来越普遍的当下 4G 甚至 3G 手机仍可正常使用一样，在未来，5G-V2X 依然可以向下兼容 LTE-V2X，换句话说，搭载 LTE-V2X 设备的车辆依然可以与搭载 5G-V2X 设备的车辆进行信息沟通。这也意味着：LTE-V2X 仍将在很长一段时间内与 5G-V2X 共存于我们的出行生活中。

没有 5G 就没有真正的车联网，而没有车联网，5G 也会失去一个重要的使用场景。未来的"最强大脑"很有可能会由 5G 赋能，让我们共同期待 V2X 时代的到来。

2.2.2 常见的智能网联功能技术

2.2.2.1 你真正了解"智能座舱"吗？

看过了汽车的各项先进技术后，让我们再来了解一些其他概念。2023 年 4 月，上海车展在上海国家会展中心隆重举办，各品牌旗下的最新发布车型和未来概念车型竞相亮相，图 2-91 所示这些极富设计感的概念车型更是赚足了观众的眼球。联想到最近很火的"智能座舱"概念，不禁令人产生疑问，这些最新的概念车的内部座舱就是所谓"智能座舱"吗？

图 2-91　2023 年上海车展部分品牌概念车座舱展示

随着 5G 车联网、人工智能和 AI 等技术的发展，未来的汽车座舱将会变得科技、人性兼具智能。所以，智能座舱将不限于图 2-91 中座椅和车辆内部空间的组合搭配。那么，到底什么样的汽车座舱才是智能座舱呢？

对于智能座舱的概念或定义，行业内主要存在以下两种主流的观点：

第一种，智能座舱被认为是一种智能服务系统，能主动洞察和理解用户需求，又能满足用户需求；从终端消费者需求及应用场景出发，乘客不仅无需担忧驾驶和出行，还能在智能座舱中获得舒服的体验。

第二种，智能座舱被定义为了一种智能移动空间，此时汽车将彻底告别仅仅作为出行工具的角色，目标是实现座舱与人、车、路的智能交互，相比现在的驾驶座舱，这种形态的智能座舱将更加智能化和人性化，业内将其视为汽车和房间组合而成的一个全新的产品品类。

总体而言，智能座舱既需要为用户进行信息的智能化展示，同时还能主动理解并采取行动去满足用户需求，以求达到更舒适、更便捷、更高效、更贴合实际场景的出行体验，如图 2-92 所示。

图 2-92　智能座舱

通过上述定义的解释，相信你对智能座舱已经有了初步的理解，接下来我们来了解一下汽车座舱是如何一步步向"智能座舱"演变的。

从汽车座舱升级路径情况来看，分为四个发展阶段，各个阶段汽车座舱的特点和典型产品代表见表 2-13。

表 2-13　汽车座舱的智能化演变

发展阶段	座舱特点	典型代表
机械时代 2000 年以前	• 单一的机械仪表、物理操作按键、简单的音频播放设备、无中控显示屏 • 集成度低、安全程度极低、智能化程度无	
电子时代 2000—2015 年	• 多为机械仪表（极少数液晶仪表）、多为物理按键（极少数触屏）、小尺寸娱乐显示屏 • 集成度较低、安全程度较低、智能化程度低	

（续）

发展阶段	座舱特点	典型代表
智能时代 2015 年至今	• 大尺寸显示屏（多联屏出现）、信息娱乐系统功能逐渐丰富、交互方式多样 • 高度集成化、安全程度较高、智能化程度高	
高度智能时代 未来	• 虚拟呈现、科技功能丰富多样、交互情景化 • 科技高度集成化、安全程度极高、智能化程度极高	

20 世纪 60—90 年代（即 2000 年以前）为机械时代，座舱产品主要包括机械式仪表盘及简单的音频播放设备，功能结构单一，基本都是物理按键形式，可提供的信息仅有车速、发动机转速、水温、油耗等基本数据。

2000—2015 年，随着汽车电子技术的发展，座舱产品进入电子时代，装置仍以机械仪表为主，但少数小尺寸中控液晶显示屏开始使用，此外也增加了导航系统、影音等功能，为驾驶员提供较多车辆信息和辅助功能。

2015 年开始，汽车座舱的发展进入了智能时代初级阶段，智能座舱逐步开始名副其实。以大尺寸中控液晶屏为代表率先替代传统中控，全液晶仪表开始逐步替代传统仪表，中控屏与仪表盘一体化设计的方案开始出现，少数车型增配 HUD 抬头显示、流媒体后视镜等，人机交互方式多样化，智能化程度明显提升。但现阶段大部分座舱产品仍是分布式离散控制，即操作系统互相独立，核心技术体现为模块化、集成化设计。

二维码视频 2-23
集度 ROBO01 星月
智舱

未来，高级别自动驾驶逐步应用，芯片和算法等性能不断提升，以及一芯多屏、多屏互融、立体式虚拟呈现等技术更为普及，将带动智能座舱产品进一步升级。而且，智能座舱的交互模式进一步向触摸、语音、手势等多模态的交互方向演化，提高人车交互的效率，让汽车更像一位出行伙伴。

现阶段的智能座舱，除了需要有液晶仪表、液晶中控屏、抬头显示、流媒体后视镜、智能座椅、智能氛围灯、语音交互、智能互联之外，还可能会包括人脸识别、后座娱乐系统等，其主要构成如图 2-93 所示。

智能座舱中各个系统的内容如下：

1）信息显示系统：液晶仪表、流媒体后视镜、数字外后视镜等。

2）操作控制系统：控制芯片、中控屏、方向盘等。

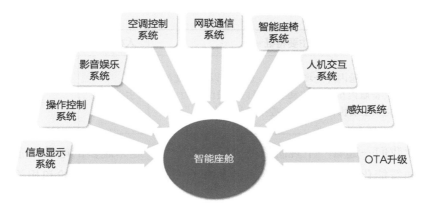

图 2-93　智能座舱系统构成

3）影音娱乐系统：中控屏、副驾屏、后排娱乐屏等。

4）空调控制系统：空调控制面板灯。

5）网联通信系统：蓝牙、Wi-Fi、NFC、Carplay、Carlife、多屏互联等。

6）智能座椅系统：座椅智能调节、心率监测、体温监测等。

7）人机交互系统：车机 HMI、语音识别、语音交互、手势控制、智能表面等。

8）感知系统：人脸识别、情绪识别、健康监控、多人识别、空气质量等。

除此之外，智能座舱还需要能进行 OTA 升级以进行深度学习进化，进而达到"常用常新"和"千人千面"的用户体验。

由中国汽车工程学会联合行业专业力量编制的《汽车智能座舱分级与综合评价白皮书》于 2023 年 5 月正式发布，该白皮书将智能座舱分为 L0~L4 共五级，见表 2-14。

表 2-14　智能座舱分级

层级	主要特征	人机交互	网联服务	场景拓展
L0 功能座舱	任务执行发生在舱内场景；座舱被动式响应舱内驾乘人员需求；具备车机服务能力	被动交互	车机服务	舱内部分场景
L1 感知智能座舱	任务执行发生在舱内场景；座舱在部分场景下具备主动感知舱内驾乘人员的能力，任务执行需要驾驶员授权；具备面向驾乘人员的舱域服务能力	授权交互	舱域服务	舱内部分场景
L2 部分认知智能座舱	任务可跨舱内外部分场景执行；座舱具备舱内部分场景主动感知驾乘人员的能力，任务可部分主动执行；具备可持续升级的网联云服务能力	部分主动交互	可升级网联云服务	舱内外部分场景
L3 高阶认知智能座舱	任务可跨舱内外部分场景执行；座舱具备舱内全场景主动感知驾乘人员的能力，任务可部分主动执行；具备开放的网联云服务能力	部分主动交互	开放网联云服务	舱内外/舱外部分场景

（续）

层级	主要特征	人机交互	网联服务	场景拓展
L4 全面认知 智能座舱	任务可跨舱内外全场景执行，舱内可以无驾驶员；座舱具备舱内全场景主动感知舱内人员的能力，任务可完全主动执行；具备云控平台的能力	主动交互	云控平台服务	仓内外全场景

接下来让我们一起看一下现阶段的智能座舱产品。越来越多的电动车企和传统燃油车企都在转向智能化发展，逐步为推出的新车型配套对应的智能座舱和相关配置，渗透情况如图 2-94 所示。

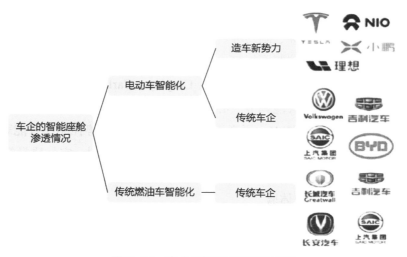

图 2-94　车企的智能座舱渗透情况

在电动车配套座舱智能化过程中，主要有造车新势力和传统车企两类企业发力。头部的造车新势力以特斯拉、蔚来、理想、小鹏等为代表，不断推出装备智能座舱的新车型；同时传统车企如大众、吉利、上汽、比亚迪等也推出了多款配置智能座舱的电动车，共同推进电动车行业向智能化方向发展。传统燃油车配套座舱的智能化过程主要是由传统车企推动，典型代表包括长城、吉利、长安和上汽等，这些传统企业在燃油车基础上配置智能化座舱。

二维码视频 2-24
问界 M7 智能座舱

此外，在 2023 年的上海车展中，智能座舱产品已经初步崭露头角。例如，广汽集团联合腾讯、华为、科大讯飞、地平线等企业，依托 ADiGO 4.0 智驾互联生态系统，打造了"超感交互智能座舱"，首次搭载在广汽传祺 GS4 PLUS 车型上；博泰带来的车联网产品深度连接赋能东风岚图、一汽红旗、东风风神、上汽通用五菱、北汽、ARCFOX 极狐、华为、诺博汽车等合作伙伴，展现出了一定的服务配套能力。

（1）车企对应车型配套的智能座舱

智己 L7 是上汽推出的一款高端智能纯电动车型，智能座舱整体配套使用了斑马智行的 OS 系统，采用多核异构分布式融合架构，可实现云、边、端计算、存储与服务的一体化融合；从硬件上看，采用高通 8155 智慧芯片，搭载了 39in 巨幅显示智慧场景屏以及 12.8in 的曲面智控中枢屏幕，可显示日常的车速、导航、通信、驾驶状态等信息，并通过内置的多种交互视觉算法实现人脸、语音、手势、疲劳等多模交互，满足用户信息办公、休闲娱乐等多种功能（图 2-95）。

图 2-95　智己汽车 L7 配套的智能座舱

蔚来第一代旗舰轿车 NIO ET7 采用全新一代汽车数字智能座舱技术（图 2-96），应用第三代骁龙汽车数字座舱平台和 5G 技术，支持高性能计算、沉浸式图像、多媒体和计算机视觉等功能，并配备 NOMI 支持高度智能的 AI 体验，通过车内多联屏为用户带来丰富的视觉交互体验。第三代平台还拥有蜂窝车联网（C-V2X）和高精准定位等强大功能，为用户带来更加智能、更加沉浸式的座舱体验。

图 2-96　蔚来 ET7 配套的智能座舱

（2）供应商（Tier 0.5）对应的智能座舱产品

相比传统电子座舱，智能座舱的零部件供应环节增加了 Tier 0.5 角色，软件取代硬件成为核心技术壁垒，下面介绍一下佛吉亚作为 Tier 0.5 零部件供应商的智能座舱产品——智·臻座舱。

佛吉亚的"智·臻座舱"配备了"光影炫动座椅（LUMI）"，通过将发光组件融入座椅，在汽车座舱内营造与众不同、别具一格的光影内饰风格；为了进一步提升座舱舒适性，座舱内的新型香氛头枕能为每位乘员提供个性化的香氛区域，打造清香沁人的独特乘坐体验；装饰性出风口技术的隐藏式出风口和独特发热技术，可实现特定区域内的均匀升温/降温，为乘员带来更舒适且相对独立的定制化温控体验（图 2-97）。

图 2-97　佛吉亚的"智·臻座舱"

智能座舱代表着未来汽车的发展方向，目前尚处于智能座舱的初级阶段，未来具有广阔的发展前景。未来智能座舱主要有以下三大发展趋势：

1）现有功能的优化升级：包括语音交互、地图导航等功能的不断升级迭代，娱乐信息系统的多样化、丰富化。

2）用户网联数据更安全：智能网联时代下，用户的账户密码、指纹、面部识别特征等隐私数据的存储和传输安全将进一步加强。

3）座舱布局设计更人性合理：中控操作台、车载显示屏、车内座椅和储存收纳空间的布局更趋合理化，人机交互关系将更和谐融洽。

随着科技的发展，未来汽车的智能座舱将处处体现着科技智能、安全舒适、人性合理，智能座舱正朝向移动出行"第三生活空间"进阶，为我们提供更好的移动出行服务和智慧体验。

2.2.2.2　看 HUD 技术如何让仪表盘悬浮

你是否担心过开车过程中低头看仪表盘影响安全？中控台的导航、娱乐信息是否常常让你分心？行车过程中有电话接入，你是否常常不敢低头接听？目前，大量的视觉任务被布置在低于驾驶员平视视线的下方座舱内，与时刻保持平视前方道路的安全需求产生了矛盾（图 2-98）。

图 2-98　常见汽车的中控屏布置（低于平视视线）

在高度关注前方道路和后视镜的同时，不时分神处理其他信息，包括导航界面、车载娱乐系统及中控面板等，很容易使驾驶员产生疲劳感从而影响驾驶安全。

另一方面，传统的车载信息系统还需要驾驶员低头进行触摸或按钮操作，不仅干扰了驾驶员瞭望前方的时间，还导致了许多交互体验的局限性和不流畅，例如，在交叉路口等复杂驾驶场景，驾驶员仍然需要通过触屏才能与系统进行交互；在高架路或车库等三维空间，二维的导航地图常常"上下不分"，驾驶员无法直观获得三维的导航体验。

而如今，HUD 抬头显示技术进入人们的视线，成为解决上述问题的"法宝"。

抬头显示（Head-Up Display，HUD）技术最早应用于战斗机，后来由于其出色的辅助视觉和安全性能被引入汽车。抬头显示技术将逐步承担仪表盘的功能，减少驾驶员因低头查看仪表而导致视线从前方道路偏离，从而减少视觉、动作以及认知资源的占用量。据统计，抬头显示技术可以降低 25% 的车辆碰撞。

炫酷的界面，三维的导航，实时跳变的信息流，都让 HUD 技术看起来充满了科技感，直呼"赛博朋克"已来！HUD 技术效果图如图 2-99 所示。

二维码视频 2-25
问界 M5 纯电版
HUD 高度调节

图 2-99　HUD 技术效果图

那么，HUD 技术到底是如何实现的呢？车载平视显示器的光和颜色由高强度发光二极管（LED）提供，通过仪表盘后面的四组镜片进行反射，将光源图像投射到汽车前风窗玻璃上，从而直接将信息显示在驾驶员前方视野中（图 2-100）。这些 LED 位于屏幕下方，将图像向上投射到一系列镜片上，给人一种图像漂浮在道路前方的印象，因而 HUD 又被称为悬浮的"仪表盘"。

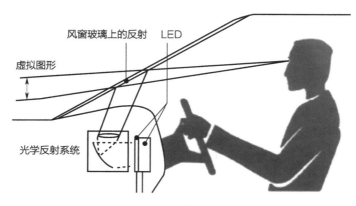

图 2-100　平视现实技术原理图

接下来的问题是，我们应该如何设计 HUD 的界面呢？HUD 的界面设计应该满足以下原则：

1）严格控制同一时间显示的信息的内容和数量，划分信息的优先级，优先显示与安全驾驶直接相关的信息，尽量减少投影到前风窗玻璃上的信息的数量。

2）天气、路况等因素都会影响驾驶员对系统交互界面信息的识别，因而在设计过程中，应该综合考虑天气环境、视野条件等因素的影响。

3）界面的视觉符号需要简单易理解，大小比例合适，语意简短，避免产生歧义，使界面的设计符合驾驶员的心理认知，避免引起驾驶员更多的认知负荷。

4）界面视觉符号的色彩和亮度需要考虑驾驶环境的变化对可见度的影响，以实现有效的警示效果。

目前车用 HUD 一般可以显示如下信息：速度计、转向灯、导航方向、离下一个转弯的距离以及下一出口或转弯的街道名称；可以实现 3D 显示定速巡航（自动车速保持）以及巡航速度控制；如果有自动车距巡航控制，还会显示和前车的距离。除此之外，还有仪表检查或发动机故障显示、运动轿车手动模式、当前档位和发动机转速、电话号码以及当前接入的电话的人名、当前收听的广播频率及节目名称等。HUD 还可以实现行人防碰撞、前车防碰撞、十字路口防侧撞、导航指示等辅助驾驶功能的展示。在交互方式方面，HUD 可以实现视觉显示、语音交互、手势交互等功能。

最后一个问题是，如果我们想购买 HUD，该如何选择呢？随着汽车市场的发展，汽车 HUD 也根据市场需求发展出了几种不同的类型，目前主要可分为组合型 HUD（Combiner HUD，C-HUD）、风窗玻璃 / 宽景 HUD（Windshield / Wide HUD，W-HUD）和增强现实 HUD（AR-HUD），如图 2-101 所示。

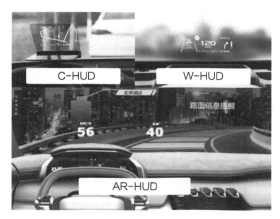

图 2-101 百路达的后装 C-HUD、吉利几何 A 上装备的 W-HUD
和 WayRay 的 AR-HUD

三种类型 HUD 的技术与功能优缺点对比见表 2-15。

表 2-15 不同类别 HUD 对比

对比项目	C-HUD	W-HUD	AR-HUD
名称	Combiner HUD 组合型 HUD	Windshield/Wide HUD 风窗玻璃 / 宽景 HUD	Augmented Reality HUD 增强现实 HUD
视觉显示区域	透明树脂玻璃	前风窗玻璃	前风窗玻璃
产业应用情况	后装或前装，已实现量产	前装，已实现量产	前装，未实现量产
主要优点	成本容易控制 显示效果较好	一体化显示 节省车内空间	驾驶安全性高 显示效果更加真实
主要缺点	车辆发生事故容易对驾驶员造成二次伤害	高精度非球面反射镜制造成本较高	技术难度大 制造成本高
代表厂商	Navdy 等	大陆、博世等	伟世通、大陆等
代表车型	东风标致 3008 等	宝马 X5、奥迪 A8L 等	尚未装备量产车型

由于明显的技术劣势，C-HUD 已经逐步被市场淘汰。以下详细介绍另外两种。

（1）W-HUD

W-HUD 是风窗玻璃抬头显示器或宽景抬头显示器，通常使用投射式显示技术，通过反射光线投影信息到风窗玻璃上，使驾驶员可以在不将目光从道路转移到仪表盘上的情况下获取相关驾驶信息，如图 2-102 所示。从技术的角度来看，W-HUD 支持更大的成像区域以及更远的成像距离，显示的效果也是更加具体化，在实际应用中，它还可以根据用户的坐姿高度、眼球视野位置进行显示高度的调整。由于风窗玻璃一般为曲面玻璃，所以 W-HUD 一定是要根据风窗玻璃的尺寸和曲率去搭配高精度非球面反射镜。

图 2-102　W-HUD 显示效果

W-HUD 采用了更宽的显示屏幕，可以显示更多的驾驶信息，驾驶员可以更方便地获取必要的驾驶信息，同时保持对道路的专注，提高驾驶的安全性和便利性。这种技术在现代汽车中越来越常见，是当下车市中一种比较主流的应用。

以奇瑞瑞虎 8Pro 搭载的 W-HUD 抬头显示为例，用户通过前风窗玻璃显示区域可以观察到与实际路况融合的提示信息以及 ADAS 智驾系统实时反馈信息，其中包含行车状态、ADAS 信号、娱乐、导航等。并且，悬浮显示的方式使得驾驶员不必低头即可平视查看相关信息，有利于安全驾驶。

（2）AR-HUD

AR-HUD 是 AR 技术和抬头显示的融合，它与 W-HUD 一样通过风窗玻璃作为投影介质来反射成像。但不同的是，它不仅是在前风窗玻璃上显示驾驶相关的数据，还与车外的环境相互结合起来，使驾驶员可以同时看到车辆的实际道路和虚拟信息，如导航指示、车速、车道偏离警示等。这种技术可以提供更丰富、更直观的驾驶信息，并将其与驾驶场景进行融合，使驾驶员能够更好地理解和应对道路情况，如图 2-103 所示，便是深蓝 SL03 搭载的 AR-HUD 平视系统。

举个例子，当驾驶员使用 AR-HUD 导航系统时，路线指示和转弯箭头将以透明的方式显示在驾驶员正前方的道路上，仿佛它们就在真实道路上一样。这样，驾驶员无需将目光从前方道路转移到导航屏幕上，就能够准确地了解下一个转弯点的位置和方向，提供更直观、便捷的导航体验（图 2-104）。

图 2-103　深蓝 SL03 搭载的 AR-HUD 平视系统

图 2-104　大众 ID. 家族搭载的 AR-HUD

二维码视频 2-26
大众 ID. 家族搭载
的 AR-HUD

AR-HUD 技术为驾驶员提供一种通过透明显示屏幕将虚拟信息叠加在真实世界场景中的方式，它还可以将其他信息叠加在驾驶员视野中，如前方车辆的速度和距离、交通标志识别、行车警示等，从而提高驾驶员的安全警觉性。

需要注意的是，带偏光墨镜可能会导致看不清 AR-HUD 画面的情况发生，这是因为，偏光墨镜将 AR-HUD 中投出的光线中的偏振光等很多光线都过滤掉了，会极大地减弱 HUD 投出画面的可视性。此时可以尝试加大 HUD 亮度或者调整 HUD 高度来减轻偏光墨镜的影响，或者换戴非偏光墨镜。

随着未来科技的发展，想必 HUD 技术将更加成熟，越来越多地配置在我们的车辆上！

2.2.2.3　畅谈汽车手势识别技术的未来

如果问到当代年轻人最喜欢的体感游戏，一定很多人会提到《Ringfit 健身环大冒险》《有氧拳击》《1-2 Switch》《Just Dance 舞力全开》等。体感游戏通过识别玩家的手势和身体动作，从而判断出玩家想要进行的操作，玩家不必重新学习游戏操作，彻底颠覆了传统游戏的交互方式（图 2-105）。

体感游戏的浪潮涌来，交互产品迅速占据了人们的视野，交互产品中必不可少的就是手势交互。随着智能手机、家居交互、AR 技术的发展，汽车作为技术密集的科技产品，当然也开始使用手势交互。想象一下，你是一个新手驾驶员，行至川流不息的十字路口，前方是倒数读秒的红灯，斑马线上仍有行人，路旁还有想冲过马路的小孩，旁边的车已经开始起步，发动机怠速的低鸣刺激着你的神经，而就在这时，来了一个电话。你会低头去接这个电话吗？你会因为复杂的

图 2-105　体感游戏

交通情况无暇分心吗？在搭载人体手势识别技术的车辆之中，用户可以通过如左右挥手、空中轻点和横扫、手指画圈以及两个手指的平行或斜向拖曳等不同的手势，更加便捷地实现一些控制操作，如切换歌曲、接挂电话、缩放地图、控制音量、切换界面等，能够降低驾驶员因为操作屏幕而导致驾驶分心情况的发生，提高行车安全性，如图 2-106所示。

二维码视频 2-27
岚图 FREE 手势控制

图 2-106　汽车手势控制

手势识别如何实现？手势识别技术由简单至复杂可以分为三类：二维手型识别、二维手势识别和三维手势识别。

1）二维手型识别：只能识别手势的状态，而不能感知手势的持续变化。它更像是一种图像的识别，通过计算机视觉算法分析图像，和预设的图像比对，从而识别手势。也就是说，它只能识别预设好的状态。

2）二维手势识别：可以追踪手势的运动，进而识别将手势和手部运动结合在一起的复杂动作。如此一来，手势识别的范围就延展到了二维平面，可以通过二维坐标信息的变更，实现前进、后退、滚动、翻页等复杂操作。

3）三维手势识别：可以识别手型、手势和动作，也是当前最常用的技术，它又可以分为三种方式：光飞时间（Time of Flight）、结构光（Structure Light）以及双目立体成

像（Multi-camera）。

①光飞时间：通过光的飞行时间来计算距离。这是一个发射器发射光脉冲、接收器反射回来的过程，通过测量往返时间计算出两者间的距离，从而判断出手势，如图 2-107 所示。

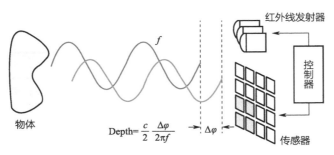

图 2-107　光飞时间原理

②结构光：主动投射已知编码图案，再计算物体位置。结构光是用红外激光器将具有一定结构特征的光点投射到目标物体上，再由红外摄像头收集反射的结构光图案，通过判断光斑投影在被观察物体上的大小和形状计算出物体各个点的具体位置，再通过前后的位置差异判断出手势。

③双目立体成像：两个摄像头采集位置信息，再将畸变数据计算成可用数据。双目立体成像依赖于算法，首先通过摄像头提取出三维位置信息，并进行内外部参数的匹配；再通过对比经过校准的立体图像，获得视差图像；用内外参数进行三角计算获取深度图像，最后根据前后位置的区别进行手势识别。

这三种方式的特点比较见表 2-16。

表 2-16　三种方案对比

指标	光飞时间	结构光	双目立体成像
分辨率	低于 640×480	可达 1080×720	可达 2K
测量精度	厘米级	0.01~1mm	毫米级
算法开发难度	较低	一般	很高
功耗	很高（需要全面照射）	一般（只照射局部区域）	很低（靠计算）
硬件成本	高	中	低
影响因素	受多重反射影响	受反光影响	受强光照射、物理条纹影响较大，夜间无法使用

不少车企、零部件公司、科技公司都在积极布局手势交互。宝马、大众、奥迪、奔驰等量产车型都或多或少加入了手势识别技术，而德尔福、大陆等零部件公司，以及谷歌、微软等科技巨头也在持续发力。

企业在交互方式与交互内容上有所差异，其中大陆公司秉持减少驾驶员分心的理念将手势识别集中在方向盘上，其他企业则将识别集中在中央扶手附近。

至于实现方案上，光飞技术（通常又被称为 ToF 技术）不需要计算机视觉方面的算法，相对简单、易实现，是一个实用的选择。因此，目前大部分公司选择了 ToF 技术（表 2-17）。

表 2-17　不同公司手势识别技术对比

公司	技术	特点	功能
宝马	ToF 技术	实现 7 系车型上的搭载	音量调节；摄像头角度调节；拨打电话；自定义操作
大陆	ToF 技术	手无需离开方向盘	打电话；浏览 App 菜单；打开音乐；导航设置
伟世通	ToF 技术	只识别驾驶员的操作	调节音量；调节车窗；打开储物箱
德尔福	ToF 技术	摄像头安装在车辆顶部的罩衬之内	打电话；调节音乐；控制导航地图
福特	结构光技术	手势搭配语音命令	调节温度、调节窗户
微软	图像识别技术	利用智能手机捕捉手势识别	调节音量；拨打电话；检索信息

宝马采用的就是 ToF 方案，通过中控台上方的 3D 红外摄像头发出光线，得到的数据会传递给车载系统的控制单元，由控制单元调出与识别出手势相对应的功能（图 2-108）。

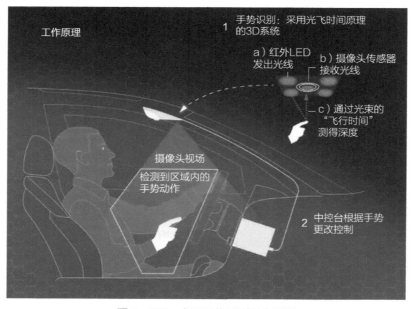

图 2-108　宝马手势识别工作原理

　　手势识别最常见的功能就是调节音量、接听电话、播放音乐。还是以宝马为例，宝马搭载的手势识别功能已量产，2015 年 9 月首次搭载在宝马 7 系车型上，可以实现接听电话、控制音量、调节地图等功能（图 2-109）。

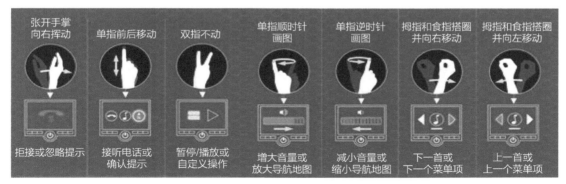

张开手掌向右挥动	单指前后移动	双指不动	单指顺时针画图	单指逆时针画图	拇指和食指搭圈并向右移动	拇指和食指搭圈并向左移动
拒接或忽略提示	接听电话或确认提示	暂停/播放或自定义操作	增大音量或放大导航地图	减小音量或缩小导航地图	下一首或下一个菜单项	上一首或上一个菜单项

图 2-109　宝马手势识别功能

　　此外，君马 SEEK5 给了用户一个"彩蛋"：握拳手心向上打开变为手掌，屏幕界面会出现一朵玫瑰花（图 2-110）。

　　手势识别自然而然成为汽车人机交互的蓝海，然而许多用户反映：汽车手势交互是噱头大于实用。J.D.Power 发布的 2020 技术体验指数显示，用户满意度最低的是手势控制交互方式，故障率低且体验效果差。炫酷的手势控制并没有得到用户的认可，主要原因可以归纳为：技术本身不够成熟，应用场景没有切中用户痛点。

图 2-110　君马 SEEK5 玫瑰花

　　目前的手势交互仅能实现比较简单的功能，即便如此，在实际使用过程中仍然出现了许多问题。手势识别要求驾驶员的手势指令必须在特定的区域内比划，手势还必须标准，因此识别率难免较低。而且手势的表达内容有限，当它的关联的功能较多时手势设计复杂，使用手势识别就像在做一套手指操，傻气又烦琐。

　　还是以宝马为例，宝马对手势的范围有要求，必须在中央扶手、变速杆到中控屏幕的纵向距离内。驾驶员一些无意识的手势很容易产生混淆，如果驾驶员把手搭在扶手处休息，就有可能会触发手势识别功能。针对这个问题，奥迪引入了"触发机制"防止误触，把手放在控制区域做一个下压动作，才会触发手势识别功能。尽管如此，以目前的手势识别准确率，直接使用机械按钮效率会更高。

　　再来看看应用场景。目前的手势识别并没有达到优化、便捷的效果。以微软为例，驾驶员把食指在嘴前竖起，表示降低音量；手在耳侧张开，表示提高音量；托下巴表示需要搜索信息（图2-111）。如果要通过这样的手势来实现功能，很多驾驶员宁愿使用按钮。手势识别给人带来了"钝感"，整个功能非常笨重、不灵活。

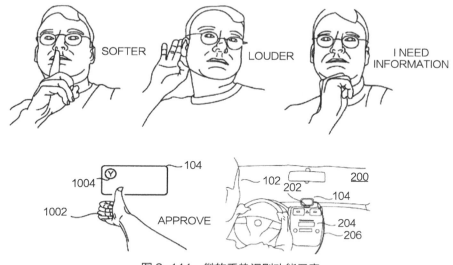

图 2-111　微软手势识别功能示意

手势识别还有很多其他问题。例如，不同光环境对传感器的灵敏度会有影响，当汽车进出隧道时手势识别能否保持同等的灵敏度？是否考虑了左撇子的手势特征与操作便捷性？在达到仅靠手势就能"指点江山"的效果前，技术供应商还需要在技术与用户需求的路上探索得更久。

既然手势识别尚存较多的问题，大家就会问：为什么要搭载手势识别功能？只是为了把车卖得更贵吗？

不是的。车企要的不单是手势识别这一个功能，而是综合了多种交互方式的智能驾驶座舱。

手势识别一定会与其他交互方式整合成多模态交互。手势识别、语音识别、人脸识别、静脉识别、眼球识别……多种交互方式可以成为一个整体，完整地阅读驾驶员的姿势语言，就像体感游戏一样，根据用户的自然姿势判断用户想要进行的动作，降低用户学习操作的成本。不同功能间可以互补，弱化单一交互方式带来的缺点，比如语音交互可以辅助手势交互，减少手势识别的误判。

以未动科技为例，它的智能座舱组合了HUD、手势识别、人脸识别和人体姿态识别等技术，可以在保证用户视线直视前方道路的同时，及时地完成信息阅读与信息反馈，完成视觉交互，提升用户体验（图2-112）。

伟世通也发布全新汽车座舱概念，将手势识别、虚拟触摸屏、双层显示屏结合在一起，通过预先拍下用户的手部动作，将虚拟手形复制在中控面板上，将手势识别

与 3D 显示相结合，打造出与众不同的座舱系统，为用户带来直观而愉悦的驾驶体验
（图 2-113）。

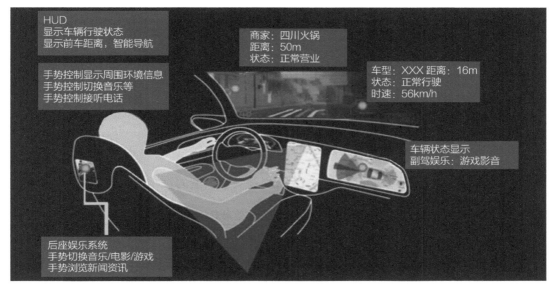

图 2-112　未动科技智能驾舱场景

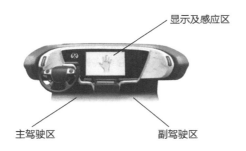

图 2-113　伟世通 Horizon 座舱概念

因此，虽然眼下手势交互为用户所诟病，但展望长远的未来，手势交互依旧是汽车主流的发展方向。用户对手势交互的提前适应，也有助于智能座舱后续的推进应用。随着手势交互与其他人机交互方式的融合与个性化发展，智能交互就在不远的将来！

2.2.2.4　智能网联汽车的信息安全

车联网的发展必将持续伴随着人们对数据安全性的担忧。频繁上热搜的"特斯拉制动失灵"是否真的存在？没有数据，我们不得而知。但特斯拉的强势姿态让行车数据成为企业与用户之间不对称的信息壁垒。

以特斯拉 Model S 为例，除了物理层面的安全性（图 2-114）以外，我们也开始关注其信息层面的安全性。2016—2017 年，腾讯科恩实验室在测试中多次发现特斯拉车机系统的高危安全漏洞，并实现了对车辆的无物理接触远程操控。

图 2-114　特斯拉 Model S

这必须引起我们的足够重视。表 2-18 所列是一些典型的汽车信息安全案例。

表 2-18　一些典型的汽车信息安全案例

时间	案例
2010 年	南卡罗来纳州罗格斯大学的研究人员通过破解汽车内部信息系统，伪造部分品牌型号汽车的胎压传感器信息，干扰并毁坏距离 40m 以外汽车的轮胎压力监测系统
2013 年	著名白帽黑客 Miler 和 Valasek 博士在拉斯维加斯黑客大会上对一辆处于高速行驶状态下的丰田普锐斯发起攻击，实现使其在高速行驶时制动失灵或者突然制动等异常行为
2015 年	两位安全研究人员 Charlie Miller 和 Chris Valasek 通过 Wi-Fi 连接并破解了某品牌的车载多媒体系统，然后对汽车核心的 CAN 总线实施了进一步的入侵，该车的车载多媒体系统虽然不是和 CAN 总线直接相连，但是却可以跟另一个与 CAN 总线的部件相连，这个部件是 V850 控制器，两位安全人员对 V850 控制器的固件进行改写，改写后的 V850 控制器具备了对 CAN 总线发送任意指令的功能，包括对方向盘、制动系统、刮水器、空调等部件的控制权限。最终该汽车厂商因为上述安全漏洞召回了 140 万辆车，并被罚款 1.5 亿美元
2015 年	某车企联网服务平台被曝光存在信息泄露问题而被迫召回 220 万辆汽车，只因该服务平台在与车辆端进行通信时未采取有效加密手段，导致传输的车辆识别码（VIN）、控制指令等信息可被攻击者搭建的伪基站截获，进而攻击者可利用相关指令信息对汽车进行恶意控制
2016 年	腾讯科恩实验室宣布他们以"远程无物理接触"的方式成功进入特斯拉汽车的车机系统，从而对车辆的停车状态和行进状态进行远程控制，并实现了不用钥匙打开了汽车车门，在行驶中突然打开行李舱、关闭后视镜等远程控制
2016 年	挪威 App 安全公司 Promon 的安全专家发现某车型 App 没有提供任何形式的防护措施，攻击者可以轻而易举地获取车辆停放位置、用户名和口令，追踪并解锁车辆
2017 年	一家网络安全公司称现代汽车 App 存在漏洞，黑客能够远程启动车辆，现代公司证实了这个漏洞的存在
2018 年	国内一家网络安全实验室的研究显示宝马汽车的车机系统存在 14 处漏洞，黑客可利用这些漏洞在汽车行驶时获得部分控制权，可通过插入 U 盘、使用蓝牙以及车辆自带的 3G/4G 数据连接等方式控制汽车

（续）

时间	案例
2019 年	2 名美国研究人员发现，某汽车的车机系统中至少有 17 种设备的数据未被加密，其他研究人员也在别的型号车辆中发现了同样问题
2020 年	一名国外的黑客发现，某车型被技术销型的 MCU 媒体控制单元上仍储存着包括手机通讯录、通话记录、Wi-Fi 密码、家庭住址以及导航记录等在内的大量客户个人信息，且该 MCU 在国外电商网站上自由交易，价格低廉
2020 年	福特汽车 App、特斯拉汽车服务平台等被披露存在安全缺陷和隐患，可被利用获取远程服务平台的访问或控制权，进而对相关车辆实施远程控制
2021 年	某车企承认在进行最新版本车辆测试时，车内设置的广角摄像头可以检测驾驶员的目光，致使消费者在不知情的情况下可被车辆监视
2022 年	19 岁的德国青年大卫·哥伦布（David Colombo）通过一个第三方软件找到了特斯拉车辆软件的漏洞，成功入侵全球 13 个国家的 25 辆特斯拉汽车，可以远程控制车辆，并实施解锁车门、控制车窗、启动车辆、关闭安全系统等操作。

实际上，确保汽车信息安全的目的不仅是防止黑客攻击，汽车产品经理未考虑周全的应用场景、驾驶员的误操作、运维人员对数据的违规管理和存储、车内外设施的安全漏洞等都可能造成信息安全资产损失，因此，这些也是信息安全的工作范围。信息安全公司 Upstream 研究发现，2022 年的汽车信息安全事件中，仅有 63% 是由黑客实施的。

股神巴菲特曾说："只有当潮水退去的时候，才知道是谁在裸泳。"特斯拉的安全隐患可能只是未来智能网联汽车诸多问题的冰山一隅，智能驾驶与车联网目前十分火热，但试想如果真的落地实施，生活在万物互联时代的我们，难道是在裸奔吗？车联网的发展过程究竟又会有哪些安全隐患呢？

（1）汽车信息安全的概念

在汽车行业，汽车信息安全通常指的是针对智能网联汽车这个复杂的"软硬件集成器"被外部实施的网络攻击从而让汽车控制系统误操作等采取的安全防护策略。在本书中，我们按惯例将汽车信息安全看成汽车网络安全和汽车数据安全的统称。

伴随着汽车信息化水平的不断提升，汽车上的外部信息接口，包括车载诊断系统接口（OBD）、充电控制接口、无线钥匙接口、导航接口、车辆无线通信接口（蓝牙、Wi-Fi、DSRC、4G/5G）等越来越多，被入侵的风险也在逐步加大。据 Upstream 报告数据显示，公开报道的针对智能网联汽车网络安全攻击事件由 2018 年的 80 起激增到 2019 年的 155 起。对于外部攻击方（如黑客、伪基站、伪终端、第三方恶意设备等）而言，只要找到智能网联汽车的一个突破口，就有机会实现入侵整个汽车甚至接管汽车的目的，从而给消费者带来更大的人身和财产风险。

（2）汽车信息安全的难点

相比于其他电子产品的信息安全而言，汽车信息安全要复杂许多，主要原因有以下三点：

1）汽车复杂度高。智能网联汽车是多个领域的深度跨界融合，通信、大数据、芯片、软件、传感器和交通管理都深度涉及。相比手机、计算机和其他物联网设备，车内系统不仅硬件更多，而且有独特的车内通信协议和方式。此外，不同的车企具有不同的电子电气架构，复杂的车内和车外被保护对象让汽车信息安全工作复杂度更高。

比如，在电控单元（ECU）方面，一辆智能网联汽车中常常包含几十甚至上百个独立的 ECU，每个 ECU 都可以看作是一个小型的计算机，且常常由不同的供应商生产研发。这使得汽车信息安全工作的复杂性极大的提升。

除此之外，车内通信网络是汽车与其他设备有较大差异之处。通过车内网络，汽车的传感器、ECU 和执行器之间可以实现数据共享，从而实现车辆运行。然而，现代车载通信系统中的车载网络类型包括 CAN、LIN、FlexRay 和以太网等，每个汽车的车内网络都是几种网络的组合。

2）汽车产业链长。除汽车本身软硬件和相关数据外，支撑汽车研发、生产、销售、售后等全生命周期正常运行的硬件、软件和相关数据也在汽车信息安全需要考虑的范围内。产业链长，给信息安全工作带来了更大的难度。

3）汽车要求更严格。智能网联汽车软硬件和数据关乎国家安全、个人生命财产安全和上下游企业发展安全，因此，监管部门对汽车信息安全提出了严格的要求。除了各个行业普遍适用的法规和标准外，监管部门还提出了一些专门适用于汽车行业的法规和标准。

（3）智能网联汽车的信息安全风险

智能网联汽车的信息安全风险主要集中在车端安全风险、车外系统风险、通信安全风险、数据安全风险等方面。

1）车端安全风险。车端安全风险主要包括三个部分：**车载硬件安全风险、车载软件安全风险、车载网络安全风险**。

①**车载硬件安全风险**：车载硬件如域控制器、芯片、网关、T-BOX 等可能缺乏足够的安全校验机制和安全防护能力，从而面临信息安全风险。

②**车载软件安全风险**："软件定义汽车"时代下的汽车内部软件代码激增，软件自身的安全隐患也在随之增加。

③**车载网络安全风险**：车载网络如 CAN、FlexRay 等网络协议的安全设计存在一定的安全隐患，容易受到伪造、篡改等攻击。

2）车外安全风险。车外安全风险指的是包含各种路侧设备、云平台等在内的车外系统带来的潜在风险。随着智能网联汽车的快速普及，智能网联汽车云平台如远程服务平台、在线升级平台、车辆调度平台等逐渐大规模化，通过信息交互技术接入这些平台的用户也越来越多，一旦平台被攻击，车辆部分功能甚至可能会被远程操控，存在极大的风险。路侧设备也存在被攻击甚至被操控的风险，从而给整个智能网联汽车带来风险。

3）通信安全风险。通信安全风险指的是在 V2X 的大趋势之下，智能网联汽车可以进行车 – 车、车 – 路、车 – 行人、车 – 云等形式的互联，互联的手段包括 Wi-Fi、移动通信网、DSRC 等无线通信方式，存在传输数据被窃取、通信内容被篡改等风险。

4）数据安全风险。智能网联汽车搭载的摄像头、超声波传感器、毫米波雷达、激光雷达、GPS 等数据采集设备采集多样化的数据，其中就包括可能影响国家安全的道路和个人隐私的环境数据、人员出行数据、位置轨迹数据、驾驶行为数据、生物特征数据等。如果数据处理流程不规范、数据安全保障能力不足，将带来一定的安全隐患。

（4）智能网联汽车信息安全的薄弱环节

首先我们需要知道，车联网主要是由车辆间通信系统以及各种传感器收集数据组成。类似于其他任何网络，车载网络也遵循分层架构。但是，它又不同于传统的网络分层结构，它需要一种更加开放且灵活的分层结构。研究人员通过研究确定了三层体系结构：感知层、网络层和应用层（图 2-115）。

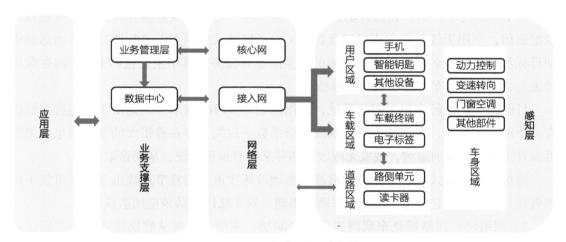

图 2-115　车联网的系统架构

目前车联网安全的主要问题也集中在以下三个层面：

1）感知层。从图 2-115 中可以清晰看到，感知层是三层体系结构中的底层，网联车上装有的各类传感器的信息安全都属于感知层安全。

感知层的作用简单来说就是通过收集周围环境的数据，来帮助车辆识别周围的物体，同时将识别到的物体以数据的形式上传给上层，从而进行进一步的网络传输和处理。感知层就像是人的眼睛，我们都知道，眼见不一定为实，你的眼睛也会欺骗你。那么作为车联网的眼睛，感知层同样也会受到一些干扰甚至是恶意的攻击。

较为常见的攻击方式为信号干扰与窃听攻击。车上的各个传感器都有其固定的通信频率，在其开放的频率上如果不加以保护，那么就容易受到黑客的信号干扰，传感器感知到的信息数据容易遭受窃听导致信息泄露。这里也解释一下黑客攻击的两种手段，即主动攻击和被动攻击，如图 2-116 所示。可以看出主动攻击会影响信息的正常传输，包括中断、篡改和伪造，这也就更容易被维护者发现；而被动攻击仅仅是窃取信息，并没有改变任何数据，也就让其在网络中"隐身"起来，比较难以察觉。

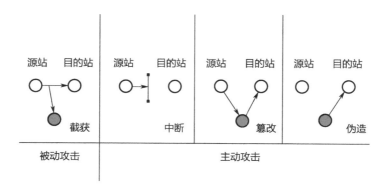

图 2-116　主、被动攻击示意图

以 RFID 技术为例，它是自动识别技术的一种，通过无线射频方式进行非接触双向数据通信，利用无线射频方式对记录媒体（电子标签或射频卡）进行读写，从而达到识别目标和数据交换的目的。它所带来的安全隐患有很多，其中主要包括 RFID 内存数据的丢失、盗取以及车主行车轨迹的隐私。

目前的车辆已经实现无钥匙系统，应用的也是 RFID 技术。但是由于无钥匙系统没有一个统一的标准，很多的无钥匙系统安全系数不过关，存在着很大的安全隐患。黑客可以直接通过系统的漏洞，截取无线收发信号来破解加密系统，从而窃取信息。

当然，攻击方式多种多样，如篡改与物理破坏攻击、仿冒节点攻击等，这里就不详细展开介绍了，但它们都会蒙蔽车联网的眼睛，对车联网的落地应用造成威胁。

2）网络层。网络层是车联网通信的中间层，主要负责将从底层接收的数据经过处理并传送到应用程序层。其主要使用诸如 LAN、无线 / 有线网络之类的网络技术以及各种的传输介质来处理大量数据。该层使用的通信技术包括 Wi-Fi、蓝牙、ZigBee 或者 UWB 超宽带等，方便与新兴网络的无缝衔接，其对比见表 2-19。

表 2-19　通信技术对比

名称	Wi-Fi	蓝牙	ZigBee	UWB 超宽带
传输速度	1Gbit/s 以上	1Mbit/s	100kbit/s	53~480Mbit/s

（续）

通信距离	20~200m	20~200m	2~20m	0.2~40m
安全性	低	高	中等	高
功耗	10~50mA	20mA	5mA	10~50mA
成本	25 元	2~5 元	5 元	20 元

网络层由于网络类型的不同，本身会受到各种网络攻击，如信息泄露、拒绝服务攻击、利用网络抓包工具窃取信息、病毒木马等。需要知道的是，车辆节点可连接的无线接口有多个，换言之可连接的无线种类也可分为多种，如 Wi-Fi、移动网络等，由多种网络技术所引起的网络融合机制目前并不是很完善，容易造成车联网出现安全漏洞。

3）应用层。应用层是车联网通信的最高层，为数据提供存储和处理，也是车辆信息汇聚、应用的层次，颇有手机应用程序的意味。既然类似应用程序，那么就不可避免地会面临病毒的威胁，就像我们的计算机里的各种病毒一样，它们具有极强的网络传播能力，足以破坏车联网应用程序正常运行，是车联网应用层的重大威胁。还要注意的是黑客们的远程攻击，他们通过使用 DNS 投毒、TCP 去同步化等方法远程进攻车联网的应用层，危害整个系统的安全稳定。

既然是应用程序就有好有坏，就好像我们使用计算机时遇到的流氓软件，车联网应用层中总会遇到可能造成泄密的垃圾程序，类似于我们讨厌的弹窗广告，或者类似于广告软件和间谍软件等不受欢迎的软件，虽然不会直接影响应用层的工作，但它会泄露节点的隐私，也是信息安全的隐患所在。

简而言之，智能网联汽车面临的潜在威胁如图 2-117 所示。

图 2-117　智能网联汽车的潜在威胁

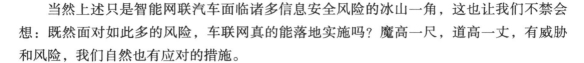

当然上述只是智能网联汽车面临诸多信息安全风险的冰山一角，这也让我们不禁会想：既然面对如此多的风险，车联网真的能落地实施吗？魔高一尺，道高一丈，有威胁和风险，我们自然也有应对的措施。

（5）智能网联汽车的安全防护体系

为了保障车联网系统高效且安全地运行，针对上述三个层面，车联网已经有了自己的安全防护体系，该体系结构如图 2-118 所示。

图 2-118　车联网安全体系结构图

在感知层，为了保障节点的隐私，保障假名更换的速度，需要使用高效的节点信息认证方法，使得仿冒的节点无法通过认证。与此同时，还要加强入侵检测，在感知层遭受主被动攻击时，能够迅速发现攻击，从而采取措施防御。

网络层设备需要对设备的各种端口、系统设备运行状态和性能进行监控，出现问题及时上报并处理。

那么如何保障网络层的安全呢？为保证数据传输的完整性，需要建立 IPSec、SSL 协议加密技术体系，对车联网感知层获取的数据进行加密并传输，防止数据在传输过程中被篡改。

应用层作为网络架构的顶层，它的安全保障措施十分重要。一方面是加密数据，进行安全审计。大部分信息需要进行加密后再传输，来保障数据的完整性和隐私安全性。另外就是设置车联网应用层防火墙。通过防火墙过滤不安全信息及服务，这样可以有效过滤部分病毒攻击，实现病毒防护，但防火墙的设置也要考虑到车联网通信的特点，如实时性和高动态性。

此外，智能网联汽车要做好防御黑客攻击工作，就必须要构建好汽车"全周期"的"立体防护"体系。其中，"全周期"是指在汽车设计研发、生产、销售、售后和报废的全生命周期，换句话说，在汽车的整个汽车生命周期都要进行有效的信息安全防护。"立体防护"指的则是信息安全防护将围绕汽车的"端 – 管 – 云 – 数"全方位进行。其中，"端"主要指车内端，"端"的防护目的是提升硬件、软件、车载网络从芯片到系统再到整车的信息安全防护水平，此外，"端"也包含路侧设备和相关信息化设施、数字钥匙等；"管"是信息交互的载体，"管"的安全防护是指保护通信网、Wi-Fi 和 V2X 等各种通信的信息安全；"云"指支持车辆正常运行的各种车外系统、软硬件及平台，包含在线升级平台、车辆服务平台的站点和主机等；"数"主要指汽车数据安全。

以上汽旗下的新兴互联网科技平台公司上汽零束为例，其自主研发了面向智能网联汽车的"云管端一体化全栈解决方案"等技术，打造了事前、事中和事后全链路的信息安全体系。具体说明如下：

1）事前看到风险：基于"端 – 管 – 云"三层架构，搜集需求、进行威胁和风险评估（TARA）、定义信息安全需求，建立安全防御措施。

2）事中防住攻击：采用多层纵深防御体系，综合考虑接入安全、系统安全、通信安全和 ECU/ 芯片安全等，每一层制定对应的安全防御策略。

3）事后应急响应：通过 VSOC 和入侵检测系统持续监测车辆攻击行为，建立覆盖安全分析、漏洞管理和应急响应的信息安全运营体系。

威胁与机遇并存，车联网安全之路还很漫长。作为一个可以造福人类的技术，希望车联网相关企业及管理部门对安全问题要足够重视，相关厂商和研究机构对安全防护技术进行进一步的完善，当然也少不了国家出台车联网安全方面相关的法律法规。

相信在未来的车联网时代，安全不再是消费者的奢求，隐私将成为广大车主基本的体面。

2.2.2.5　适合于自动驾驶的地图究竟是什么样？

人们对自动驾驶汽车的想象不仅是汽车本身，更涉及汽车的方方面面。作为汽车爱好者的你有没有想过，适合自动驾驶汽车的地图究竟是什么样呢？高精地图或许可以给出答案。

（1）打破惯性：高精地图不仅是精度更高的导航地图

提到"高精地图"四个字，大家的第一反应可能是"比普通的电子导航地图更高精度的地图"。但其实高精地图和普通电子导航地图有着完全不同层面的意思：最根本的区别是面向对象不相同，现有的电子导航地图面向驾驶员，仅包含路线信息，而高精地图面向对象是自动驾驶汽车。高精地图中丰富的道路数据信息和交通设施信息等无法被驾驶员感知和利用，而对自动驾驶汽车，这些信息可以辅助汽车完成环境感知，进行高精度定位和路径规划，是自动驾驶汽车不可或缺的"千里眼"。

实际上，高精地图的含义可以简单概括为"高精度""高动态""多维度"三个方面，可以简单地记为"两高一多"。其中，"高精度"表示地图精度达到厘米级；"高动态"表示地图数据具有实时性，能应对道路交通各类突发状况；"多维度"表示地图信息的来源丰富、维度多源。图 2-119 所示为人们对未来地图的想象。

图 2-119　对未来地图的想象

（2）巨头云集：大佬们如何制作高精地图

2020 年是主机厂商和科技公司推出 L3 级别以上自动驾驶技术的关键节点，这同时也推动着高精地图的发展，吸引了许多科技巨头投资高精地图产业。例如，奔驰、宝马、奥迪投资了 Here 地图；福特、上汽投资 Civil Maps；百度、阿里、腾讯（即"BAT"）以不同的资本注入方式将几大数据商全部瓜分，从而在国内抢占高精度地图或导航电子地图资质的门槛。

高精地图的制作需要从数据采集、数据处理与地图制图、地图渲染、地图服务发布到平台功能设计的一系列完整技术服务方案。以下对地图的采集和分层绘制进行入门级的介绍。

1）高精地图的数据采集方式。开门见山一下，高精地图的数据采集主要分为专业采集和众包采集两种。专业采集乍一听感觉非常陌生，但实际含义十分好理解，也就是"术业有专攻"，地图的数据采集过程都由专业采集设备和专业采集人员进行。举例来说，图 2-120 是百度 Apollo 公布的高精地图采集车辆，可以看出，这个地图采集车配备了各种传感器，如 64 线激光雷达、摄像头、单反摄像头、120° 鱼眼镜头、GPS 和 IMU 等。有了这些传感器之后，采集到的成果是什么呢？我们可以得到矢量地图，包括车道级拓扑、车道边线、道路区间以及 ADAS 数据等信息，这些信息能够满足车道级的导航功能的自动驾驶，精度和可信度高。

而众包采集与专业采集相反，众包采集的基本思想是"众人拾柴火焰高"。要想获得实时性、多源性的地图，地图数据的更新必不可少，仅通过专业采集车辆是远远不够的，于是众包采集应运而生。它将地图更新的任务分配给道路上行驶的大量非专业的采集车辆，这些车辆上的传感器实时监测行驶环境的变化，与已有的高精地图进行对比，将变化传至云端平台，再传输至其他车辆。这样就利用大家的力量解决了高精地图更新和制作成本的问题。

小众专业和大众普通的对比，两种采集方式的优缺点就显而易见了。专业采集方式精度高、适应性强、技术成熟，但同时面临成本高、数据量大、专业人员需求和数据更新维护不易的难题；众包采集则正好相反，其成本低、数据来源丰富、实时性好，但也导致传感器数据来源和标准不一致、精度不够和政府门槛的问题。

聪明的你可能要问了，这两种采集方式中哪种才是高精地图的未来呢？这里引用宽凳科技产品副总裁孙旭的一句话："高精地图的快速更新能力，是决定服务质量的重要指标。随着自动驾驶的推广，众包更新方式会逐步成为主要的高精地图更新源，从而形成高精地图对自动驾驶车辆的服务闭环。"可以看出，在专业采集的基础上结合众包采集对高精地图进行更新，是未来发展的一大趋势。

图 2-120　百度 Apollo 高精地图采集车

2）高精地图的分层绘制。你有没有想过这么一个问题，高精地图的绘制过程是像画画一样，在一张白纸上画上一个个的汽车、树木、行人吗？答案当然是否定的。高精地图的绘制借鉴了 Photoshop 软件中"图层"的概念，每个图层分别绘制上对应的对象。国内对于高精地图的图层可以分为车道级路网、定位、动态地图三层。

车道级路网层的作用是为自动驾驶汽车提供准确的道路信息。准确的同时也意味着全面，这就需要描述路面的几何结构、道路标示线的颜色与形状、每个车道的数据属性（坡度、曲率、航向、高程等），甚至需要详细描述道路隔离带（及材质）等信息及其所在位置。除此之外，采集时生成的点云数据包含丰富的地理空间信息，可以实现对道路周边环境的描述，同时保持较高的空间几何精度。总之，车道级网层可以实现对路网厘米级精度的精确的三维表征（图 2-121）。

目前在地图厂商中达成一致的技术方案是车道级路网层，在定位层和动态地图层方面具有较大的分歧。定位层的作用是辅助自动驾驶汽车定位，由于不同的自动驾驶汽车配备的传感器不同，因此定位层所包含的元素无法统一；动态层用于自动驾驶汽车感知和考虑当前道路和交通状况的路线规划，目前各厂商对动态层所需要的信息元素仍处于探讨研究阶段，尚无定论。

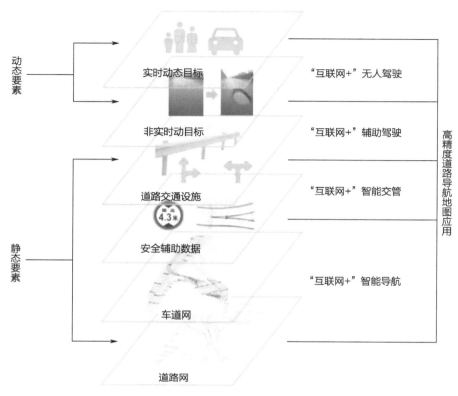

图 2-121　地图的分层绘制

（3）技术壁垒：高精地图该如何寻找出路

高精地图乘着自动驾驶的浪潮进入大家的视野，吸引了众多投资商和科技巨头的注意。根据美国跨国投资银行与金融服务公司高盛的预判，到 2025 年，高精地图的市场规模会扩大到 94 亿美元。因此，未来 15 年高精地图行业将进入黄金发展期。近几年来，除了老牌地图厂商转向高精地图，众多初创企业也如雨后春笋般冒出了头，如 lvl5、DeepMap、宽凳科技等。

然而正如那句老话说的"理想是丰满的，现实是骨感的"，并不是每一个人都可以从这个行业分一杯羹，因为高精地图行业具有较高的准入和技术壁垒。首先，高精地图的开发需要各公司自己进行测绘制作。根据《测绘资质管理规定》，高精地图公司必须满足甲级电子导航地图测绘自制要求。此外，高精地图测绘需要前期投入，测绘车辆和测绘设备的成本不菲。

高精地图的发展还面临一些挑战：高精地图的精度要求到底是多少？如何通过众包方式实现地图动态更新？如何解决地图精度要求提高的同时地图生产成本也增加的问题？如何减少政策问题对地图精度的影响？……这些都是高精地图未来发展需要给出准确答案的问题。

那么没有高精地图就没有自动驾驶吗？自动驾驶汽车发展到现在，高精地图的形式已经是大家公认的地图解答。然而有这么一个人，提出了一个与标准答案不同的回答，他就是特斯拉创始人马斯克。

马斯克曾在 2019 年的 Autonomy Day 上公开表示：“过分依赖高精地图会让自动驾驶系统过分依赖这些先验信息，而变得极其脆弱，因此降低自动驾驶汽车的普及性。”面对“如何看待其他厂商使用激光雷达和高精度地图在限制区域进行的 Robotaxi 服务”这个问题，马斯克也回答道：“激光雷达和高精度地图都是自动驾驶中错误的解决方案，只会减慢自动驾驶商业化的速度。如果你只是在限制区域行驶，那也不能叫作自动驾驶。”

唱反调不意味着错误，或许意味着反思。马斯克唱的这个“反调”有助于推动自动驾驶行业致力于提高自动驾驶汽车处理实时路况的灵活性。由此出发，特斯拉正致力于设计一种能“在从未去过的地方行驶”的系统。对此问题，或许 SLAM 技术（同时定位与地图构建）可以提供一种破局的新思路。但 SLAM 在一些层面上也可以看作与高精地图思想不谋而合，因此高精地图的发展仍然是大势所趋。

在探索“适合于自动驾驶的地图究竟是什么样”这个问题的终极答案的路上，高精地图是一个值得探究的方向，我们在这条路上不断前进，但同时我们也期待着未来的变化，期待这些变化能给我们一些灵感和新的方向。

2.2.2.6　云计算技术使汽车行业全面转型升级

随着最近两年云计算技术的日趋火热，无论是互联网行业还是传统行业，都开始大规模拥抱云计算技术带来的变革。高效的云平台能够提供海量高性能计算存储服务，帮助企业围绕数据进行业务创新，加快车企产品设计开发速度，助力车企打造自身品牌。可以说，未来云计算技术将深入汽车设计、制造、营销的方方面面，为行业带来深刻的变革。

关于云计算技术，现阶段广为接受的是美国国家标准与技术研究院（NIST）的定义：

云计算是一种按使用量付费的模式，这种模式提供可用的、便捷的、按需的网络访问，进入可配置的计算资源共享池（资源包括网络、服务器、存储、应用软件、服务），这些资源能够被快速提供，只需投入很少的管理工作，或与服务供应商进行很少的交互。

只看定义可能很难理解，下面我们用通俗易懂的语言为大家介绍云计算，其概念图如图 2-122 所示。

假如你作为一家初创企业的小老板，最初只需要几台 PC 和服务器就足以存储客户数据，处理相关业务；然而随着业务场景不断复杂化、客户数量激增，你的应用服务变得越来越复杂，需要更多的客户、更强的计算能力、成倍提升的系统稳定和安全需求……你将不得不购买各类硬件设备（服务器、存储、带宽等）和软件（数据库、中间

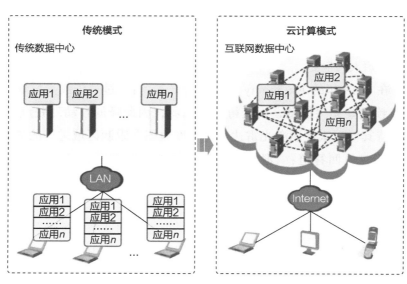

图 2-122　云计算概念图

件等）；另外你还需要自建一个完整的运维团队来保证这些软硬件设备的正常运作，安装、配置、测试、运行、升级、安全等工作都将耗费大量的人力和物力，大规模的计算运维服务将使你苦不堪言，希望能有专业的平台代替你完成……

这就是云计算诞生的初衷：将应用部署到云端后，令人头疼的硬件和软件问题，都将有专业的云服务供应商帮助你解决，你可以像用水或者用电一样去使用云计算服务，只要按照需求/时长支付相关的费用，就可以获得稳定的计算、存储、安全服务，无需操心软件更新、资源扩展等头疼的问题。

那么云计算技术如何运用于汽车行业呢？目前主流的云服务供应商大多选择通过帮助传统车企"上云、用数、赋智"，实现对整个汽车行业的赋能。针对汽车行业电动化、网联化、智能化、共享化的趋势，各大云服务厂商基于云计算、大数据、车联网、5G等核心技术，打造了多种场景化的解决方案，帮助车企实现数字化转型和升级，加快产品和服务创新。

（1）华为云

华为提出了包括汽车仿真、数字化营销、车联网、自动驾驶、智慧出行、车路协同和数字化智能平台在内的七大汽车行业云服务解决方案，帮助车企实现研发设计、营销管理、服务转型、业务创新四个方面的转型升级。

1）研发设计：敏捷化、协同化。华为云 – 汽车仿真解决方案如图 2-123 所示。该方案通过多地域协同研发、仿真设计等，大幅降低新车研发成本，缩短车辆上市周期。高性能的汽车仿真云服务，通过 CAE 模拟分析整车设计、冲压成型、铸造锻造工艺过程，提高车辆碰撞测试等仿真任务的效率，优化产品设计成本，提高产品发布效率。

碰撞仿真

结构仿真

流体仿真

图 2-123 华为云 – 汽车仿真解决方案

2）营销管理：全渠道、智能化。华为云 – 数字化营销解决方案的主要内容是，帮助车企实现云端数字营销，提供内容管理平台、经销商管理平台、营销数据管理平台、数字门店等平台软件服务，帮助企业实现线上线下的数据打通、数据分析、用户细分和流量激活，提供用户画像与精准营销，从而提高市场品牌知名度和业务成效。

3）服务转型：综合化。在服务转型方面，华为云通过车联网、出行服务、汽车后服务等不断提升客户体验，增加客户黏性，实现车企从"单纯卖车"向"移动出行服务提供商"转型。

①车联网平台解决方案：智能网联汽车云端底座，支持 TSP（内容服务）系统、政企客户车队管理、出行服务系统、国六监控系统等平台集成在云端（图 2-124）。

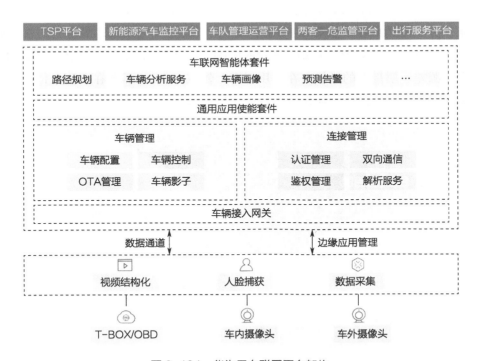

图 2-124 华为云车联网平台架构

②智慧出行解决方案：通过人工智能和大数据技术实现移动出行智能化，向精细化的车辆运营和更好的用户体验发展，面向分时租赁、网约车、长短租等出行场景，助力

出行行业客户快速发展。

4）业务创新：数字化。华为云积极探索和应用智能驾驶及数字座舱技术，提升出行体验。

①**自动驾驶解决方案**：提供自动驾驶数据采集、传输和存储，数据处理、算法开发和模型训练，以及自动驾驶仿真测试云端能力；提高模型训练速度和开发效率，助力自动驾驶业务创新。

②**车路协同解决方案**：在城市道路和高速公路场景，演示典型应用场景，提供智能网联功能测试基础环境，满足车企智能网联汽车开发测试需求；为公众提供安全告警和道路信息，提高出行效率，减少交通事故。

③**数字化智能平台解决方案解决方案**：车企定制化数字智能平台服务，基于华为云DAYU、Modelarts等产品，打造集管理、开发、应用为一体的一站式数据应用平台，降低数据开发应用难度，提高了开发效率。

（2）百度 Apollo 智能车云

百度 Apollo 主打"智驾 – 智舱 – 智云 – 智图"四大解决方案，为助力车企智能化转型，百度对 Apollo 智能车云进行了全面升级（图 2-125）。百度从三个角度为车企提供解决方案，分别是造好车、卖好车、用好车。在"造好车"领域，最重要的就是拥有打造领先一代的智能座舱体验和自动驾驶体验的能力；在"卖好车"领域，目前 OEM 面临着数据来源差、质量差的挑战；在"用好车"领域，OEM 需要在车辆交付给用户后的新价值周期内发挥重要作用，还保证用户的用车安全。

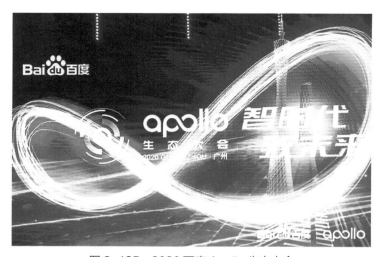

图 2-125　2020 百度 Apollo 生态大会

围绕上述三大核心挑战，百度 Apollo 智能车云构建了由自动驾驶云、创新 AI 赋能中台、营销大脑、安全大脑等四方面组成的解决方案。其中后三方面的具体内容如下：

1）创新 AI 赋能中台：借助百度在 AI 方面的优势，支持 OEM 私有化部署语音语义、视觉、推荐引擎等产品，以智能、开放、灵活的方式帮助 OEM 将建立起自己的智能化能力。

2）营销大脑：依托天然精准的流量数据，打造出全链路数字化服务，为车企、经销商伙伴精准地获取汽车存量市场的意向用户，提升卖车效率。据了解，这套智能卖车体系可以在相同预算成本下，将卖车的转化率提高一个数量级。

3）安全大脑：拥有车载入侵检测与防护系统以及汽车安全管理平台，能够在确保用户用车安全的同时，服务运营的智能化产品，例如智能维保、智能外呼等。

总的来说，无论是华为云、Apollo 智能车云，还是阿里、腾讯等其他云服务提供商，都在着力加速布局，帮助车企伙伴建设智能化能力，同时降本增效，全方位推动车企实现数字化、智能化转型。相信未来云计算将继续赋能汽车行业，推动行业变革发展！

2.2.3　智能网联汽车技术未来

2.2.3.1　数字化——车企未来的必争之地

2021 年 8 月，一场由"领航辅助驾驶"功能引起的事故引发了一场关于自动驾驶的舆论热议，尽管相关企业澄清了领航辅助驾驶并不等同于自动驾驶，但在令人惋惜和震惊之余，对自动驾驶的信任度和成熟度的质疑再次被推到风口浪尖上。人们不禁要问：

支撑起自动驾驶的大数据、云计算和人工智能这些先进技术真的值得信任吗？大数据应用已经达到了怎样的水平？

为了让大家更深入和具体地了解大数据和云计算技术在实际场景中的应用，本节我们就结合两个最常见的数字化创新业务——数字化营销与智能驾驶，向大家介绍一下，大数据究竟如何成为了车厂和互联网企业的"电子汽油"。

也许你会好奇，为什么把大数据技术比作"电子汽油"呢？它之于车企的作用，真的能和汽油之于发动机的作用相媲美吗？答案是肯定的。

作为数字化的需求方，汽车行业在数字化升级转型中，从企业组织、人才管理，到产品研发及制造，再到营销及后市场的过程中，无一不在通过数字化进行技术赋能，在提升企业运营效率的同时，也优化了消费者的购买和使用体验。

而作为数字化的供给方，车企又需要获取驾驶员行为数据，利用大数据、云计算等技术，将数据转换为洞察，实现用户与个性化服务间的连接，打开车内数字化生活与汽车后市场服务之间的广阔空间（图 2-126）。

如今，几乎所有数据企业和汽车企业都已经入局了数字服务，从华为云、阿里云和电信运营商这些基础云服务和数字服务企业，到业务层面的以西门子为代表的第三方生产制造数字化厂商，再到专门帮助车企进行营销获客的明略、易车等企业，纷纷在汽车数字化浪潮中分一杯羹（图 2-127）。

图 2-126　大数据和云计算逐渐渗透进了汽车使用的每个场景

图 2-127　车企数字化服务商图谱

（1）数字化营销

车企是如何利用大数据进行数字化营销的呢？目前常见的场景有以下三种：

1）用户识别：精准定位需求与偏好。大家有没有经历过这样的事情，当你打开购物软件或者视频软件以后，发现推荐的都是你心仪的产品和内容，这就是我们所说的"精准推送"。而在到达这一场景之前，需要的则是海量的计算、精准的算法与定位工作。

对于车企来说也是同样如此，线上你浏览社交媒体、各类网站、汽车垂直媒体、搜索引擎的行为与数据都会被记录下来，结合你线下的具体用车行为、常去地址、驾驶偏好，车企就会对你有比较明晰的了解，也就建立了你的"用户画像"，而这些产生数据的平台也常被称为"触点"。如果车企想要提高用户画像的精确度，也常常会和其他互联网企业、电信运营商进行合作，整合外部用户数据与汽车数据，基于社交生活画像的客户细分，进一步对用户的触点数据进行收集、更新、清洗、整合，最终通过大数据引擎计算，形成独特的画像标签体系，这就是为何手机里的软件会如此了解你的原因（图 2-128）。

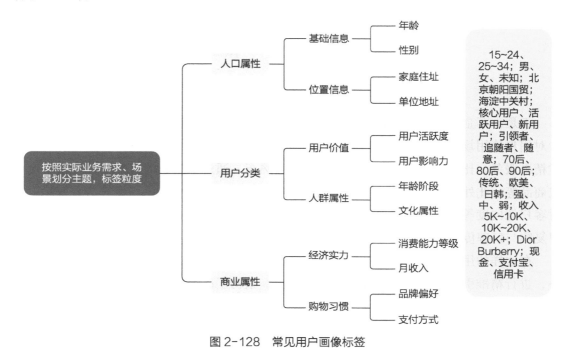

图 2-128　常见用户画像标签

2）用户触达：**精准推送与个性化营销**。一旦车企掌握了你的"画像"，也就意味着他们对你的个人属性（如婚姻状况、教育程度、职业等）、车辆属性（购车日期、再购时间、保险数据等）、消费属性（保养频次、消费习惯等）和行为属性（发帖量、参与活动次数等）有了准确的把握，也就意味着接下来可以"看人下菜碟"了。

以斯柯达的售后智慧营销系统为例，基于上述提到的属性数据以及到店用户的信息数据、历史数据等，会自动生成车主的用户画像，基于大数据和云计算的算法，自动生成全网监控下的最佳实践建议、不同策略方案建议、预算定义、方案选择及自定义选择，之后筛选目标客户名单，形成任务列表，配上不同策略对应话术和内容，以供推券和试驾邀约。这样的用户邀约场景中，邀请成功的概率会远远高于传统的营销场景。

3）用户留存：**培养用户习惯，提高用户黏性**。当通过精准化营销，潜在客户变成新客户之后，客户关系管理就成为了车企最关注的部分，在"注意力经济"愈发宝贵的今天，提高用户黏性，培养和提升用户忠诚度，就意味着在未来市场抢占了先机（图 2-129）。

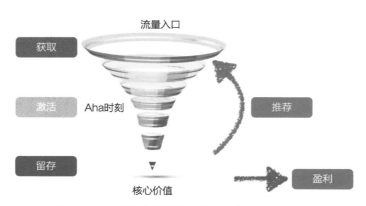

图 2-129　数字化营销常见的用户全生命周期模型

于是，车企纷纷推出了积分激励、老客激活新客、社群粉丝运营等手段，更深刻地针对用户使用场景挖掘用户潜在需求与意向，对用户进行持续互动运营，提供场景触发式精准服务，比如结合车辆控制技术开发远程热车、通过社交和消费偏好推送相似地点或商品等。此外，车企还可以基于客户数据管理平台，通过大数据、AI 算法与智慧运营对客户意向度等行为事件打分，标记活跃度，对各层客户做培育和孵化，更好地促进用户复购与口碑传播。

在这样的用户全生命周期的数字化营销机制下，车企通过用户数据来提供智能化服务，进行精准引流、精准识别和精准营销触达，重构了品牌与用户的关系，用户转化变得越来越高效能。

（2）智能驾驶

如果说数字化营销是"软应用"的话，那么，基于收集车的运行数据及道路数据进行分析，结合高精地图、激光探测等数字技术的成熟而逐渐实现的智能驾驶，则是不折不扣的"硬核数字化应用"，也必将对出行体验带来颠覆性的变化。

目前数字化在智能驾驶中主要应用于两种场景：第一种是车路协同，即在城市道路和高速公路场景，为公众提供安全预警和道路信息，提高出行效率，减少交通事故；第二种就是自动驾驶，依靠传感器感知周围环境信息，并自行做出驾驶行为决策，控制车辆到达既定目的地。

而自动驾驶过程中，大数据最主要的两个功能就是进行环境感知和行为决策。

1）环境感知。和驾驶员通过眼睛观察不同的是，自动驾驶只有通过大数据才能"看到"周围环境；尽管配有摄像头和传感器来感知周围环境，但如果不能获得可靠的道路状况数据流，它们就完全不起作用。因此，自动驾驶汽车依靠摄像头、激光雷达、超声波传感器等，将不同数据有效融合起来，建立了一个基于大数据的感知系统（图 2-130）。

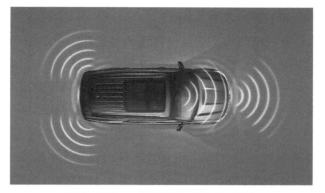

二维码视频 2–28
荣威 360° 全方位
环境感知系统

图 2-130　自动驾驶的环境感知系统

在本节开头所说的事故中，为了充分保证"领航辅助驾驶"的安全性，车辆配置了 1 个三目摄像头、4 个环视摄像头、5 个毫米波雷达和 12 个超声波雷达，但为何在这样的情况下，还是发生了事故呢？实际上，由于毫米波对金属物体比较敏感，为了防止毫米波段被高速公路上的栏杆、指示牌等金属物体反射后再被雷达识别造成紧急制动，影响开车体验和安全性，识别系统会自动过滤掉静止物体的反射，所以领航辅助驾驶系统无法响应静态障碍物。

因此，厂家工程师认为，辅助领航功能仅适用于场景相对简单的结构化道路，红绿灯、地锁等小物体目标信息均不在该场景内。

2）行为决策。比起环境感知，自动驾驶中更重要的是如何控制好车辆，利用"智能大脑"做好驾驶行为决策。对驾驶员来说，何时停止、减速、改变车道或避开物体都是相对比较容易确定的，但在自动驾驶环境中，数据的特征提取会变得很难，工作量大且复杂，并且需要将收集的大量数据实时传输到电子控制单元中，并传送到云端，大大增加了汽车中的数据量。

目前，传统的自动驾驶决策方式是基于规则的判定，适用于简单的路况；而在更复杂的驾驶环境与拥堵情况下，基于数据驱动的驾驶行为的决策，会变成未来整个发展的主流。同时，基于实时数据做出及时的响应和决策，也是自动驾驶实现完全 L5 级别的必要前提。

那么，也许你会好奇，前文所述事故中的领航辅助功能为什么没有及时做出应对措施呢？是因为没有配备应对潜在风险的自动紧急制动系统吗？

实际上，答案是否定的。目前大数据和云计算的响应速度和处理速度的确存在着局限性，大部分紧急制动系统，只有在行驶速度介于 8~85km/h 之间时才工作，而高速公路上车速很快，如果通过摄像头识别静止物体，需要至少有 50~60m 的安全距离，也就是说，摄像头必须在 50m 外就能看到障碍物。因此，领航辅助驾驶功能目前无法替代人脑和眼，这是汽车厂商对这个问题的注解。

2.2.3.2 大数据和云计算的未来发展

随着我国汽车保有量的增加与交通道路体系的复杂化，大数据和云计算在智能交通、智慧管理与营销中的应用是必然趋势，但在此进程中，依然有一些亟待解决的问题。

首先，是数据的利用率问题。海量数据被高效地传输到运营点和云集群中之后，如何将全部海量数据成体系地组织在一起，快速搜索，灵活使用，同时为数据流水线和各业务应用如训练平台、仿真平台、车辆标定平台提供数据支撑，依然需要不断改进。

其次，是海量大数据的筛选问题。目前 L2 自动驾驶大约需要 10TOPS 的计算力，L3 自动驾驶大约需要 30~60TOPS，L4 自动驾驶需要 100TOPS 左右的计算力，而 L5 自动驾驶将至少需要 1000TOPS 计算力。云端存储和大数据分析能力极大地减少了数据储存的成本，并且能降低因数据丢失导致的风险，但如何在云端实时处理汽车传来的道路数据，识别哪些数据可以被处理应用，并把对应的数据反馈传回给自动驾驶汽车，均需要云计算技术不断更新迭代。

最后，是数据安全的问题。作为交通工具，如何保证汽车的"智能大脑"不被入侵和篡改，搭建保护严密的车载入侵检测与防护系统以及汽车安全管理平台，才能够在确保用户的驾驶体验的同时，守好用户安全的防线。

相信这些问题会不断得到改进，数字化的浪潮会愈演愈烈。英特尔推算，在全自动驾驶时代，每辆汽车每天产生的数据量将高达 4000GB，大数据中心、云计算、AI 算法必将成为未来布局的重点，成为驾驶员的"第二大脑"。

参考文献

［1］ KAHANE CHARLES J, Vehicle Weight, Fatality Risk and Crash Compatibility of Model Year1991-99 Passenger Cars and Light Trucks ［R］. Washington D.C.: NHTSA（DOT HS 809 662），2003.

［2］ VAN AUKEN R, ZELLNER J. An Assessment of the Effects of Vehicle Weight and Size on Fatality Risk in 1985 to 1998 Model Year Passenger Cars and 1985 to 1997 Model Year Light Trucks and Vans ［C］// 2005 SAE World Congress. New York: SAE, 2005.

［3］ ROSS M, PATEL D, WENZEL T. Vehicle Design and the Physics of Traffic Safety ［J］. Physics today, 2006（1）：49-55.

［4］ 王震. 混合动力电动汽车制造分析：基于全生命周期理论［J］. 工业技术与职业教育，2018，16（4）：1-4.

［5］ 施祎申. 新能源汽车使用成本探析［J］. 江苏科技信息，2019，36（17）：45-47.

［6］ 王晓佳，陈咪. 基于线性回归分析的新能源汽车与传统汽车能耗与使用成本比较研究［R］. 北京：中国管理现代化研究会，2018.

［7］ 中国汽车后市场行业发展蓝皮书（2019版）［R］. 北京：前瞻产业研究院，2019.

［8］ 刘世磊. 张厚明. 国外电动汽车产业发展现状及启示［J］. 中国国情国力，2020（10）：63-66.

［9］ YE, Y, CHENG K. Modeling and Analysis of Series–Parallel Switched-Capacitor Voltage Equalizer for Battery/Supercapacitor Strings ［J］. IEEE Journal of Emerging and Selected Topics in Power Electronics, 2015, 3（4）：977-983.

［10］徐欣歌，杨松，李艳芳，等. 一种基于预测开路电压的SOC估算方法［J］. 电子设计工程，2011，19（14）：127-129.

［11］申彩英，左凯. 基于开路电压法的磷酸铁锂电池SOC估算研究［J］. 电源技术，2019，43（11）：1789-1791.

［12］徐尖峰，张颖，甄玉，等. 基于安时积分法的电池SOC估算［J］. 汽车实用技术，2018（18）：9-11，23.

［13］王宁，龚在研，马钧. 基于经济与排放效益的混合动力和纯电动公交车发展前景分析［J］. 中国软科学，2011（12）：57-65.

［14］周梦菲，任熠. 浅析新能源汽车应用前景与相关车型代表［J］. 汽车文摘，2020（11）：57-62.

［15］刘飞. 燃料电池电动汽车驱动系统选型及仿真研究［D］. 武汉：武汉理工大学，2006.

［16］杨坤，王杰，肖军生，等. 某B级燃料电池电动汽车匹配设计研究［J］. 汽车工程学报，2018，8（06）：399-406.

［17］孙亮，蔡恩. 燃料电池轿车总布置设计研究［J］. 上海汽车，2009（11）：8-10，16.

［18］苏晓春，李涛，田新宇，等. 燃料电池重卡技术线路及相关系统分析［J］. 汽车实用技术，2019（11）：9-10，30.

［19］刘宗巍，史天泽，郝瀚，等. 中国燃料电池汽车发展问题研究［J］. 汽车技术，2018（1）：1-9.

［20］中国汽车工程学会. 节能与新能源汽车技术路线图2.0［M］. 北京：机械工业出版社，2021.

［21］吴桂良. 我国氢能产业链难题待解［J］. 中国工业和信息化，2021（2）：16-22.

［22］柴田善朗. が国における Power to Gas の可能性［J］. エネルギ-经济，2016，42（1）：32-49.

［23］创业邦研究中心. 2020中国智能汽车产业研究报告［R］. 北京：创业邦，2020.

［24］魏琴，谷谢天，陈平易.智能汽车技术及环境感知传感器初探［J］.内燃机与配件，2019（2）：174-175.

［25］魏琴，谷谢天，陈平易.智能汽车技术及环境感知传感器初探［J］.内燃机与配件，2019（2）：174-175.

［26］王军雷，吕惠，王亮亮，等.基于专利分析的智能网联汽车决策技术发展现状分析［J］.汽车技术，2019（12）：12-17.

［27］PADEN B, CAP M, YONG S Z, et al. A Survey of Motion Planning and Control Techniques for Self-Driving Urban Vehicles［J］. IEEE Transactions on Intelligent Vehicles, 2016, 1（1）：33-55.

［28］任明仑，杨善林，朱卫东.智能决策支持系统：研究现状与挑战［J］.系统工程学报，2002（5）：430-440.

［29］中国人工智能系列白皮书：智能驾驶2017［R］.北京：中国人工智能学会，2017.

［30］HEDRICK J K, MCMAHON D, NARENDRAN V, et al. Longitudinal Vehicle Controller Design for IVHS Systems［C］//American Control Conference. New York: IEEE, 2009:3107-3112.

［31］PENG H, TOMIZUKA M. Vehicle Lateral Control for Highway Automation［C］// American Control Conference. New York: IEEE, 1990: 788-794.

［32］段艳杰，吕宜生，张杰，等.深度学习在控制领域的研究现状与展望［J］.自动化学报，2016，42（5）：643-654.

［33］卫东.轻松泊车——辅助停车入位系统的发展［J］.汽车之友，2008（14）：88-90.

［34］朴昌浩，温球良，苏岭，等.面向车位识别的相似度数据融合算法［J］.汽车安全与节能学报，2014（1）：38-46.

［35］朱敏慧.传感器技术推动汽车安全［J］.汽车与配件，2012（45）：4-4.

［36］赵佳佳.道路光照模式分类器设计［D］.长春：吉林大学，2007.

［37］GAIKWAD V, LOKHANDE S. Lane Departure Identification for Advanced Driver Assistance［J］. IEEE Transactions on Intelligent Transportation Systems, 2015, 16（2）：910-918.

［38］杨锦林.无人驾驶汽车关键技术研究［J］.时代汽车，2021（11）：8-9.

［39］郁淑聪，孟健，张渤.浅谈汽车智能座舱发展现状及未来趋势［J］.时代汽车，2021（5）：10-11.

［40］周晓.AR-HUD辅助驾驶系统对驾驶行为影响的研究［D］.武汉：武汉理工大学，2018.

［41］刘双广.对汽车HUD的交互设计研究［J］.中国包装，2018（6）：56-58.

［42］董长青，丁田妹，黄晓延，等.无人驾驶的人机交互方式研究综述［J］.时代汽车，2017（14）：11-12，14.

［43］Upstream. Upstream Security's 2021 global automotive cybersecurity report［EB/OL］.（2021-04-13）［2021-05-01］. https: //upstream.auto/2021report.

［44］全国汽车标准化技术委员会.汽车信息安全通用技术要求：GB/T 40861—2021［S］.北京：中国标准出版社，2021.

［45］丁艳军.面向车联网的车辆攻击方法及入侵检测技术研究［D］.南京：东南大学，2019.

［46］谢于晨，何健.车联网信息安全与隐私研究［J］.求知导刊，2017（3）：65-66.

［47］刘经南，吴杭彬，郭迟，等.高精度道路导航地图的进展与思考［J］.中国工程科学，2018，20（2）：107-113.

［48］张维佳.2020年高精地图市场发展现状与前景分析：高精地图有望进入发展黄金期［R］.北京：前瞻产业研究院，2020.

［49］梁超，唐旭霞.汽车数字化深度研究报告：数字化大势所趋，加速产业链价值转移［R］.深圳：国信证券，2021.